外池 昇

検証

# 天皇陵

山川出版社

# 検証　天皇陵

山川出版社

目次



## 第一章　図説　天皇陵の歴史

## 神武天皇陵に憑かれた男、奥野陣七……271

# はじめに――天皇陵の再検討のために

## 天皇陵と日本の歴史

本書で紹介する天皇陵とは、文字どおり天皇の墓所という意味である。その天皇については、読者の皆さんもよくご存じのとおり、我が国の史上、ある時には専制君主として、ある時には伝統的権威を身にまとった文化的な色彩の濃い君主として、またある時は国民の統合の象徴として存在し続けてきた。本書では取り上げようとするのは、その天皇の墓所である。

長い時代にわたって存在し続けてきた天皇の墓所であるから、長い時代にわたっての天皇陵が各地に存在する。古いところでは、弥生時代にもあたる古墳時代に営まれた巨大古墳の多くは天皇陵とされているし、最も新しいところでは、昭和六十四年一月七日に亡くなった昭和天皇の武蔵野陵《むさしののみささぎ》は東京都八王子市に営まれている。この間にじつに多くの天皇陵が営まれ続けてきたのである。

## 天皇と天皇陵

我が国において君主の名に相応しい存在がはじまったのは、おおむね弥生時代のことである。それを具体的に伝えるのは三世紀の邪馬台国《やまたいこく》等について記した中国の歴史書『三国志《さんごくし》』「魏志倭人伝《ぎしわじんでん》」である。それによれば邪馬台国の女王は卑弥呼と記されている。そして「魏志倭人伝」によればその卑弥呼の墓所について「大いに塚を作る。径百余歩」とある。だとすれば「魏志倭人伝」による限り確かに卑弥呼の墓は史料の上で確認できる。それならば「卑弥呼陵」というものが、我が国のどこかにあってもよさそうなものであるが、「卑弥呼陵」というものはない。天皇陵というからには、天皇の墓所でなければならないのであって、いくら卑弥呼が史上著名な人物であっても、中国の歴史書にみえる「女王」の墓所を天皇陵とはいわないのである。

それでは、天皇陵についてはどの史料をみればわかるのであろうか。それは、『古事記』（和銅《わどう》五年（七一二）成立）や『日本書紀』（養老《ようろう》四年（七二〇）成立）といった八世紀に朝廷によって編まれた我が国の歴史書にみえるのである。その『古事記』『日本書紀』によると、初代の天皇は神武天皇ということになっている。そこから今日に至るまで連綿と天皇が続くというのが、右にみた天皇のあらましである。当然、『古事記』『日本書紀』には神武天皇の墓所、つまり神武天皇陵についての記述がある。

ところが、『古事記』『日本書紀』にみえる我が国の成り立ちや、神々の世をめぐるできごと、または右にみた初代神武天皇、およびそれ以下数代の天皇についての記述は、いわゆる神話に属することであって、歴史的な事実とは異なるものである。そうであれば、初代神武天皇、およびそれ以下何代かの天皇までは、歴史的な事実というよりは神話のなかの天皇であり、歴史的な事実という点からすれば実在しなかった天皇である。

ところが、『古事記』『日本書紀』はそれら実在しなかった天皇の陵についても記しているのである。そして、それら実在しなかった天皇の陵も実際には『古事記』『日本書紀』の記述に基づいて決定されており、今日なお宮内庁の管理下にある。つまり、歴史的事実として存在しなかった天皇の陵も、厳然として眼前に存在するのである。このことは今日における歴史学の成果に照らして実に大きな矛盾といわざるを得ないが、このことをも含めて天皇陵なのである。

本書では、これら歴史上実在しなかった天皇の陵をも含めて取り上げる。そうでなければ、天皇陵のことは理解できない。

## 天皇陵は聖域か

さて、天皇陵にはこのほかにも大きな問題がある。それは、今日、○○天皇陵として存在するものは確かにその天皇の陵なのかということである。これからこのことについて例を挙げて説明することにしたい。

よく知られている天皇陵に仁徳天皇陵がある。大阪府堺市に所在し世界最大の面積を誇る王墓として知られ、中学校や高等学校の日本史の教科書には必ず載っている。しかし、この頃用いられている教科書ではただ単に「仁徳天皇陵」とは著されていない。ちなみに、『詳説日本史改定版』（山川出版社、二〇〇九年三月）は「大仙陵古墳《だいせんりょう》（現、仁徳天皇陵）」と、『日本史B』（東京書籍、平成二十二年二月）は「大山古墳《だいせん》（伝仁徳天皇陵）」としている。しかし考えてもみれば、そもそも「現～」だの「伝～」とはどういうことなのであろうか。仁徳天皇陵であるということなのであろうか、それとも、仁徳天皇陵ではないということなのであろうか。このようないかにも曖昧な書き方がなされるのには、以下のような事情がある。

今日、仁徳天皇陵は宮内庁の管理のもとに置かれている。それでは宮内庁は何のために仁徳天皇陵を管理しているのかというと、それは、天皇による祭祀の対象として仁徳天皇陵を管理しているのである。それでは、そこが仁徳天皇陵であるのはどのような根拠に基づいているのかというと、現在の宮内庁の立場からすれば、明治期あるいはそれ以前からそこが仁徳天皇陵とされてきたことを根拠としているのである。そこから考えてみれば、天皇は、天皇陵について学問のうえで確実なところを求めるのではなく、それまで継続してそこが天皇陵とされているところを引き続き天皇陵とし、そこを自身の祖先である天皇の霊と遺骸の眠る場所として祭祀の対象として尊重しているということになるのである。つまりこれを言い換えれば、仁徳天皇陵は聖域とされているということになる。

それならば、つまり「仁徳天皇陵」について天皇による祭祀の対象と意味のみを考えればよいというのであれば、何もわざわざ「現仁徳天皇陵」とか「伝仁徳天皇陵」のように「現」とか「伝」をつけずに、教科書であれ何であれ、はっきりと「仁徳天皇陵」とすればよさそうなものである。

しかし仁徳天皇について考える場合には、そこが天皇による祭祀の対象であるということ以外にも考えなければならないことがあるのである。それは端的にいえば、学問のうえで果してそこが仁徳天皇陵であるのかどうかという問題である。

そもそも、そこが仁徳天皇陵として宮内庁によって管理されていることの根拠は、明治期あるいはそれ以前からそこが仁徳天皇陵とされていたことであると記したが、考えてもみればこんなあやふやな話もないであろう。仁徳天皇の頃を仮に「倭の五王」の時代とみればおよそ五世紀のことである。その五世紀から明治の頃までいったいどれだけの年数が経ったであろうか。明治を十九世紀ないし二十世紀とみて千四百年から千五百年は経過している。このような極めて長い年月の間、仁徳天皇の遺骸を納めた墓所は紛れもなく、今日、宮内庁によって仁徳天皇陵とされるところであり続け、それと同時に天皇による祭祀の対象でもあり続けてきたのであろうか。このような疑問は当然あり得ることである。

さて、ここで仁徳天皇陵から広く天皇陵全体に広げて考えることにしたい。結論を先取りして述べると、今日、宮内庁がそこを○○天皇陵として管理している場合であっても、ある時期においてはその所在地が見失われていたことがある場合が多いのである。

それは右にみたように、天皇は自らの祖先である天皇の陵を祭祀の対象としているということに照らして考え直してみると、ある天皇が亡くなって葬送の儀礼を終え遺骸や遺骨が埋葬されて天皇陵が造営されたとしても、その天皇陵に対する祭祀が無条件で永続するものではないということにほかならない。

これをさらに言い換えれば、亡くなった天皇に対する祭祀とその天皇の陵に対する祭祀とを分けて考えなくてはならないということである。つまり、遺骸が納められた天皇陵に対する祭祀が仮に途絶えることがあったとしても、そのこととは別の方法でその天皇に対する祭祀が続けられることはあり得るということである。このように考えないと、先に述べた、天皇陵の場所が多くの場合不明となることがあるということを解釈することができない。

## 所在地が見失われた天皇陵

それでは、そのように天皇陵が不明となった例とはどのようなことなのかということを具体的にみてみることにしよう。歴代の天皇陵について網羅的に概観するためには、米田雄介編『歴代天皇・年号事典』(吉川弘文館、二〇〇三年十二月)がよい手掛かりとなる。というのは、同書はその標題にある天皇・年号のみならず、特に陵についての項目を各天皇ごとに設け、極めて充実した記事を載せているのである。もっともその記事は、同じく吉川弘文館による『國史大辞典』(吉川弘文館)のそれぞれの項目からの転載であるから、結局は『國史大辞典』の内容と同じである。

ここで特に注目するべきことは、その『歴代天皇・年号事典』なり『國史大辞典』なりの天皇陵についての項目の記述が、石田茂輔氏、飯倉晴武氏、笠野毅氏、斎藤忠氏、戸原純一氏、中村一郎氏の六名によって著されている点である。このうち斎藤忠氏は、東京大学教授、大正大学教授、財団法人静岡県埋蔵文化財調査研究所長等を歴任した考古学者として著名であるが、他の五名はいずれも宮内庁書陵部、すなわち天皇陵の管轄官庁に勤務経験のある研究者である。

もっとも、そのような職歴を有する研究者による記述であるからといって、何も天皇陵についての管轄官庁の公式見解をそこから読み取ることができるということはできないであろう。とはいいながら、それらの著者による各項目の記述には、たとえば大学等の研究・教育機関、あるいは在野の研究者による著作・論文とはまた異なった視点・史料による指摘や分析が期待されるのも事実である。ともあれ、まずはその記述をみていくこととしたい。

一例として仲哀天皇陵を取り上げることにしたい。『古事記』『日本書紀』によれば、仲哀天皇は右にみた仁徳天皇の祖父にあたる。今日、宮内庁によって仲哀天皇陵は大阪府藤井寺《ふじいでら》市の岡ミサンザイ古墳とされている。『歴代天皇・年号辞典』の同陵の項目は石田茂輔氏による執筆である。その内容は次のとおりである。

（略）中世所在不明となり、元禄の諸陵探索等で、上原村の塚山と沢田村中ツ山の二ヵ所の陵所のうち河内国錦部郡長野庄上原村の塚山に決定された。その後『河内志』『山陵志』『中津山陵考』などに異説が発表され、幕末の修陵の際現在の陵に改定修補し、慶応元年（一八六五）竣工した。（略）

これによれば、仲哀天皇陵は中世にはどこに所在するかがわからなくなり、近世に入ってからその所在が問題となったということである。

仲哀天皇陵をめぐってもう少し詳しくみることにしたい。近世初期の延宝《えんぽう》七年（一六七九）の三田浄久著『河内鑑名所記《かわちかがみめいしょき》』、元禄《げんろく》九年（一六九六）の『前王廟陵記《ぜんおうびょうりょうき》』、また元禄十年になされた元禄の修陵について記した『徳川実紀《とくがわじっき》』、そして元禄十一年の細井知慎《ほそいちしん》著『諸陵周垣成就記《しょりょうしゅうえんじょうじゅき》』では、ともに河内《かわち》国志紀《しき》郡上原《うえはら》村（大阪府河内長野市《かわちながのし》）の上原八幡宮に仲哀天皇陵があるとされていた。

それが、享保《きょうほう》二十年（一七三五）の『日本輿地通志畿内部《にほんよちつうしきないぶ》』や享保元年の秋里籬島《あきさとりとう》著『河内名所図会《かわちめいしょずえ》』では上原八幡宮にあるとされた仲哀天皇陵は、実は用明天皇の孫で皇極天皇の前夫である高《たか》向王《むくおう》の墓であるとされている。そして、文化《ぶんか》五年（一八〇八）の蒲生君平《がもうくんぺい》著『山陵志《さんりょうし》』では、河内国丹南《たんなん》郡岡《おか》村（大阪府藤井寺市岡）の岡ミサンザイ古墳が仲哀天皇陵とされ、慶応《けいおう》二年（一八六六）の平塚瓢斎《ひらつかひょうさい》著『聖蹟図志《せいせきずし》』『陵墓一隅抄《りょうぼいちぐうしょう》』もこの説を踏襲し、文久《ぶんきゅう》二年（一八六二）の宇都宮《うつのみや》藩主戸田忠恕《とだただゆき》の「山陵修補の建白」によって着手された文久の修陵でも同地が仲哀天皇陵として普請されたのである。これが、今日みることができる仲哀天皇陵をめぐる近世までの動向の概略である。（尾谷雅比古著『近代古墳保存行政の研究』思文閣出版、二〇一四年）

こうしてみると仲哀天皇陵は、陵が営まれてから相当の年月を経てからその所在地が不明となり、その後になってから仲哀天皇陵の所在地を求めようとする動向が生じ、さまざまな研究者による考証の結果、河内国志紀郡上原村の上原八幡宮に仲哀天皇陵の所在地が求められるに至ったものの、それから何十年かを経て、河内国志紀郡上原村の上原八幡宮に仲哀天皇陵があるという考証を否定して河内国丹南郡岡村にある岡ミサンザイ古墳を仲哀天皇陵とする考証がなされ、そしてその考証が文久の修陵で採用されるに至り、天皇陵に相応しい威容を備えるための大掛かりな普請が施されたのである。そしてその成果が明治政府に引き継がれて、宮内省・宮内庁による管理に至るのである。

仲哀天皇陵をめぐるこのような動向は、天皇陵を考えるにあたっての興味深い示唆に富むものである。つまり、ひとつには、仲哀天皇陵の所在地が中世には不明となることであり、もうひとつには、考証の結果、一度は仲哀天皇陵の所在地が明らかにされたにもかかわらず、その後の再度の考証の結果、それが否定されて別の場所が仲哀天皇陵とされたということである。

## 天皇陵を再考するための前提

ここにみたのは仲哀天皇陵の場合であるから、仲哀天皇陵がそうであるからといって、他の天皇陵もそうであるとか、また、天皇陵全体がそういう傾向であるなどと即断することはできないのはもちろんである。しかし『歴代天皇・年号事典』における天皇陵の記述からしても、天皇陵には所在地が不明になったことのある場合は極めて多い。

それぞれの天皇陵についてみれば、所在地が不明となった時期や理由、また、所在地の考証の時期や内容、あるいは考証の結果見出された所在地が、別の研究者による考証の結果所在地が変更されることの有無や、それらの考証の内容等についてはさまざまであろう。そのような視点からすれば、天皇陵がたどってきた足跡は実にさまざまであるということができる。

しかし今日、初代神武天皇以来すべての歴代の天皇陵は宮内庁の管理の元に整然と、そしてあたかも歴然と存在している。しかしそれは、古代の天皇の陵であれば古代そのままの姿で、中世や近世の天皇の陵であれば中世や近世そのままの姿や場所で今日に伝えられているのではないのである。

天皇陵の所在地に特に注目してこれまでみてきたのであるが、本文をご覧頂ければ明瞭なように、所在地が不明であった天皇陵はとても多いし、現在のそれと定められている場所に決定されるに際しての考証も、必ずしもそこが唯一の候補であった例ばかりではない。仲哀天皇陵の例でみたように、考証の結果他の場所に変更される場合も少なからずあったのである。であるから、今日宮内庁がどこそこは○○天皇陵であるとして管理しているからといって、その天皇陵が営まれてから全く所在地が不明になったことがないということでも、また、仮に一時期その天皇陵の所在地が不明となったことはあったとしても、その後、確実な考証が行われて、その天皇陵は他の場所では決してありえないという考証上の不動の裏付けがあるということでもないのである。

今日、宮内庁がどこに○○天皇陵があるとしていることも、決して短くはない天皇陵がたどってきた年月のなかでのある一時期の姿として捉えられなければならないのである。そして今日見られるその姿にしても、近代・現代における天皇陵の姿を象徴具現したものなのであって、決して古《いにしえ》から一貫して保たれ続けてきた姿ではない。このことがよくわかっていないと、天皇陵に関する事柄を正確に理解することは困難である。

本書が右のような視点からの、天皇陵についての再考を促すためのひとつの契機になれば幸いである。

# 第一章

## 図説　天皇陵の歴史

# 凡例

今日、宮内庁が管理する陵墓は天皇陵に限らない。歴代外の天皇陵、神代の陵、皇后陵、皇子・皇女墓、宮家の墓、さらに、髪歯爪塔塚、皇族分骨塔、そこで殯《もがり》を行ったとされる殯斂地《ひんれんち》、日本《やまと》武尊《たけるのみこと》白鳥陵、陵墓に準じるとされる陵墓参考地、陵墓に付属する陵墓飛地(陪冢)といったように極めて多岐におよぶ。本来、このようなさまざまな種類の陵墓全般を総覧する必要があるが、本書ではこのうち歴代の天皇陵に限って取り上げることとした。ただし、皇子墓と陵墓参考地については若干取り上げることができた。

第一章の各天皇の項目の歴代数・陵名・陵形・所在地の記載については、基本的に『陵墓要覧』(宮内庁書陵部、平成五年三月)に拠った。ただし、いわゆる北朝の天皇については別に歴代数を立てた。

同じく【系譜と事績】の項は、紙幅の都合上必ずしも網羅的な記述にはなっていない。また、皇位の継承に関する儀礼には、神器を継承する践祚《せんそ》と、皇祖皇霊等にこれを宣布する即位礼等があるが、本書では皇位継承の事実に着目し、践祚の年月を記すにとどめた。

やはり同じく【天皇陵】の項の記述については諸書を参照したうえで独自の見解を述べるべく努めたが、特に上野《うえの》竹次郎《たけじろう》編『山陵《さんりょう》』、『「天皇陵」総覧』、米田《よねだ》雄介《ゆうすけ》編『歴代天皇・年号事典』は参考文献として貴重であった。これらの文献の記述による教示は本書の性格上各項でいちいち注釈することはできなかったが、その学恩に心より感謝する次第である。

各天皇陵の関係図版は、できるだけ多く掲載するよう努めた。天皇陵の現況写真も空撮をふくめ多く掲載するよう努めたが、現況写真のほかにも何点かの史料から図版を採用した。それらの史料のうち主要な

もの の簡略な説明を以下に述べる。

『**元禄山陵図**《げんろくさんりょうず》』

元禄十年(一六九七)以降、幕府は天皇陵の探索と整備を行ったが、細井知慎《ほそいちしん》(広沢《こうたく》)によって著わされた「元禄戊寅歳諸陵周垣成就記」はその報告書である。そこに添えられた天皇陵の図はその様子をよく示すものとして、しばしば諸書に引かれており本書でも掲載したが、本書では「元禄山陵図」として収録した。成城大学図書館所蔵本によった。

『**聖蹟図志**《せいせきずし》』

津久井清影(平塚利助《ひらつかりすけ》、瓢斎《ひょうさい》)による陵墓図。嘉永《かえい》七年(一八五四)十一月の序を有する。銅版画で、細部に至るまでの極めて精密な表現と図中に書き込まれた詳しい説明が特徴である。著者所蔵本による。

『**安政山陵図**《あんせいさんりょうず》』

大和国に存する三十一の山陵を描く。安政《あんせい》二年(一八五五)四月の奥書を有す。大和国の絵師岡本桃里《おかもととうり》(武陵斎《ぶりょうさい》)によるもので、桃里の特徴であるのびやかな画風が遺憾なく発揮されている。文久の修陵直前の様子を伝える図としても興味深い。本書に掲載したのは著者所蔵本である。

『文久山陵図《ぶんきゅうさんりょうず》』

文久二年（一八六二）閏《うるう》八月の宇都宮《うつのみや》藩主戸田忠恕《とだただゆき》による「山陵修補《さんりょうしゅうほ》の建白《けんぱく》」に端を発する文久の修陵における山陵の絵図。朝廷の御用絵師鶴澤探眞《つるさわたんしん》によって描かれた。

文久の修陵は、今日の宮内庁による陵墓管理の原形を形作ったものと位置づけられるが、それに至るまでには各天皇陵に巨額の費用をかけての大掛かりな普請が繰り広げられた。『文久山陵図』はその大規模な普請以前の様子を「荒蕪《こうぶ》」図として、普請が完成した後の様子を「成功《せいこう》」図として両者を対比させているのが特徴的である。本書に掲げた『文久山陵図』のうち「荒蕪」図と「成功」図をともに載せた例を一覧すれば、文久の修陵における普請で何がなされたかが一目瞭然である。墳丘は整備され、鳥居をしつらえた拝所が新設され、陵全体が天皇による祭祀の対象、つまり侵すべからざる聖域とされたのである。

『文久山陵図』は宮内庁書陵部と国立公文書館内閣文庫に所蔵されている（ただし内閣文庫本は標題を「御陵画帖」とする）。新人物往来社発行の『文久山陵図』は内閣文庫本を収録する。本書には同書から掲載した。

『山陵遥拝帖《さんりょうようはいちょう》』

大正十年（一九二一）七月に山陵崇敬会《さんりょうすうけいかい》によって発行された天皇陵等の写真集。諸陵頭《しょりょうかみ》山口鋭之助《やまぐちえいのすけ》の序を載せる。大正期にあって天皇陵は天皇による祭祀の体系に完成された形で組み入れられたということができるが、『山陵遥拝帖』に収められた天皇陵の写真はよくその特徴を捉えている。まさに聖域としか形容できない姿がそこにある。

本書の奥付は編輯主任を上野竹次郎《うえのたけじろう》とするが、参考文献欄に挙げた『山陵』も上野竹次郎の著であり、そしてやはり山陵崇敬会の発行になるものである。さらに奥付には「写真師」として堀眞澄の名を掲げる。

**『陵墓地形図集成《りょうぼちけいずしゅうせい》』**

陵墓に関する事務を管掌する宮内庁書陵部陵墓課には、陵墓地形図が保管されている。それらは部分的には専門書等に掲載されたことがあったが、平成十一年（一九九九）五月に学生社から発行された『陵墓地形図集成』に網羅的に収録された。また、その縮小版が平成二十六年（二〇一四）九月に発行されている。それまでの陵墓地形図の閲覧・公開の実態を考えれば、このようにして書籍として刊行されたことの意味は極めて大きい。

**『神武天皇御陵真景《じんむてんのうごりょうしんけい》』**

奥野陣七《おくのじんしち》が主宰する報国社《ほうこくしゃ》によるもので、橿原神宮《かしはらじんぐう》創建（明治二十三年四月）以前のものと考えられる。神武天皇域内の様子が克明に記されている。著者所蔵。

**『皇朝歴代史《こうちょうれきだいし》』**

歴代天皇陵の所在地、祭日、続柄、略歴を記した冊子。奥野陣七著。初版は明治二十年十二月。著者所蔵。

# 初代 神武《じんむ》天皇陵

**陵　名**＝畝傍山東北陵（うねびやまのうしとらのすみのみささぎ）
**陵　形**＝円丘
**所在地**＝奈良県橿原市大久保町
**古墳名**＝ミサンザイ古墳
**生没年**＝庚午年～神武天皇76年

## 【神武天皇の系譜と事績】

神武天皇は、『古事記《こじき》』『日本書紀《にほんしょき》』では初代天皇とされる。

「神武」という漢風諡号《かんふうしごう》は八世紀後半に淡海三《おうみのみ》船《ふね》によって撰進されたもので、『日本書紀』に記された国風の諡号は神日本磐余彦尊《かんやまといわれひこのみこと》である。

『日本書紀』によれば、父は彦波瀲《ひこなぎさ》武鸕鷀草《うがや》葺不合尊《ふきあえずのみこと》、母は玉依姫命《たまよりひめのみこと》、皇后は媛蹈鞴五十鈴《ひめたたらいすず》媛命《ひめのみこと》である。

神代に高天原《たかまがはら》から九州の日向《ひゅうが》に天孫降臨《てんそんこうりん》した瓊瓊杵尊《ににぎのみこと》の曾孫にあたる。瓊瓊杵尊から三代にわたって日向にあったのち、神武天皇は、「東方に天下平定に適した良い土地がある」と、船軍を率いて日向から出船した。「神武東征」といわれる軍旅の開始である。

東征軍は瀬戸内海を経て河内に上陸したが、長髄彦《ながすねひこ》の軍に敗れた。やむなく進路を変更し、紀伊半島を迂回して熊野《くまの》から大和に入った。途中数々の抵抗勢力に遭遇するが、「金色《こんじき》の鵄《とび》」に導かれるなどして戦いに勝利した。

大和平定に成功した神武天皇は、辛酉年《かのとのとり》に橿原宮《かしはらのみや》で初代天皇として自ら即位した。

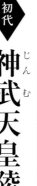

## 【神武天皇陵】

近世には陵の所在地について諸説あり、『古事記』に「畝火《うねび》山《やま》之《の》北方《きたのかた》、白檮尾上《かしのおのえ》」と、『日本書紀』と『延喜式《えんぎしき》』諸陵寮《しょりょうりょう》に「畝傍山東北陵」とあることについての解釈が分かれていた。つまり、ひとつは畝傍山中の「丸山《まるやま》」、ひとつには山本村の「神武田《じぶでん》」、そしてもうひとつは四条村の「塚山《つかやま》」とする説が存したのである。

『文久山陵図』の「荒蕪」図／神武田の地に大小二つの小丘がある。

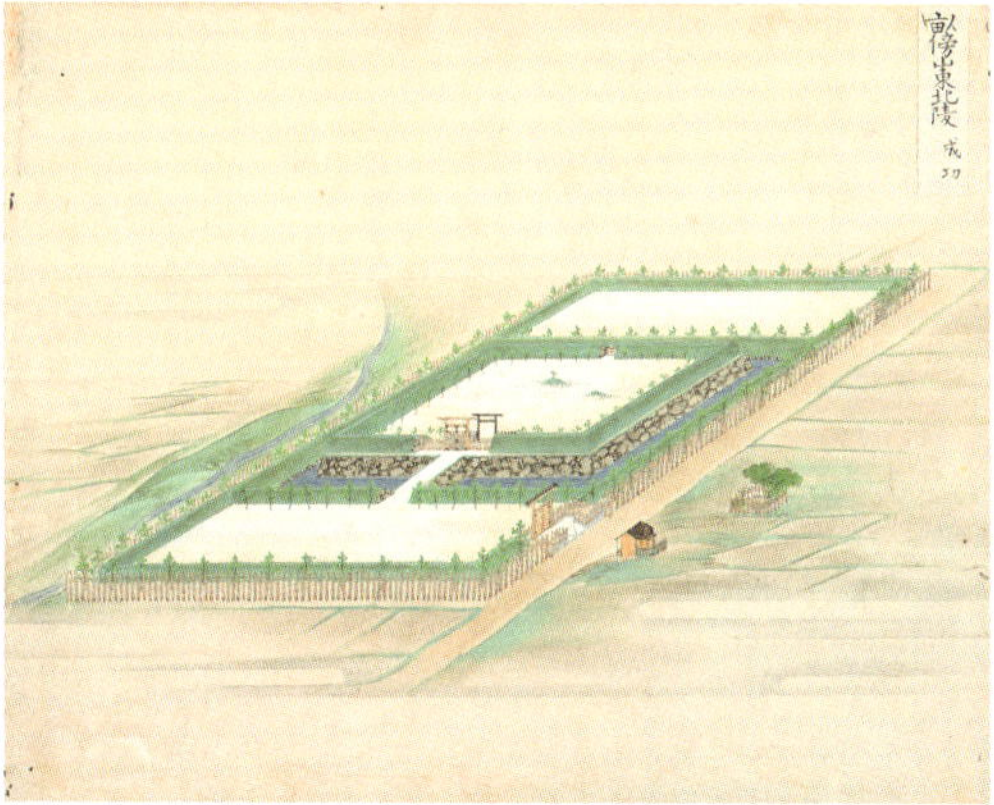

『文久山陵図』の「成功」図／周囲は荘重に整備されたが、二つの小丘そのものはそのままである。

現在の神武天皇陵の拝所

幕末期に宇都宮戸田藩によってなされた文久《ぶんきゅう》の修陵では、この三説のうち、文久三年（一八六三）二月の孝明《こうめい》天皇の「御沙汰《ごさた》」によって「神武田」が採用された。丸山説は採用されなかったものの、「御沙汰」には丸山も粗末にしないようにとも述べられており、塚山は明治十一年（一八七八）二月になって第二代綏靖《すいぜい》天皇陵とされた。

文久三年五月からは奈良奉行《ならぶぎょう》の監督のもと、山陵奉行戸田忠至《とだただゆき》率いる宇都宮戸田藩による大規模な普請がなされた。神武田の大小ふたつの小丘が壮重な神武天皇陵に造り替えられたのである。近くの桜川から引水され周濠も設えられた。十二月には勅使《ちょくし》を迎えて竣成《しゅんせい》が奉告《ほうこく》された。『文久山陵図』（鶴澤探眞《つるさわたんしん》画）による「荒蕪《こうぶ》」図と「成功《せいこう》」図からはこの普請の前後の様子をよく窺うことができる。明治二十三年（一八九〇）四月には、神武天皇陵の隣地に神武天皇・同皇后媛蹈鞴五十鈴媛命を祭神とする橿原神宮《かしはらじんぐう》が鎮座し、昭和十五年（一九四〇）の

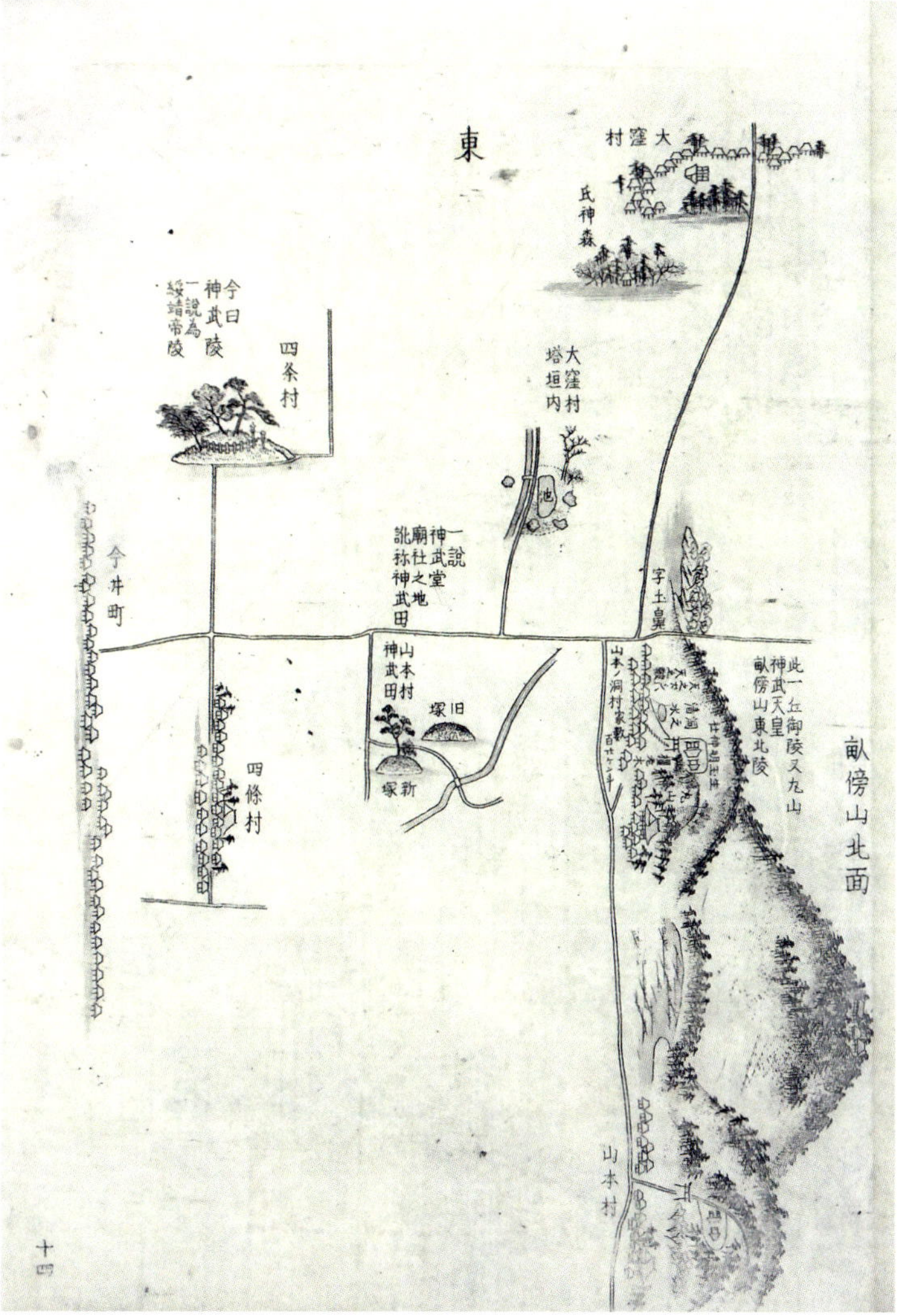


『聖蹟図志』に描かれた神武天皇陵／中央に「山本村神武田」とあり、「旧塚」「新塚」の２つの小丘がみえる。右側に「神武天皇畝傍山東北陵」とされる「丸山」が、左上の「四条村」には「今日神武陵、一説に綏靖帝陵となす」とする小丘がある。

紀元二六〇〇年に至るまで神武天皇陵は拡張・整備が続けられた。また、神武天皇陵の拡大に伴ない被差別部落洞《ほら》村が強制移転された。

なお、大正十三年（一九二四）の測量による陵墓地形図が宮内庁書陵部陵墓課編『陵墓地形図集成』（学生社）に掲載されているが、これによると陵域内に存する小丘はひとつのみである。これは、すでにみた『文久山陵図』の「成功」図が小丘ふたつ近世からの姿そのままに描くのとはおよそ異なる様相を示すものである。

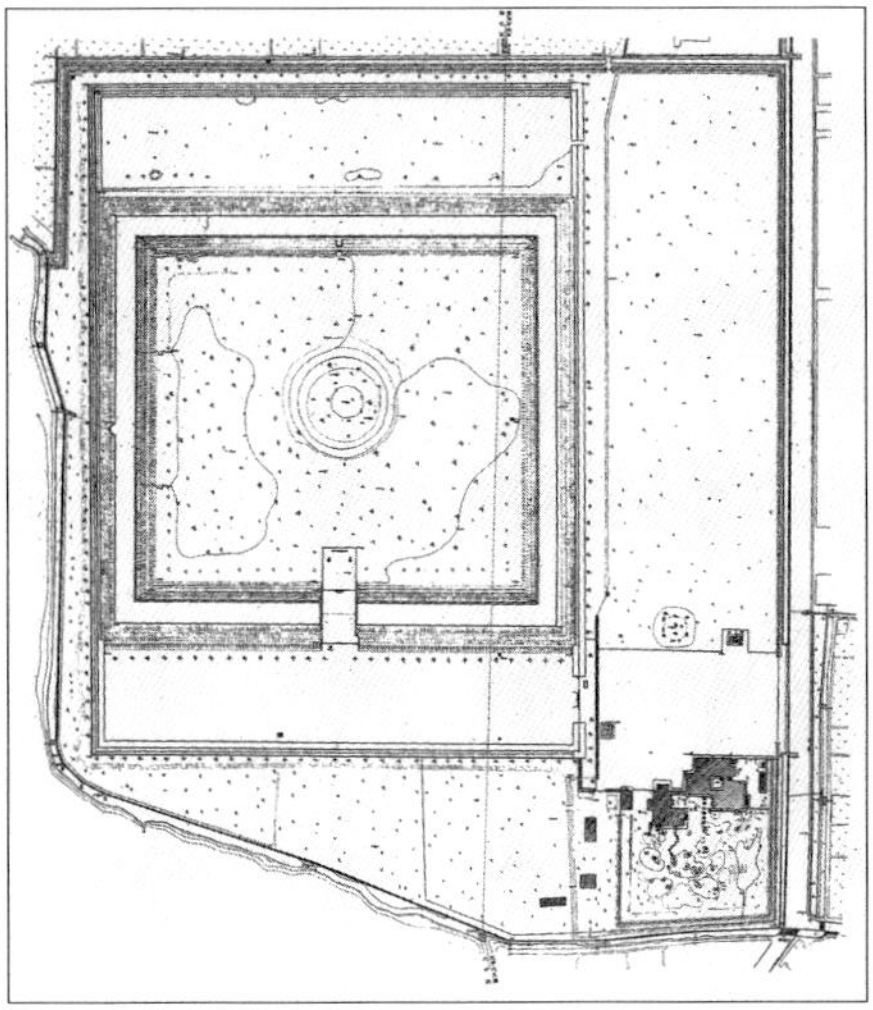

「神武天皇畝傍山東北陵之図」
（『陵墓地形図集成』）

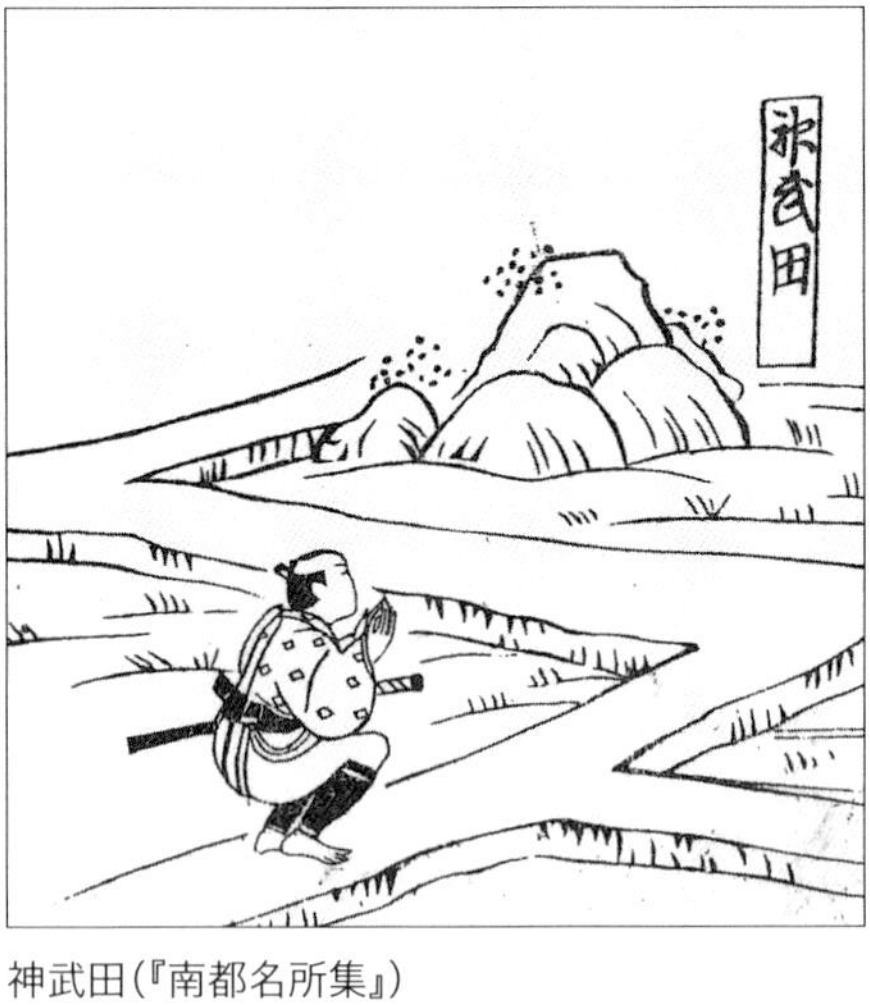


神武田（『南都名所集』）

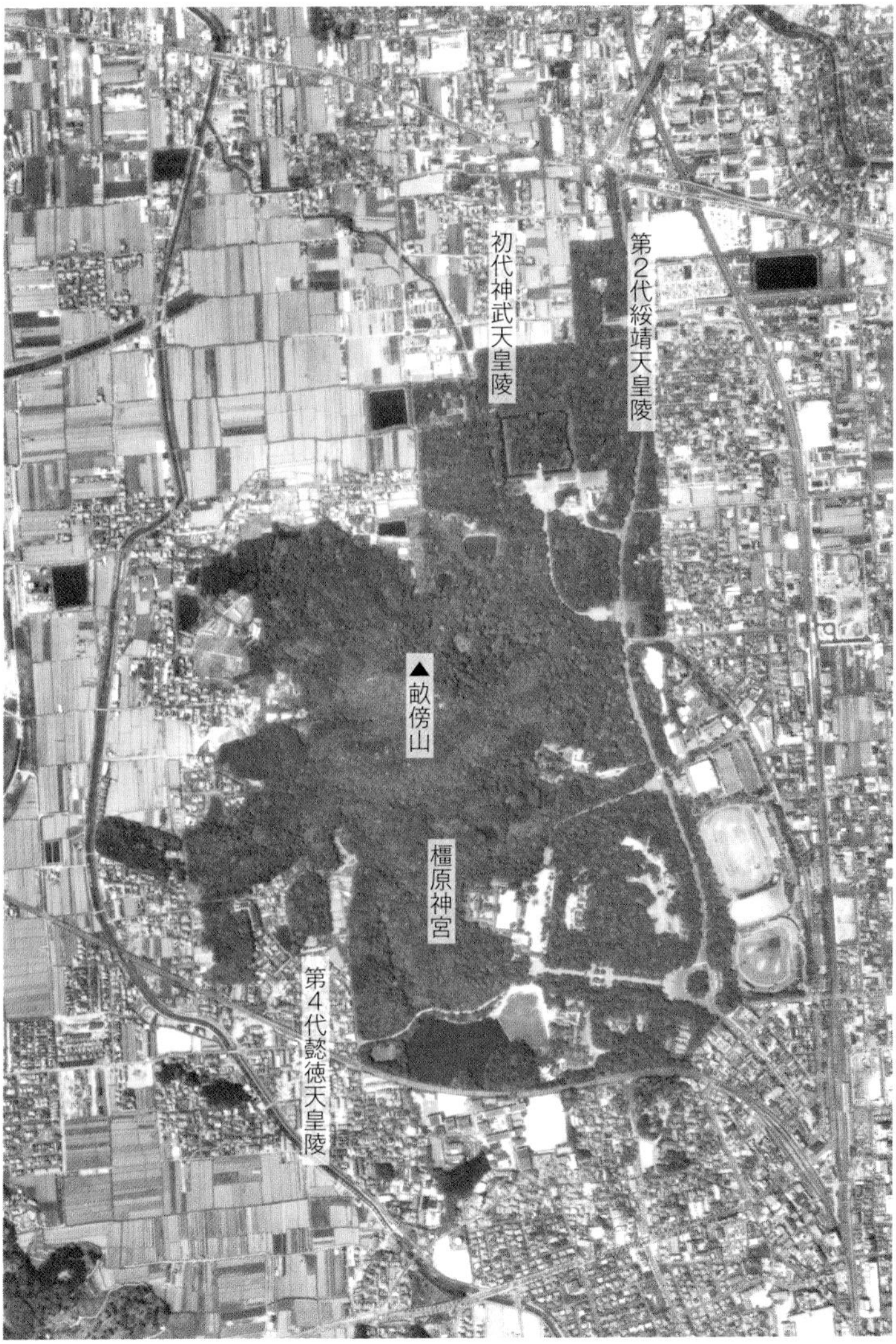
初代神武天皇陵
第2代綏靖天皇陵
▲畝傍山
橿原神宮
第4代懿徳天皇陵
神武天皇陵とその周辺

第2代

# 綏靖《すいぜい》天皇陵

**陵　名**＝桃花鳥田丘上陵（つきだのおかのえのみささぎ）
**陵　形**＝円丘
**所在地**＝奈良県橿原市四条町
**生没年**＝神武天皇29年～綏靖天皇33年

『安政山陵図』に描かれた綏靖天皇陵

## 【綏靖天皇の系譜と陵】

父は神武天皇、母は媛蹈鞴《ひめたたら》五十《い》鈴《すず》媛命《ひめのみこと》、皇后は五十《い》鈴依《すずより》媛命《ひめのみこと》である。

綏靖天皇の陵について、『日本書紀』は「桃花鳥田丘上陵」、『古事記』は「衝田岡《つきたのおか》」、『延喜式』諸陵寮は「桃花鳥田丘上陵」とする。

中世以降、所在地不明であったが、元禄の修陵に際して畝傍山《うねびやま》西北の「スイセン塚」（主膳塚）とされた。その際、現在の綏靖天皇陵は神武天皇陵とされていて、文久の修陵で神武田《じぶでん》が神武天皇陵とされた。明治十一年（一八七八）二月に、現在地が陵所とされた。

『安政山陵図』に描かれた安寧天皇陵

# 第3代 安寧《あんねい》天皇陵

陵　名＝畝傍山西南御陰井上陵（うねびやまのひつじさるのみほどのいのえのみささぎ）
陵　形＝山形
所在地＝奈良県橿原市吉田町
生没年＝綏靖天皇5年〜安寧天皇38年

## 【安寧天皇の系譜と陵】

父は綏靖天皇、母は五十《い》鈴依《すずより》媛命《ひめのみこと》、皇后は渟《ぬ》名《な》底《そこ》仲《なかつ》媛命《ひめのみこと》である。

安寧天皇陵について『日本書紀』は「畝傍山南御陰井上陵」、『古事記』は「畝火山の美富登《みほと》」、『延喜式』諸陵寮は「畝傍山西南御蔭井上陵」とする。

所在地不明であったが、『大和志』は現在の陵にあてており、文久の修陵では安寧天皇陵として修補された。

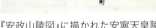

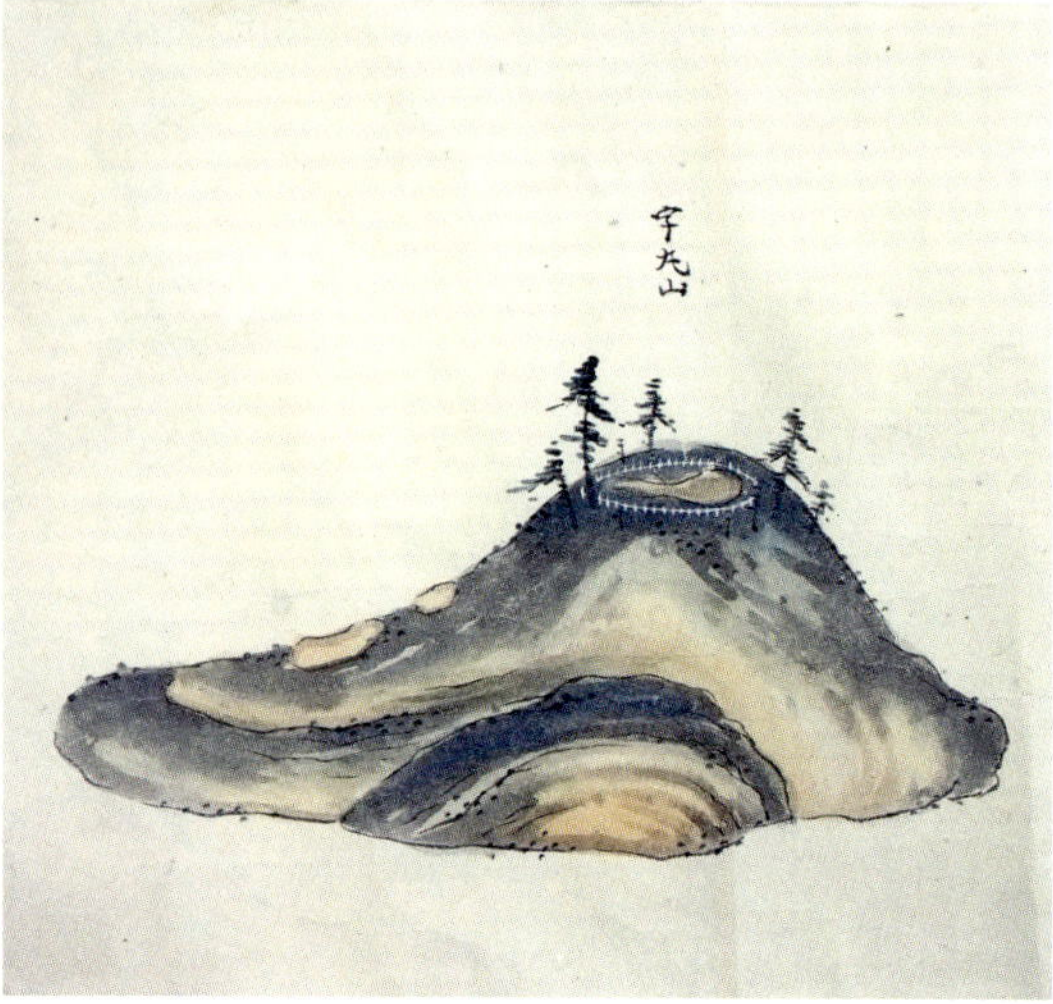


『安政山陵図』に描かれた懿徳天皇陵

第4代

# 懿《い》徳《とく》天皇陵

**陵　名**＝畝傍山南繊沙渓上陵（うねびやまのみなみのまなごのたにのえのみささぎ）
**陵　形**＝山形
**所在地**＝奈良県橿原市西池尻町
**生没年**＝綏靖天皇29年～懿徳天皇34年

## 【懿徳天皇の系譜と陵】

父は安寧天皇、母は渟《ぬ》名《な》底仲《そこなかつ》媛命《ひめのみこと》、皇后は天豊津《あまとよつ》媛命《ひめのみこと》である。

懿徳天皇陵について『日本書紀』は「畝傍山南繊沙谿上陵」、『古事記』は「畝火山の真名子谷の上」、『延喜式』諸陵寮は「畝傍山南繊沙渓上陵」とする。

中世に所在地不明となるが、『大和志』は現在の陵にあてており、文久の修陵に際して修補された。なお、橿原市畝傍町の「イトクノモリ」が「懿徳」と「イトク」の符合から、懿徳天皇陵の候補とする考え方もあった。

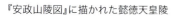

# 第5代 孝昭《こうしょう》天皇陵

陵　名＝掖上博多山上陵（わきのかみのはかたのやまのえのみささぎ）
陵　形＝山形
所在地＝奈良県御所市大字三室
生没年＝懿徳天皇5年～孝昭天皇83年

『安政山陵図』に描かれた孝昭天皇陵

## 【孝昭天皇の系譜と陵】

父は懿徳天皇、母は天豊津媛命《あまとよつひめのみこと》、皇后は世《よ》襲足媛《そたらしひめ》である。

孝昭天皇陵について『日本書紀』は「掖上博多山上」、『古事記』は「掖上博多山上陵」、『延喜式』諸陵寮は「掖上博多山上陵」とする。

後に所在地不明となったが、元禄の修陵では天皇を祀るとされた小祠のある現在の陵の地を孝昭天皇陵とし、文久の修陵では陵上にある孝昭天皇を祀る小祠が東側の隣接地に移された。

## 第6代
# 孝安《こうあん》天皇陵

**陵　名**＝玉手丘上陵（たまてのおかのえのみささぎ）
**陵　形**＝円丘
**所在地**＝奈良県御所市大字玉手
**生没年**＝孝昭天皇49年～孝安天皇102年

『安政山陵図』に描かれた孝安天皇陵

## 【孝安天皇の系譜と陵】

父は孝昭天皇、母は世襲足《よそたらし》媛命《ひめのみこと》、皇后は押《おし》媛命《ひめのみこと》である。

孝安天皇陵について『日本書紀』は「玉手丘上陵」、『古事記』は「玉手岡上」、『延喜式』諸陵寮は「玉手丘上陵」とする。

後に所在地不明となった。元禄の修陵では宮山古墳（室大墓古墳、奈良県御所《ごせ》市、国史跡）を孝安天皇陵としたが、『大和志』などは現在の陵をあてており、文久の修陵においてもこれが踏襲された。

第7代

# 孝霊《こうれい》天皇陵

**陵　名**＝片丘馬坂陵（かたおかのうまさかのみささぎ）
**陵　形**＝山形
**所在地**＝奈良県北葛城郡王寺町本町三丁目
**生没年**＝孝安天皇51年～孝霊天皇76年

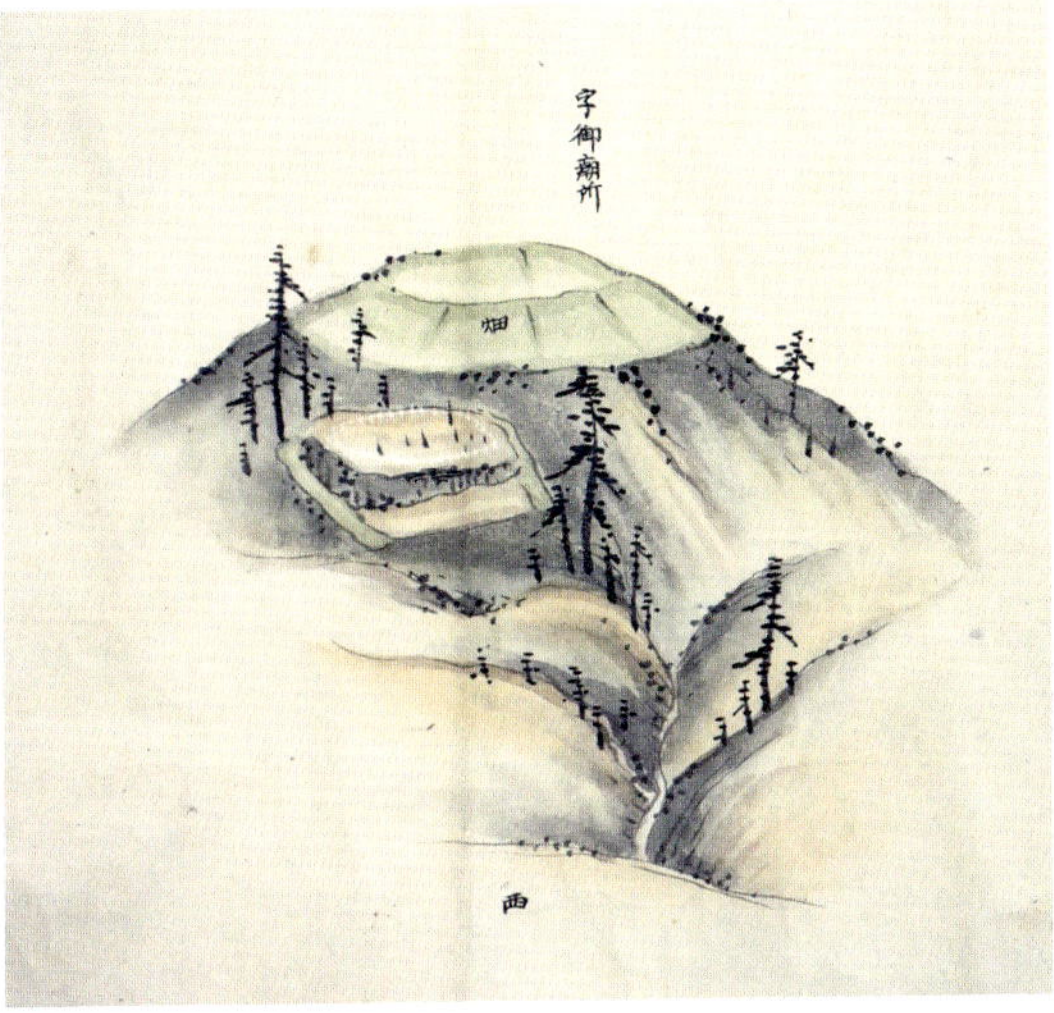

『安政山陵図』に描かれた孝霊天皇陵

## 【孝霊天皇の系譜と陵】

父は孝安天皇、母は押媛命《おしひめのみこと》、皇后は細媛命《くわしひめのみこと》である。

孝霊天皇の陵について『日本書紀』は「片丘馬坂陵」、『古事記』は「片岡馬坂上」、『延喜式』諸陵寮は「片丘馬坂陵」とする。

後に所在地不明となったが、元禄の修陵で現在の陵にあてられ、文久の修陵においてもこれが踏襲された。文久の修陵の考証を担当した谷《たに》森善臣《もりよしおみ》は、『山陵考《さんりょうこう》』において当地の字《あざ》が「御廟所」であることを指摘するとともに、同地の様子について「山陵の形なく」ともする。

第8代

# 孝元《こうげん》天皇陵

**陵　名**＝剣池嶋上陵（つるぎのいけのしまのえのみささぎ）
**陵　形**＝前方後円
**所在地**＝奈良県橿原市石川町
**古墳名**＝中山塚
**生没年**＝孝霊天皇18年～孝元天皇57年

## 【孝元天皇の系譜と陵】

父は孝霊天皇、母は細媛《くわしひめの》命《みこと》、皇后は欝色謎《うつしこめの》命《みこと》である。

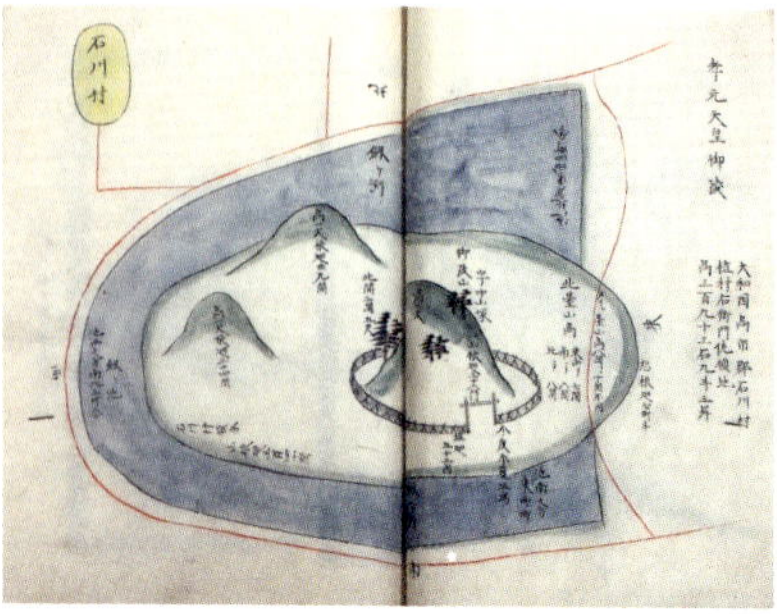

『元禄山陵図』に描かれた孝元天皇陵

孝元天皇陵について『日本書紀』は「剣池嶋上陵」、『古事記』は「剣池之中岡上」、『延喜式』諸陵寮は「剣池島上陵」とする。

現陵の陵域には三基の古墳があり、そのうちの前方後円墳と見られる中山塚が孝元天皇陵とされる。

所在地が不明となっていたが、元禄の修陵で現在の陵が孝元天皇陵とされ、陵域にある三つの塚のうち「中山塚」あるいは「御陵山」とされるものが矢来で囲われ孝元天皇陵とされている。文久の修陵では三つの塚全体が柵で囲われており、谷森善臣著『山陵考』は「中山塚」以外の二つの塚について「陪冢の類にはあらじ、別に　御陵に故ある物なと蔵めたりし所なるへし、必す粗略に為まじき処なるべし」とする。

# 第9代

# 開化《かいか》天皇陵

**陵　名**＝春日率川坂上陵（かすがのいざかわのさかのえのみささぎ）
**陵　形**＝前方後円
**所在地**＝奈良県奈良市油阪町
**古墳名**＝念仏寺山古墳
**生没年**＝孝元天皇7年〜開化天皇60年

『文久山陵図』の「荒蕪」図

## 【開化天皇の系譜と陵】

父は孝元天皇、母は欝色謎命《うつしこめのみこと》、皇后は伊香色謎命《いかがしこめのみこと》である。

開化天皇の陵について『日本書紀』は「春日率川坂本陵」、『古事記』は「伊邪河之坂上」、『延喜式』諸陵寮は「春日率川坂上陵」とする。

元禄の修陵でも現在の場所が開化天皇陵とされていたが、大規模な修補がなされたのは文久の修陵においてである。陵域内には隣接する念仏寺の墓地・堂が存していたが、文久の修陵ではそれらの墓地・堂が陵域外に移動させられた。

# 第10代 崇神《すじん》天皇陵

陵　名＝山邊道勾岡上陵（やまのべのみちのまがりのおかのえのみささぎ）
陵　形＝前方後円
所在地＝奈良県天理市柳本町
古墳名＝行燈山古墳
生没年＝開化天皇10年〜崇神天皇68年

## 【崇神天皇の系譜と事績】

父は開化天皇、母は伊香色謎命《いかがしこめのみこと》、皇后は御間《みま》城姫命《きひめのみこと》である。

『古事記』に「初国《はつくに》知らしし御真木天皇」と、『日本書紀』に「御肇国天皇《はつくにしらすすめらみこと》」と記されていることから、史実の上での初代天皇とされることがある。

事績は多岐にわたるが、王権の拡大を物語る説話として、崇神天皇十年九月に、大彦命《おおひこのみこと》を北陸道に、武渟川別《たけぬなかわわけ》を東海道に、吉備津彦《きびつひこ》を西道に、丹波道主命《たにわのみちぬしのみこと》を山陰道に将軍として派遣し、従わない者は「兵をもって討て」と命じた

崇神天皇陵

という記事が『日本書紀』にある。また、皇祖神の天照《あまてらす》大神《おおみかみ》を宮殿に祀ることやめて「倭《やまと》の笠《かさ》縫邑《ぬいのむら》」に遷したことや、出雲《いづも》大社の神宝を献上させたこと、などがある。

『文久山陵図』の「荒蕪」図／溜池が渡り土手で区切られながらも後円部の背後まで続いている。

『文久山陵図』の「成功」図／全体が高い土堤で囲われ、濠の貯水量は増加した。

**【崇神天皇陵】**

今日、宮内庁が崇神天皇陵として管理する行燈山古墳（奈良県天理市）は、三輪山の麓に営まれた大和柳本古墳群《やまとやなぎもとこふんぐん》のなかでも、景行天皇陵(渋谷向山古墳《しぶたにむこうやま》)に次ぐ規模の前方後円墳である。『古事記』には、崇神天皇陵について「御陵在山辺道勾之岡上也」、景行天皇陵について「御陵在山辺之道上也」とあり、両陵が近くであることを窺わせる。しかも『日本書紀』は、両陵とも「山辺道上陵」と全く同一に記す。

さらに『延喜式』諸陵寮は、崇神天皇陵については「山辺道上陵、磯城瑞籬宮《しきのみずかきのみや》御宇崇神天皇、在大和国城上郡。兆域東西二町、南北二町、守戸一烟」と、景行天皇陵については「山辺道上陵、纏向日代宮《まきむくのひのしろのみや》御宇景行天皇、在大和国城上郡。兆域東西二町、南北二町、陵戸一烟」と記し、陵名・地名・兆域については同じである。

このような符合は他の天皇陵にはみられない。『古事記』『日本書紀』編纂の時点ですでに、両天皇陵の比定には混乱が生じていた可能性も否定できない。

現在崇神天皇陵とされている行燈山古墳であるが、このすぐ南には景行天皇陵とされている渋谷向山古墳がある。

このようなこともあってか、行燈山古墳が崇神天皇陵に、渋谷向山古墳が景行天皇陵とされるまでには、極めて複雑な経緯をたどることとなった。

江戸時代の尊王論者の蒲生君平《がもうくんぺい》は『山陵志《さんりょうし》』において渋谷向山古墳が崇神天皇陵、行燈山古墳が景行天皇陵であるとした。さらに、『文化山陵図』はこの両陵について「二帝決し難し」とし、混乱の様子を隠さない。

幕末から明治の国学者谷森善臣《たにもりよしおみ》は『山陵考《さんりょうこう》』において蒲生君平とは逆の説を唱えたが、文久の修陵では谷森の説が用いられた。これが、今日における崇神・景行天皇陵の治定の原型となっている。

大正期の崇神天皇陵の拝所(『山陵遥拝帖』)/高く築かれた土堤の様子が印象的である。

現在の崇神天皇陵の拝所

# 第11代 垂仁《すいにん》天皇陵

陵　名＝菅原伏見東陵（すがわらのふしみのひがしのみささぎ）
陵　形＝前方後円
所在地＝奈良県奈良市尼辻西町
古墳名＝宝来山古墳
生没年＝崇神天皇29年～垂仁天皇99年

垂仁天皇陵

## 【垂仁天皇の系譜と事績】

父は崇神天皇、母は御間城姫命《みまきひめのみこと》、最初の皇后は狭穂姫命《さほひめのみこと》である。垂仁天皇四年に狭穂姫の兄の狭穂彦《さほひこ》が謀反を企てたため狭穂姫は自殺した。次の皇后は日葉酢媛命《ひばすひめのみこと》で、景行天皇の生母である。皇后が亡くなると、その埋葬に際しての野見宿禰《のみのすくね》の進言により、殉死が禁止された。その代わりに埴土で人物や動物をつくり陵墓に立て、これが埴輪《はにわ》の起源とされる。

また相撲の起源説話として、垂仁天皇七年に、天皇の命で出雲から召された野見宿禰と当《たい》麻《まの》蹶《け》速《はや》が相撲をとり、蹶速が負け亡くなったという。

また、同二十五年には、天照大神《あまてらすおおみかみ》の祭祀を皇女の倭姫命《やまとひめのみこと》に託した。倭姫命は天照大神を鎮座するにふさわしい場所を探し求め、伊勢に社を建立したが、これが伊勢神宮の内宮のはじまりとされる。

『文久山陵図』の「荒蕪」図／修陵前にすでに周濠が整備されていた。

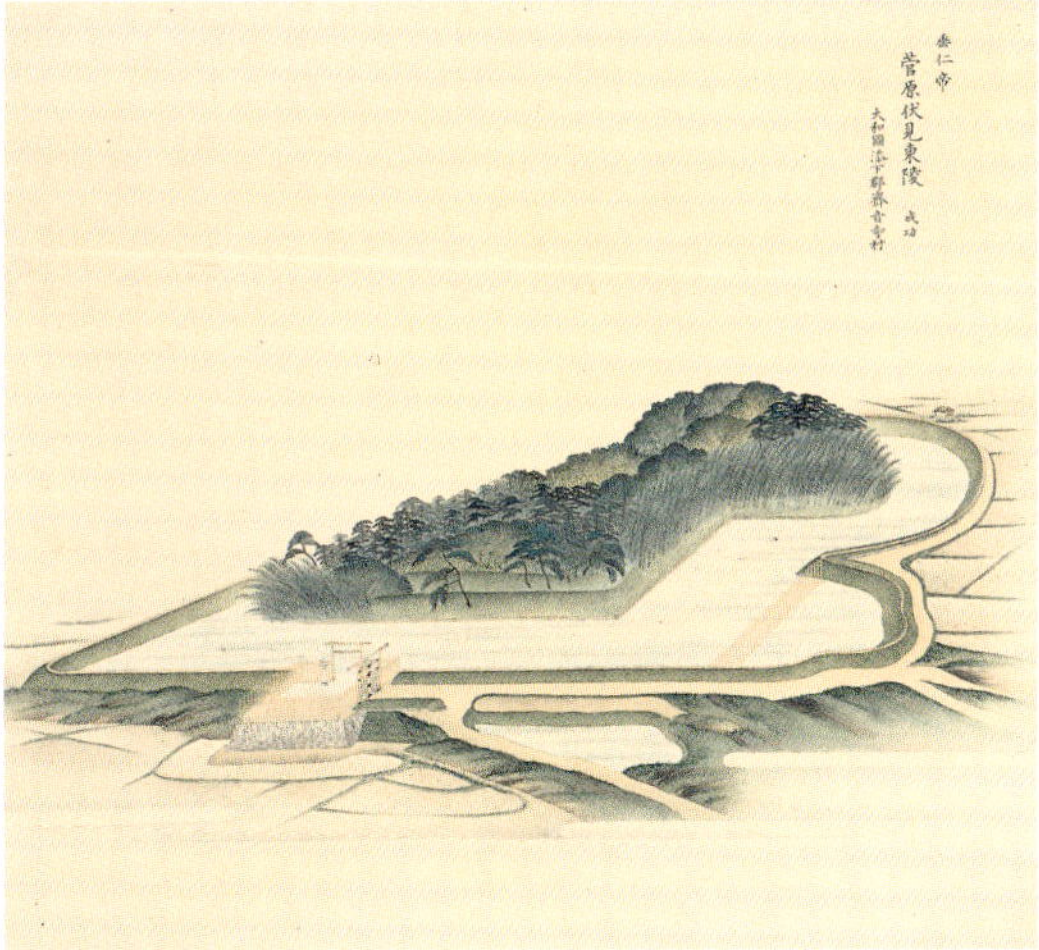


『文久山陵図』の「成功」図／周濠はさらに拡張され、周囲に土堤が築かれている。

現在の垂仁天皇陵／右手前の濠中に田道間守の墓とされる小島がある。

**【垂仁天皇陵】**

『日本書紀』は垂仁天皇陵の陵号を「菅原伏見陵」とするが、これは安康天皇陵の陵号と同じである。

元禄《げんろく》の修陵の際に、宝来山古墳（奈良県奈良市）は天武天皇皇子の新田部《にいたべ》皇子の墓との説が報告されているが、地元での伝承が重視され垂仁天皇陵とされた。文久の修陵でもこれが踏襲された。

現在の宝来山古墳の濠には、新羅《しらぎ》から渡来した天日槍《あめのひぼこ》の子孫の田道間守《たじまもり》の墓とされる小島があるが、『文化山陵図』はこれを「橘《たちばなの》諸兄公之《もろえこうの》塚《つか》」とし、しかも「水中にて相見《あいみ》え申さず」とする。『文久山陵図』にはこの小島は描かれていない。

第13代成務天皇陵（佐紀石塚山古墳）
第48代称徳天皇陵（佐紀高塚古墳）
第51代平城天皇陵
平城宮跡
第11代垂仁天皇陵（宝来山古墳）

平城宮跡周辺の天皇陵

第12代

# 景行《けいこう》天皇陵

**陵　名**＝山邊道上陵（やまのべのみちのえのみささぎ）
**陵　形**＝前方後円
**所在地**＝奈良県天理市渋谷町
**古墳名**＝渋谷向山古墳
**生没年**＝垂仁天皇17年～景行天皇60年

景行天皇陵

## 【景行天皇の系譜と事績】

父は垂仁天皇、母は日葉酢媛命《ひばすひめのみこと》、皇后は播磨《はりまの》稲日大郎姫命《いなびのおおいらつめのみこと》と八坂入媛命《やさかのいりひめのみこと》で、八十人の皇子・皇女をもうけたという。

『古事記』『日本書紀』の景行天皇の条は、その皇子の日本武尊《やまとたけるのみこと》（『日本書紀』による表記。『古事記』は「倭建命」とする）が、天皇の命で九州の熊襲《くまそ》を平定した征西説話、東国の蝦夷《えみし》の反乱を鎮定した東征説話によって占められている。

日本武尊は東国から生還したが、伊吹山の山の神の毒気によって体調を崩し、伊勢の能褒野《のぼの》で亡くなった。日本武尊は白鳥に化して大和に飛び去った。

『日本書紀』には日本武尊の墓として、三重県亀山市の能褒野墓、奈良県御所《ごせ》市の白鳥陵、大阪府羽曳野市の白鳥陵の三カ所を記すが、『延喜式』諸陵寮では能褒野墓のみを記す。

『文久山陵図』の「荒蕪」図／前方部から後円部にかけて周濠と段状の地割りがみえる。陵内には建物と石垣・階段がある。

『文久山陵図』の「成功」図／整備された周濠は渡土堤によって区分された。

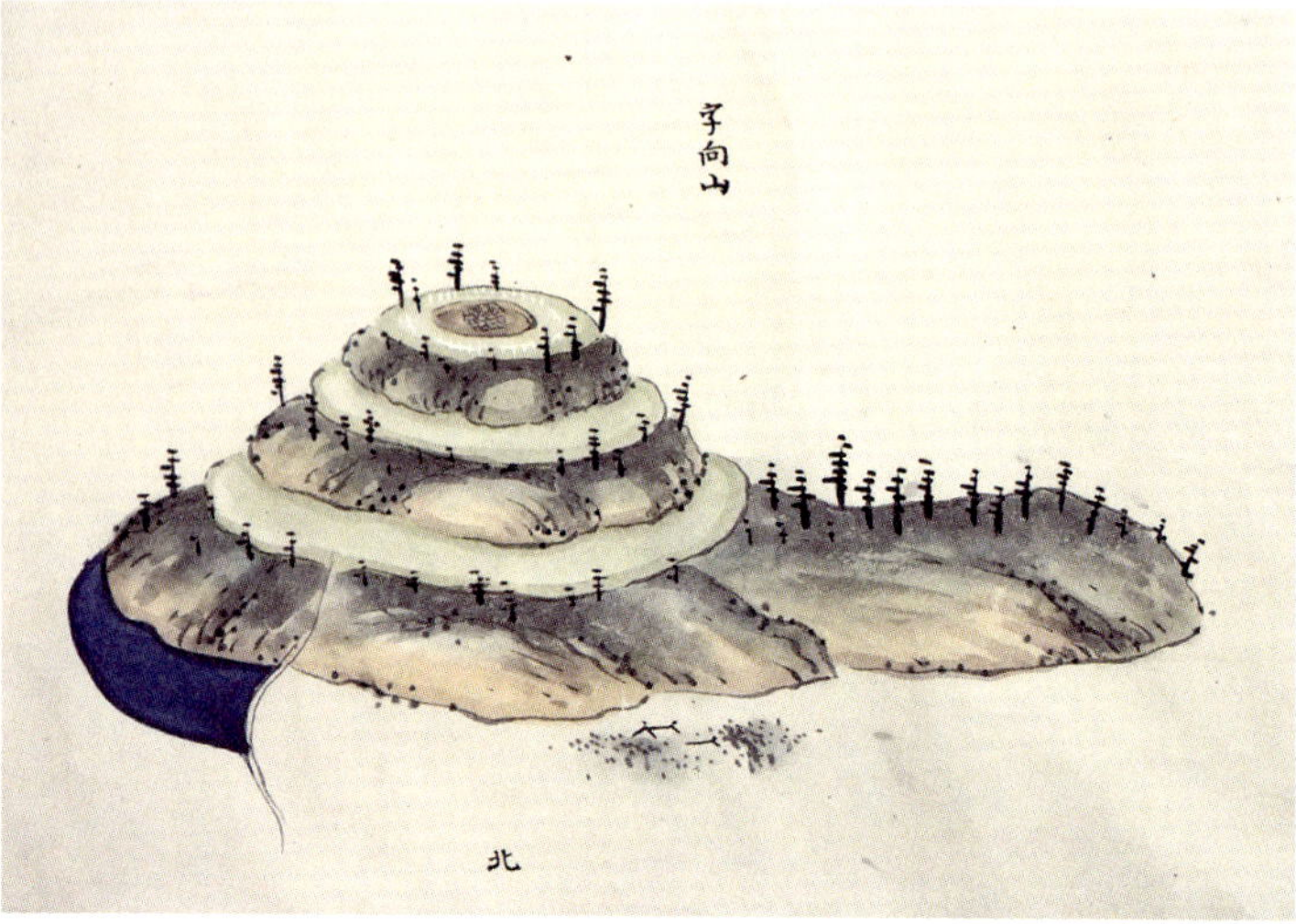

『安政山陵図』に描かれた渋谷向山古墳(ここでは崇神天皇陵とされている)

**【景行天皇陵】**

景行天皇陵と崇神天皇陵の治定に至る経緯については、崇神天皇陵の項で述べたとおりである。

今日、宮内庁は渋谷向山《しぶたにむこうやま》古墳(奈良県天理市)を景行天皇陵として管理するが、たとえば『安政山陵図』では、渋谷向山古墳を崇神天皇陵とし、行燈山古墳を景行天皇陵としている。文久の修陵においては、この両陵についてどちらの天皇陵とも決めずに普請を開始し、その後に、渋谷向山古墳が景行天皇陵とされて現在にいたっている。

渋谷向山古墳は、柳本古墳群のなかで最大規模の前方後円墳で、規模としては全国八位である。

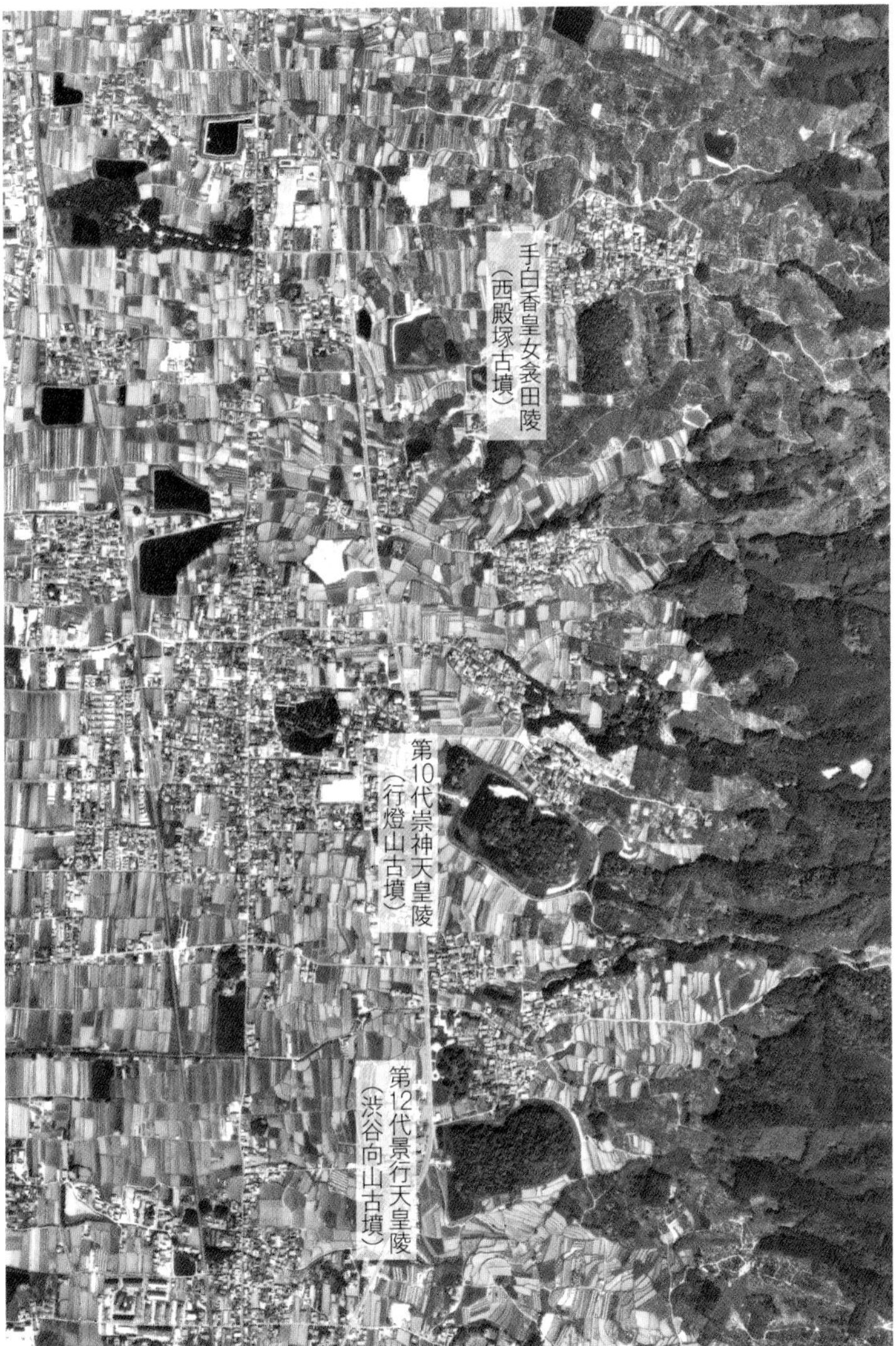


天理市の柳本古墳群

第13代

# 成務《せいむ》天皇陵

成務天皇陵／手前の前方後円墳が成務天皇陵で、その右側奥は称徳天皇陵。左手奥の前方後円墳は、垂仁天皇皇后日葉酢媛命陵。

**陵　名**＝狭城盾列池後陵（さきのたたなみのいけじりのみささぎ）
**陵　形**＝前方後円
**所在地**＝奈良県奈良市山陵町
**古墳名**＝佐紀石塚山古墳
**生没年**＝景行天皇14年～成務天皇60年

## 【成務天皇の系譜と事績】

父は景行天皇、母は八坂入媛命《やさかのいりひめのみこと》（崇神天皇の孫）である。

日本武尊が亡くなった後、皇太子となり即位した。同日生まれの武内宿禰《たけのうちのすくね》を重用し大臣に任じた。また、『日本書紀』の成務天皇五年の記事として、「国郡《くにこおり》」に「造長《みやつこおさ》」を立て「県邑《あがたむら》」に「稲置《いなぎ》」を置き、国々の境界を定めたという。『日本書紀』には宮都の記事はないが、『古事記』には近江に志賀高穴穂宮《しがのたかあなほのみや》を営んだとする。

『古事記』『日本書紀』ともに、成務天皇の事績に関する記述は簡略なものであって、その実在

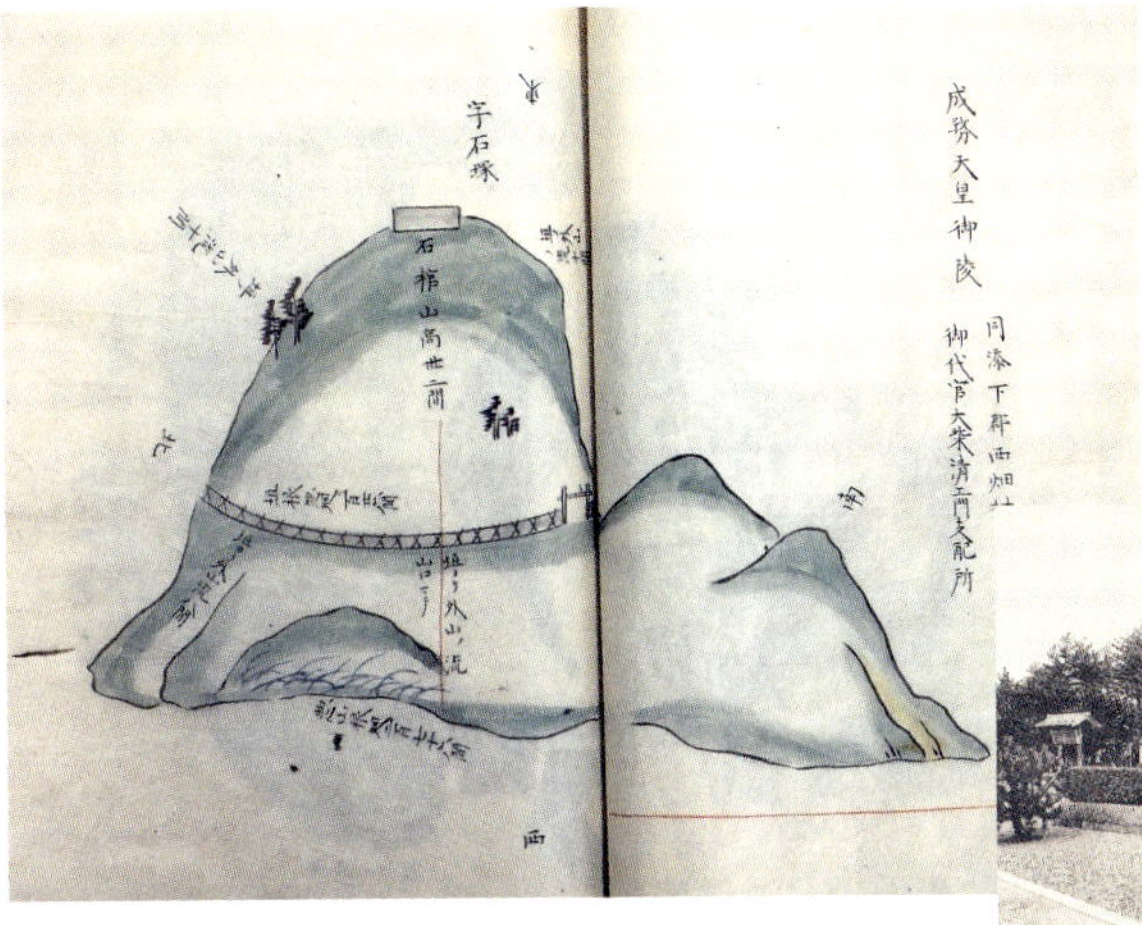


『元禄山陵図』に描かれた成務天皇陵

大正期の成務天皇陵の拝所
（『山陵遥拝帖』）

性には疑問が持たれている。皇室の系譜をつなぐために創作された天皇であるという考え方が有力である。

**【成務天皇陵】**

成務天皇の陵号は、『日本書紀』には「狭城盾列陵」とされ神功皇后《じんぐうこうごう》（仲哀天皇皇后）と同じため、両陵の治定に混乱が生じていた。『扶桑略記《ふそうりゃっき》』によれば、康平《こうへい》六年（一〇六三）三月に興福寺《こうふくじ》の僧静範《せいはん》らによって陵が盗掘《とうくつ》されたことが記されている。

その後、山陵の宝物等はもとの通りに返納され、静範らは伊豆国に配流され、縁座の者は僧俗十六人であり、佐渡・隠岐・土佐国等に流された。

第14代

# 仲哀天皇陵《ちゅうあい》

陵　名＝恵我長野西陵（えがのながののにしのみささぎ）
陵　形＝前方後円
所在地＝大阪府藤井寺市藤井寺四丁目
古墳名＝岡ミサンザイ古墳
生没年＝　～仲哀天皇9年

仲哀天皇陵

## 【仲哀天皇の系譜と事績】

父は日本武尊《やまとたけるのみこと》（景行天皇皇子）、母は両道入姫命《ふたじのいりひめのみこと》（垂仁天皇皇女）、皇后は気長足姫尊《おきながたらしひめのみこと》（神功皇后《じんぐうこうごう》）である。

仲哀天皇八年、九州の熊襲《くまそ》を征討するため神功皇后とともに九州の筑紫《つくし》に向かった仲哀天皇は、神懸りした神功皇后から新羅への外征を勧められたがその神託を信じなかった。神の怒りに触れたためともいわれるが、まもなく仲哀天皇は亡くなった。

『日本書紀』によれば、神功皇后は仲哀天皇が亡くなったあと、応神天皇を妊娠したまま筑紫

大正期の仲哀天皇陵の拝所(『山陵遥拝帖』)

から朝鮮半島に出兵し、新羅・高句麗・百済《くだら》を攻め、朝貢を約させた、いわゆる「三韓征伐」が行われたとする。

**【仲哀天皇陵】**

仲哀天皇陵は中世に所在が不明となり、近世において天皇陵に関する諸書によって考証がなされたが、『日本書紀』にみえる「長野陵」、『扶桑略記』にみえる「長野山陵」、『延喜式』諸陵寮にみえる「恵我長野西陵」との文言が考証のための根拠とされた。その後、河内国錦部郡長野庄上原村の塚山とされたが、のちに岡ミサンザイ古墳(大阪府藤井寺市)に改められ、これに基づいて文久の修陵がなされた。この古墳を雄略天皇陵に比定する考え方もある。

## 第15代

# 応神《おうじん》天皇陵

**陵　名**＝恵我藻伏崗陵（えがのもふしのおかのみささぎ）
**陵　形**＝前方後円
**所在地**＝大阪府羽曳野市誉田六丁目
**古墳名**＝誉田御廟山古墳
**生没年**＝仲哀天皇9年〜応神天皇41年

応神天皇陵

### 【応神天皇の系譜と事績】

父は仲哀天皇、母は神功皇后、皇后は仲姫《なかつひめ》命《みこと》である。

仲哀天皇が亡くなった後、神功皇后が「新羅征討」に向かった際に応神天皇はその胎内にあり、帰陣の後に筑紫《つくし》で生まれた。生まれた時腕の肉が弓具の鞆《ほむた》のように盛り上がっていたので「誉田天皇《ほむたのすめらみこと》」と呼ばれたという。

応神天皇には大中姫《おおなかつひめ》を母とする異母兄として麛坂《かごさか》皇子と忍熊《おしくま》皇子がいたが、この二人が筑紫から帰還する神功皇后軍に反乱する事件が『日本書紀』にみえ、これは、当時の政権内に対立する二つの集団の抗争を物語っていると考えられる。

応神天皇の治世の主な出来事としては、応神天皇三年の蝦夷《えみし》の朝貢、応神天皇十四年に弓月《ゆづきの》君《きみ》の百済《くだら》からの来朝、阿直岐《あちき》や王仁《わに》らの来朝等があり、大陸の進んだ文化や技術がもたらされた記事が『日本書紀』に多く記されている。また、応神天皇十九年には吉野の「国樔人《くずひと》」が土

『文久山陵図』の「荒蕪」図／図の右手が前方部で左手が後円部。後円部の先に誉田八幡宮の社殿と境内が描かれており、後円部墳頂には僅かに六角の宝塔を認めることができる。

『文久山陵図』の「成功」図／修陵によって新たに築造された拝所側から描かれている。後円部に接する誉田八幡宮はまったく描かれていない。

「誉田八幡宮境内図」上部にみえるのが応神天皇陵／頂上に宝塔がみえ、参道も設けられている。

地の産物を奉じて貢献したという。

中国の史書『宋書《そうじょ》』倭国伝にみえる、倭王「讃《さん》」を応神天皇とする説がある。

**【応神天皇陵】**

誉田《ほんだ》御廟山《ごびょうやま》古墳（大阪府羽曳野市）は、古市《ふるいち》古墳群《こふんぐん》で最大の前方後円墳である。古墳の長さには諸説があるが、羽曳野市の公式サイトによれば約四二五メートルという。また、大山《だいせん》古墳（仁徳天皇陵）に次ぐ面積であるとともに、墳丘の土量は約一四三万立方メートルとされ、体積では大山古墳を抜いてわが国最大といわれる。

平成二十年（二〇〇八）九月二十六日、誉田御廟山古墳を含む古市古墳群と百舌鳥《もず》古墳群が世界遺産の国内暫定リストに追加された。将来、世界遺産登録やその登録条件となる文化財

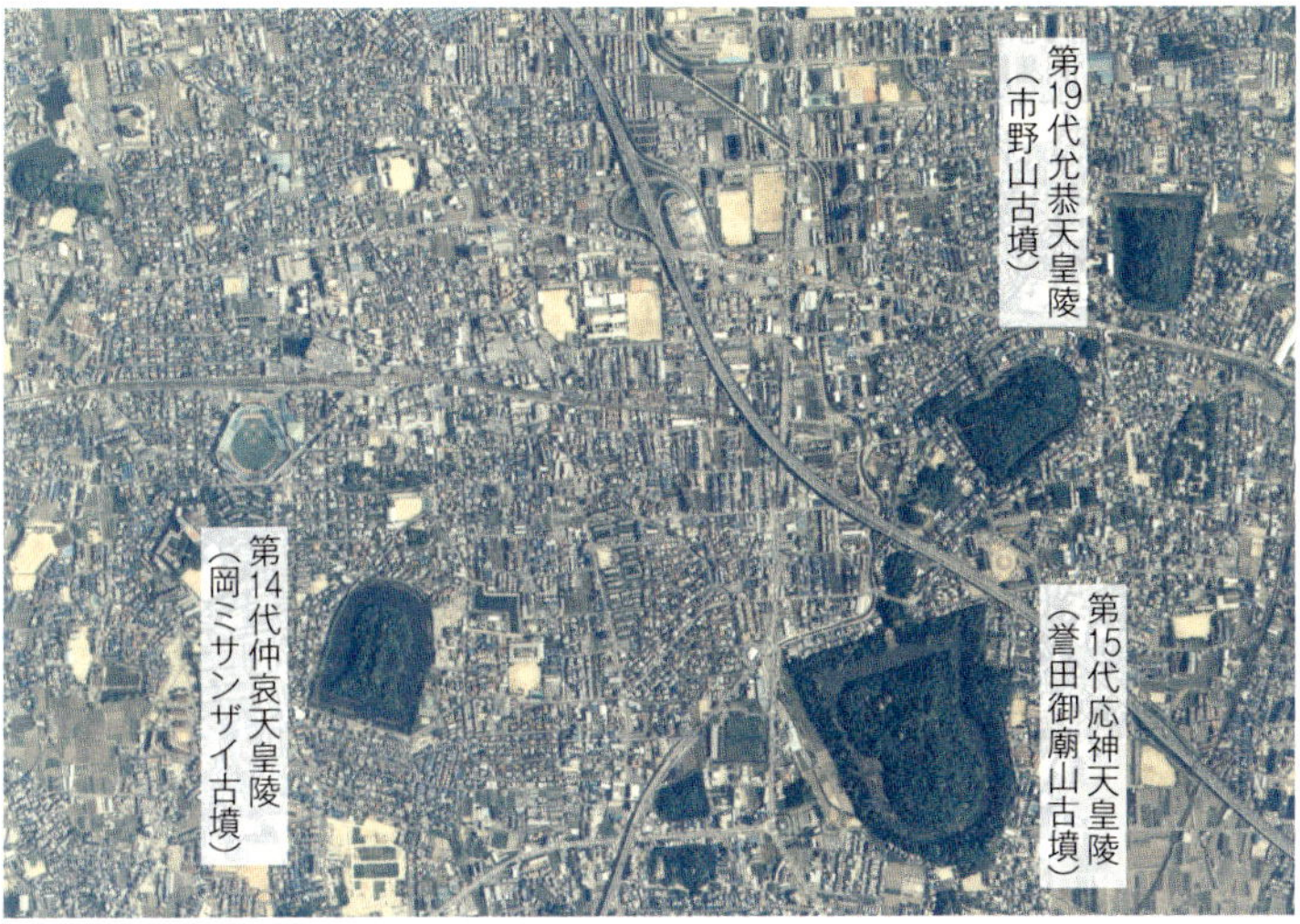


藤井寺市・羽曳野市の古市古墳群

指定があるとすれば、現今宮内庁管理下にある天皇陵古墳の公開や学術調査の是非についての議論にどのように影響するのか注目される。

応神天皇陵を誉田御廟山古墳とすることについては、右にもみたように後円部に接して誉田八幡宮が営まれていて、しかもその祭神が他ならぬ応神天皇であってみれば、あまり疑問をいだかれてはこず、大正三年（一九一四）に発表された喜田貞吉による考証以降、肯定的にとらえられてはいるものの、古墳の年代論への見直しや須恵器《すえき》の研究などから、それを否定する意見もある。

また、今まで大和にあった大王陵の造営地が河内に移動したことに注目して河内王朝を想定する考えもある。

第16代

# 仁徳天皇陵《にんとく》

**陵　名**＝百舌鳥耳原中陵（もずのみみはらのなかのみささぎ）
**陵　形**＝前方後円
**所在地**＝大阪府堺市堺区大仙町
**古墳名**＝大山古墳
**生没年**＝神功皇后57年〜仁徳天皇87年

**【仁徳天皇の系譜と事績】**

父は応神天皇、母は仲姫命《なかつひめのみこと》、皇后は磐之媛命《いわのひめのみこと》である。

応神天皇が亡くなってから、異母弟の菟道稚郎子《うじのわきいらつこ》皇子と皇位を譲り合ったが、皇子の自殺によって即位したという。

『日本書紀』の仁徳天皇四年春の記事に、高殿に登って国を眺めると、民家の竈《かまど》から煙が見られないのは人々が貧しいためとして、今後三年間は租税の徴収を行なわず、宮殿も修理せず、そのため五穀豊穣が続き、仁徳天皇の徳を称える声が起きたと記されている。

仁徳天皇陵

『日本書紀』には仁徳天皇の主な事績として、難波の「堀江」の開削工事、茨田堤《まんだのつつみ》の築造、和《わ》珥池《にのいけ》と横野堤《よこののつつみ》の築造など、河内平野の開拓事業が記されている。

外交関係では、紀角宿禰《きのつののすくね》を百済《くだら》へ遣わして初めて国郡の境の分け方を決めたこと、田道《たじ》を新羅に派遣して戦いに勝利し新羅の人民を連れ帰ったことなどがある。

『文久山陵図』の「荒蕪」図／右手が前方部で左手が後円部である。周濠は二重である。

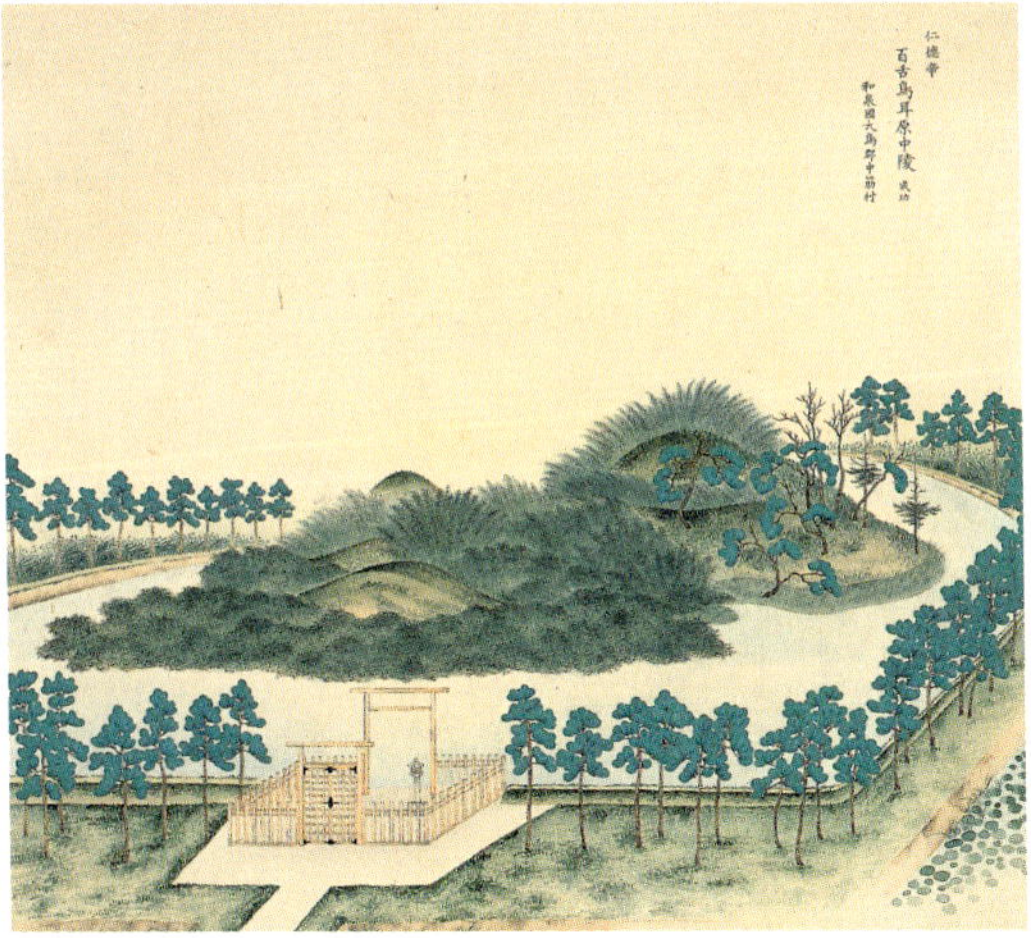

『文久山陵図』の「成功」図／修陵によって設けられた拝所側から描かれている。

また、飛騨《ひだ》国に住む宿儺《すくな》は、身体は一つで顔が二つあった。その宿儺が人民から略奪を繰り返していたので、武振熊《たけふるくま》を遣わして討たせたという説話が記されている。

高徳の天皇として描かれている一方次のような説話もあり興味深い。磐之媛命皇后は嫉妬深く、皇后が熊野に向かい宮中に不在のとき、仁徳天皇が皇后の異母妹の八田《やた》皇女を宮中に入れたことを強く恨み、山城の筒城宮《つづきのみや》に移り恨みを抱いたまま亡くなり、その後八田皇女は仁徳天皇の皇后となった、というのである。

**【仁徳天皇陵】**

大山古墳(大阪府堺市)は、百舌鳥古墳群で最大の古墳であり、堺市の公式サイトによれば、全長は約四八六メートルで日本で最大の前方後円墳である。

『日本書紀』には、仁徳天皇は同八十七年正月に亡くなり、「百舌鳥野陵《もずののみささぎ》」に葬られたとある。

また、同六十七年の記事には次のような説話が記されている。

仁徳天皇が河内の石津原《いしづはら》に自らの陵地を定めたとき、野から飛び出した鹿が倒れて死んだ。鹿を調べると耳から百舌鳥が出てきて飛び去ったのでこの地を「百舌鳥耳原」と言うようになった、というのである。

また、『延喜式』諸陵寮には仁徳天皇陵は「百舌鳥耳原中陵《もずのみみはらのなかのみささぎ》」と記されている。

ここに「中陵」とあるのは、この古墳の北と南にもそれぞれ陵があることを示しており、北には「百舌鳥耳原北陵」として反正天皇陵(田出井山古墳)、南には「百舌鳥耳原南陵」として履

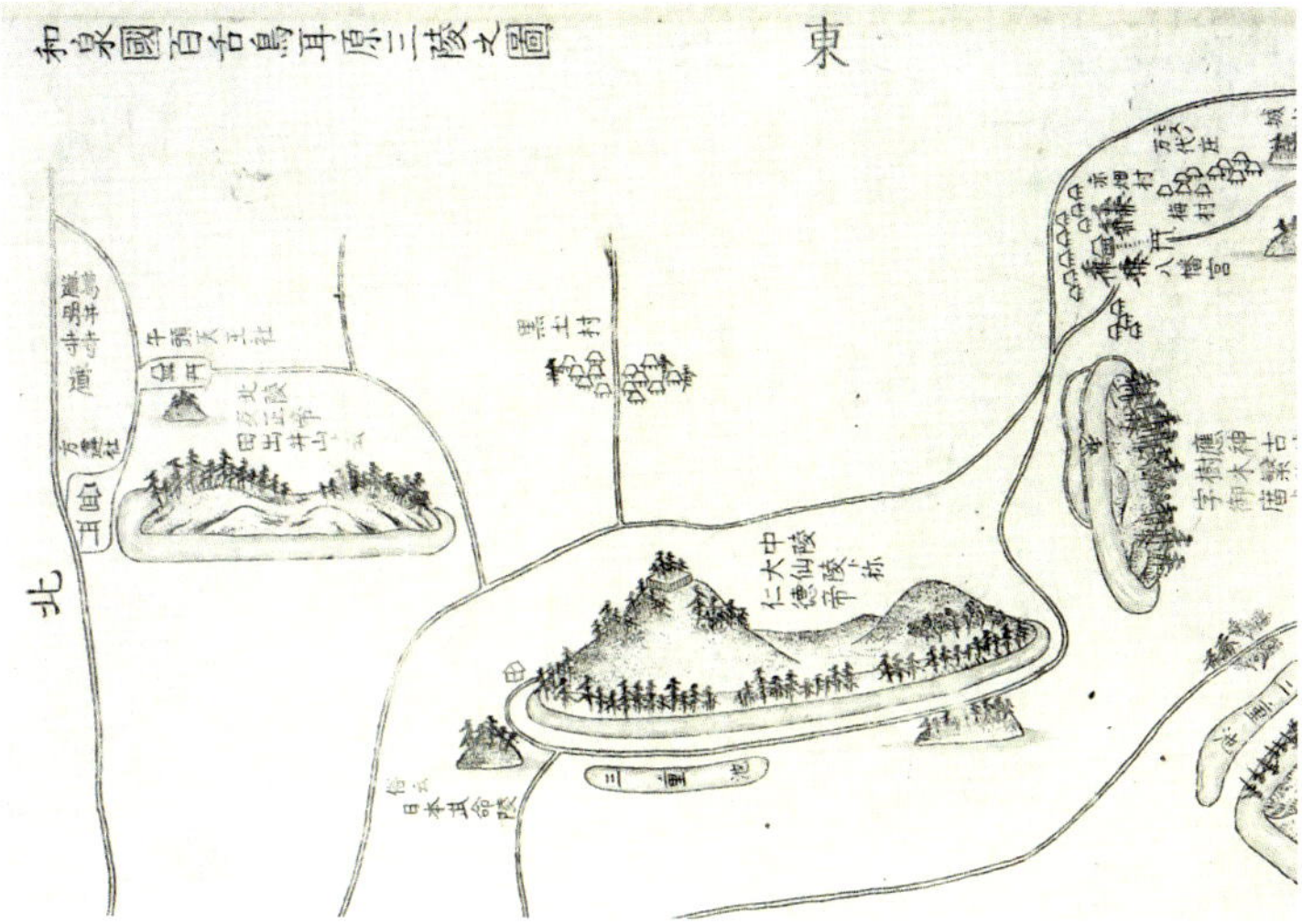


『聖蹟図志』に描かれた仁徳天皇陵

中天皇陵（上石津ミサンザイ古墳）が存するのである。

　この三古墳の推定築造年代の順と『古事記』『日本書紀』による在位年代が合致しないため、現在の治定を疑問視する見解もある。

　平成二十年（二〇〇八）九月二十六日、応神・仁徳天皇陵を含む百舌鳥古墳群と古市古墳群が世界遺産の国内暫定リストに追加された。応神天皇陵の条でみたとおりである。

# 第17代 履中《りちゅう》天皇陵

**陵　名**＝百舌鳥耳原南陵（もずのみみはらのみなみのみささぎ）
**陵　形**＝前方後円
**所在地**＝大阪府堺市西区石津ヶ丘
**古墳名**＝上石津ミサンザイ古墳
**生没年**＝〜履中天皇6年

履中天皇陵

**【履中天皇の系譜と事績】**

父は仁徳天皇、母は磐之媛命《いわのひめのみこと》、皇后は草香幡《くさかのはた》梭《び》皇女（応神天皇の皇女）である。反正天皇・允恭天皇の同母弟にあたる。

『日本書紀』によれば、仁徳天皇が亡くなったあと皇位を奪おうとした同母弟住吉仲《すみのえのなかつ》皇子を、やはり同母弟の瑞《みず》歯《は》別《わけ》皇子（反正天皇）に命じて誅殺させた。中国の史書『宋書』倭国伝に記された倭王「讃」に比定する説もある。

**【履中天皇陵】**

今日宮内庁が履中天皇陵として管理する上石《かみいし》

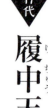

大正期の履中天皇陵の拝所（『山陵遥拝帖』）

津《づ》ミサンザイ古墳（大阪府堺市）は、百舌鳥《もず》古墳群の前方後円墳で、大山古墳（仁徳天皇陵）、誉田《ほんだ》御廟山《ごびょうやま》古墳（応神天皇陵）に次ぐ規模を有する。

　履中天皇陵は陵名を「百舌鳥耳原南陵」とするが、これは仁徳天皇陵の「百舌鳥耳原中陵」、反正天皇陵の「百舌鳥耳原北陵」と対比される。上石津ミサンザイ古墳付近には、いたすけ古墳（国史跡）・御廟山《ごびょうやま》古墳（百舌鳥陵墓参考地）・ニサンザイ古墳（東百舌鳥陵墓参考地）もあるが、上石津ミサンザイ古墳は最大規模である。嘉永《かえい》七年（一八五四）十一月の『聖蹟図志《せいせきずし》』（津久井清《つくいきよ》影《かげ》著）は上石津ミサンザイ古墳を履中天皇陵とし、「樹木ナシ草山ナリ俗スリバチ山ト云」と述べる。文久の修陵でも履中天皇陵として修補された。

反正天皇陵

# 第18代 反正天皇陵《はんぜい》

**陵　名**＝百舌鳥耳原北陵（もずのみみはらのきたのみささぎ）
**陵　形**＝前方後円
**所在地**＝大阪府堺市堺区北三国ヶ丘町二丁
**古墳名**＝田出井山古墳
**生没年**＝　～反正天皇５年

## 【反正天皇の系譜と事績】

父は仁徳天皇、母は磐之媛命《いわのひめのみこと》である。履中天皇は同母兄、允恭天皇は同母弟にあたる。

『日本書紀』には、反正天皇に関する記述が極端に少ない。その中で、淡路宮《あわじのみや》で生まれ容姿は美麗で、生まれながら歯が「一骨《ひとつほね》」のように整っていたこと、河内の丹比柴籬宮《たじひしばかきのみや》を営んだことなどが記されている。

『古事記』によれば、身長は九尺二寸半（約三メートル）もあったという。

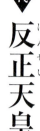

百舌鳥古墳群

## 【反正天皇陵】

今日宮内庁が反正天皇陵として管理する田出《たで》井山《いやま》古墳（大阪府堺市）は、しばしば並べて捉えられる仁徳天皇陵・履中天皇陵と比較して小規模である。そもそも『延喜式』諸陵寮にみられる「兆域」も、仁徳天皇陵が「東西八町南北八町」、履中天皇陵が「東西五町南北五町」であるのに対し、反正天皇陵は「東西三町南北二町」に過ぎない。そうであるならば、小規模な前方後円墳である田出井山古墳はなお反正天皇陵に相応しいとも考えられる。文久の修陵では反正天皇陵として修補された。とは言うものの、やはり百舌鳥古墳群に属するニサンザイ古墳は宮内庁によって陵墓参考地とされているが、そこに想定されている「該当御方」は反正天皇である（昭和二十四年十月「陵墓参考地一覧」）。

允恭天皇陵

第19代

# 允恭《いんぎょう》天皇陵

陵　名＝恵我長野北陵（えがのながののきたのみささぎ）
陵　形＝前方後円
所在地＝大阪府藤井寺市国府一丁目
古墳名＝市野山古墳
生没年＝　〜允恭天皇42年

## 【允恭天皇の系譜と事績】

父は仁徳天皇、母は磐之媛命《いわのひめのみこと》、皇后は忍坂大中姫命《おしさかのおおなかつひめのみこと》である。

允恭天皇四年に、臣下が名乗る氏姓に虚偽があるかどうかの真偽を判定するための盟神探湯《くがたち》が甘樫丘《あまかしのおか》で行なわれ、また、允恭天皇は皇后の妹の衣通郎姫《そとおりのいらつめ》を入内させるが、皇后の嫉妬が激しいため茅渟宮《ちぬのみや》（大阪府泉佐野市）へ住まわせ、遊猟にかこつけて姫の許に通い続けたという。

中国の史書『宋書』倭国伝に記された倭王「済」にしばしば比定される。

大正期の允恭天皇陵(『山陵遥拝帖』)

**【允恭天皇陵】**

『延喜式』諸陵寮は「恵我長野北陵」とし、仲哀天皇陵の「恵我長野西陵」と対比させる。また『延喜式』諸陵寮は兆域について「東西三町南北二町」とするので、東西に長い形状が想定されるが、今日宮内庁が允恭天皇陵として管理する市野山古墳は南北に長いもので、東西に長い津《つ》堂城山《どうしろやま》古墳(大阪府藤井寺市)を允恭天皇陵とする考え方もある。津堂城山古墳は、その墳頂部が宮内庁によって陵墓参考地として管理されている。

第20代

# 安康天皇陵《あんこう》

陵　名＝菅原伏見西陵（すがわらのふしみのにしのみささぎ）
陵　形＝方丘
所在地＝奈良県奈良市宝来四丁目
生没年＝履中天皇２年〜安康天皇３年

大正期の安康天皇陵の拝所（『山陵遥拝帖』）

**【安康天皇の系譜と事績】**

父は允恭天皇、母は忍坂大中姫命《おしさかのおおなかつひめのみこと》、皇后は中蒂姫《なかしひめ》（履中天皇の皇女）である。雄略天皇の同母兄にあたる。

兄の木梨軽《きなしかる》皇子を殺して即位するが、その治世は三年に過ぎない。それは、仁徳天皇の皇子の大草香《おおくさか》皇子を殺してその妻であった中蒂姫命を皇后としたが、大草香皇子の遺児である眉輪《まよわ》王《おう》によって安康天皇は殺されてしまったからである。

中国の史書『宋書』倭国伝に記された倭王「興」に比定される場合がある。

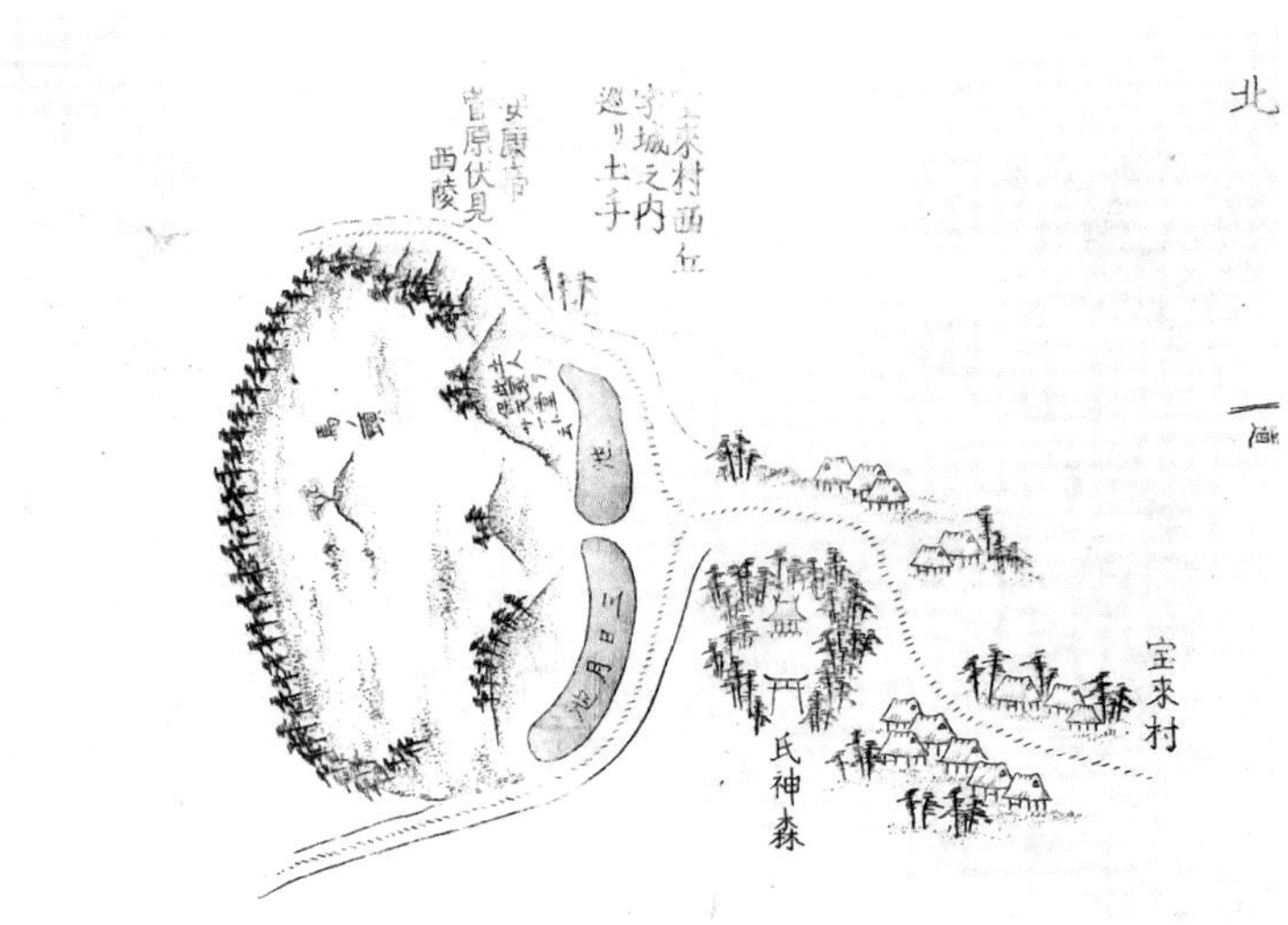


『聖蹟図志』に描かれた安康天皇陵

**【安康天皇陵】**

『皇年代略記』には陵名として「菅原伏見野中陵」と記されていて垂仁天皇陵と同じ陵名であり、この二つの陵が混乱していたことが窺われる。

『延喜式』諸陵寮には「菅原伏見西陵」として、垂仁天皇陵の「菅原伏見東陵」と対比させる。

その後所在地が不明となり、近世になって所在地をめぐって考証されるようになったが、文久の修陵に際して今日の陵とされた、しかし、近年の調査結果から古墳ではなく中世の山城跡であろうとされている。

雄略天皇陵

第21代

# 雄略《ゆうりゃく》天皇陵

**陵　名**＝丹比高鷲原陵（たじひのたかわしのはらのみささぎ）
**陵　形**＝円丘
**所在地**＝大阪府羽曳野市島泉八丁目
**古墳名**＝高鷲丸山古墳
**生没年**＝允恭天皇7年～雄略天皇23年

## 【雄略天皇の系譜と事績】

父は允恭天皇、母は忍坂大中姫命《おしさかのおおなかつひめのみこと》、皇后は草香幡《くさかのはた》梭《び》姫《ひめ》皇女（仁徳天皇の皇女）である。安康天皇の同母弟にあたる。

昭和五十三年（一九七八）に解読された稲荷《いなり》山《やま》古墳（埼玉県行田《ぎょうだ》市）出土の鉄剣銘の「獲加多《わかた》支鹵《ける》大王」は雄略天皇にあたり、この頃までには大和政権の勢力範囲は九州から関東まで及ぶようになっていた。

また『日本書紀』には、朝鮮半島の新羅を討伐する記事や、葛城山《かつらぎさん》（大阪府と奈良県の境に所在）で一言主神《ひとことぬしのかみ》と狩りを競う記事などの英雄譚が記されているが、その一方でライバルの皇位継承者を謀殺して即位したともされている。

中国の史書『宋書』倭国伝に記された倭国王「武」が雄略天皇であることには異論がない。

『文久山陵図』の「荒蕪」図／雄略天皇陵の左の小丘は、隼人の墓と伝えられる隼人塚。手前の丘が平塚である。

## 【雄略天皇陵】

今日宮内庁が管理する雄略天皇陵は、丸山古墳といわれる円墳と平塚山といわれる方形部分を含んでいる。

この両者の間には濠があり、両者が本来前方

『文久山陵図』の「成功」図／池が整えられ、木柵が池中に設けられた。拝所の位置は現在とは異なる。

河内大塚山古墳

後円墳として存していたのではなく、後世に両者を前方後円墳として見立てて普請がなされたことは明らかである。ただし、『文久山陵図』からは平塚を併合させた姿は見られず、平塚を前方部に見立てた普請は後になされたと考えられる。

しかし、『大日本地名辞書』を編纂した吉田東伍《よしだとうご》は、丸山古墳は規模も小さく雄略天皇陵にはふさわしくないと主張した。その後吉田の意見に同調する研究者も多く、その結果、同じ古市古墳群に所在する河内《かわち》大塚山《おおつかやま》古墳（大阪府羽曳野市・松原市）を雄略天皇陵とする考え方が有力である。河内大塚山古墳は宮内庁によって大塚陵墓参考地として管理されているが、想定されている被葬者は雄略天皇である（昭和二十四年十月「陵墓参考地一覧」）。

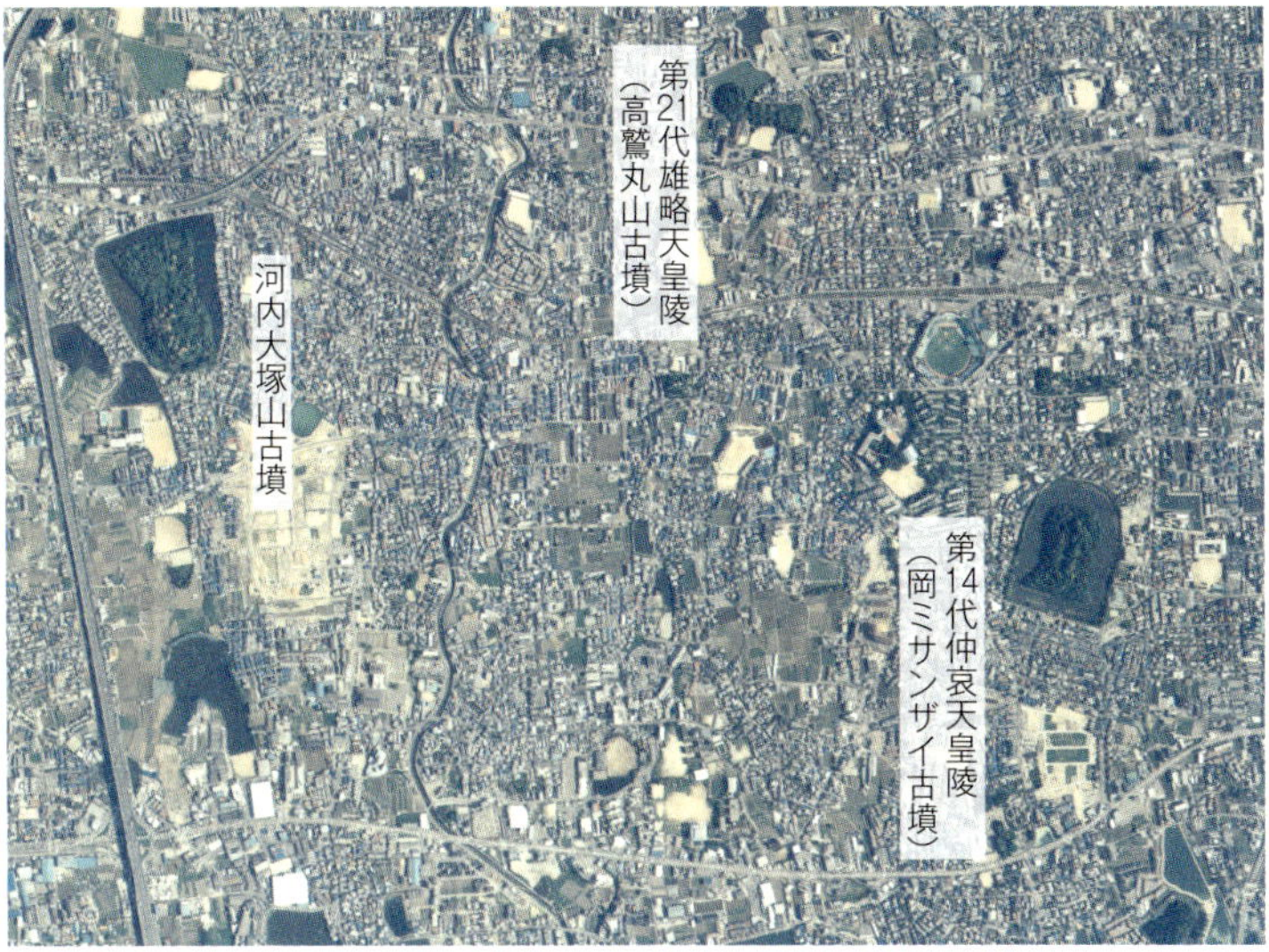


羽曳野市・藤井寺市の古市古墳群

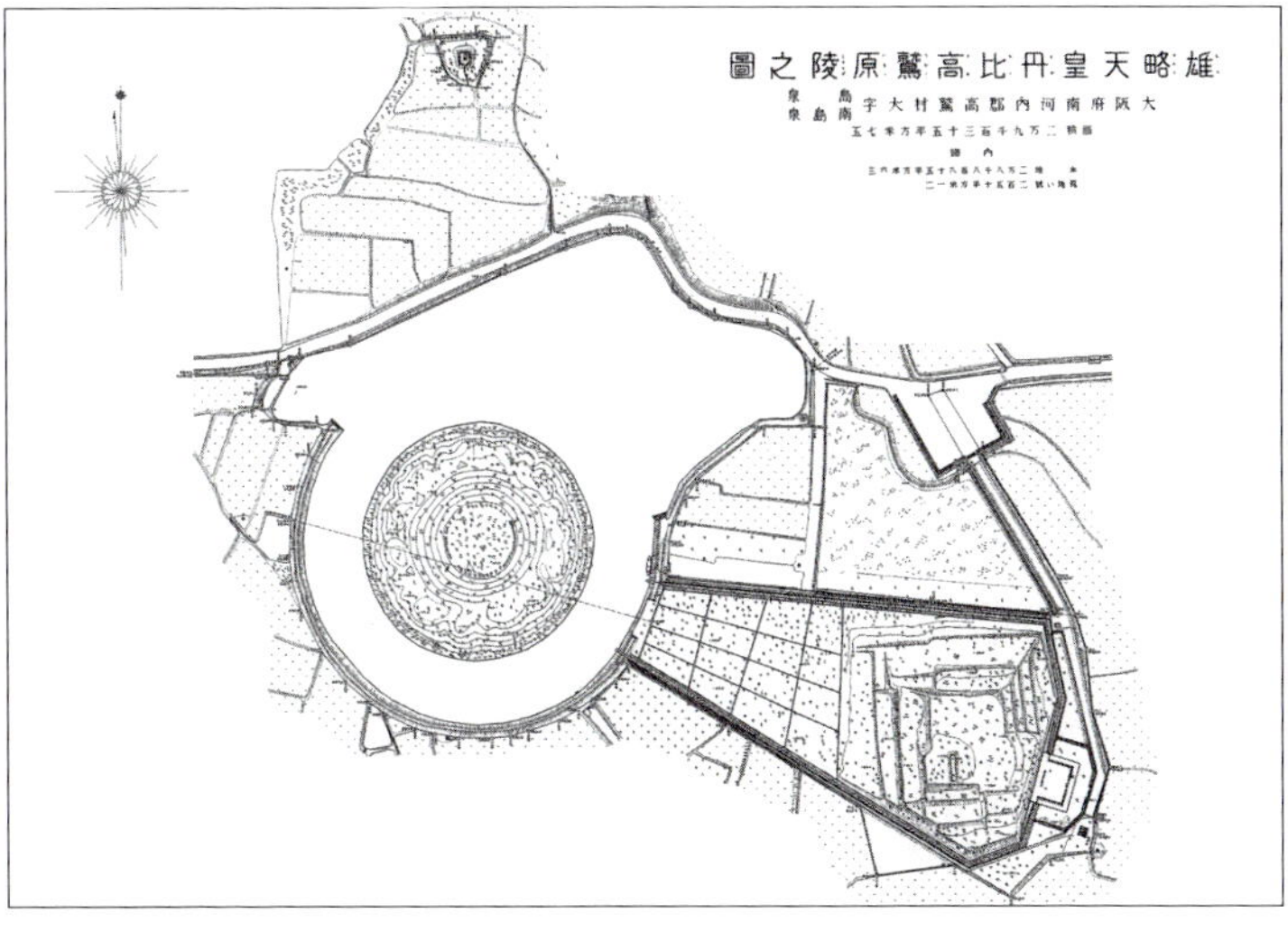


「雄略天皇丹比高鷲原陵」（『陵墓地形図集成』）

第22代

# 清寧《せいねい》天皇陵

**陵名**＝河内坂門原陵（こうちのさかどのはらのみささぎ）
**陵形**＝前方後円
**所在地**＝大阪府羽曳野市西浦六丁目
**古墳名**＝白髪山古墳
**生没年**＝允恭天皇33年〜清寧天皇5年

**【清寧天皇の系譜と事績】**

父は雄略天皇、母は葛城韓媛《かずらきのからひめ》である。

雄略天皇が亡くなると、異母弟の星川《ほしかわ》皇子が大蔵を占拠するという謀反をおこしたが、清寧天皇はこれを討って磐余甕栗宮《いわれのみかくりのみや》で即位した。

清寧天皇には、后妃・皇子・皇女がおらず、市辺押磐《いちのべのおしは》皇子（履中天皇の皇子）の子である億《お》計《け》（仁賢天皇）と弘計《おけ》（顕宗天皇）の兄弟を播磨《はりま》で発見し皇嗣《こうし》としたという。

手前が清寧天皇陵、左手奥が日本武尊の墓といわれる白鳥陵

大正期の清寧天皇陵の拝所（『山陵遥拝帖』）

**【清寧天皇陵】**

白髪山《しらがやま》古墳（大阪府羽曳野市）が清寧天皇陵とされたのは、元禄の修陵に際してであった。同じ河内国の大県郡平野村字坂門原にも候補地があったが、文久の修陵では白髪山古墳が清寧天皇陵とされた。

第23代

# 顕宗《けんぞう》天皇陵

陵　名＝傍丘磐坏丘南陵（かたおかのいわつきのおかのみなみのみささぎ）
陵　形＝前方後円
所在地＝奈良県香芝市北今市
生没年＝允恭天皇39年〜顕宗天皇3年

## 【顕宗天皇の系譜と事績】

父は履中天皇皇子の市辺押磐《いちのべのおしは》皇子、母は荑《はえ》媛《ひめ》、皇后は難波小野王《なにわのおののみこ》である。仁賢天皇は同母兄にあたる。雄略天皇に父を殺され播磨《はりま》にいた億計《おけ》と弘計《おけ》の兄弟は清寧天皇に皇嗣《こうし》として迎えられ、弟の弘計が顕宗天皇として皇位に就いた。顕宗天皇は雄略天皇陵を壊そうとしたが、兄の億計に諫められ断念したという。

現在の顕宗天皇陵の拝所

大正期の顕宗天皇陵の拝所
（『山陵遥拝帖』）

## 【顕宗天皇陵】

顕宗天皇陵は中世以降所在が不明となり、文久の修陵でも決定されず、明治二十二年（一八八九）六月にようやく現陵に決定された。なお宮内庁は築山古墳（奈良県大和高田市）を磐園陵墓参考地《いわぞのりょうぼさんこうち》として管理しているが、想定されている被葬者は顕宗天皇である（昭和二十四年十月「陵墓参考地一覧」）。

## 第24代

# 仁賢《にんけん》天皇陵

陵　名＝埴生坂本陵（はにゅうのさかもとのみささぎ）
陵　形＝前方後円
所在地＝大阪府藤井寺市青山三丁目
古墳名＝野中ボケ山古墳
生没年＝允恭天皇38年～仁賢天皇11年

仁賢天皇陵

### 【仁賢天皇の系譜と事績】

父は履中天皇皇子の市辺押磐《いちのべのおしは》皇子、母は荑媛《はえひめ》、皇后は春日大娘《かすがのおおいらつめ》皇女（雄略天皇の皇女）である。顕宗天皇は同母弟にあたる。

雄略天皇に父を殺されて弟とともに播磨《はりま》に潜伏していた億計《おけ》と弘計《おけ》は、清寧天皇に見いだされ皇嗣となった。清寧天皇が亡くなると、まず弟の弘計（顕宗天皇）が即位したが、顕宗天皇がわずか三年で亡くなったことを承けて、皇位についた（仁賢天皇）。

手白香《たしらか》皇女は継体天皇の皇后、橘《たちばな》皇女は宣化天皇（継体天皇の皇子）の皇后、春日山田《かすがのやまだ》皇女

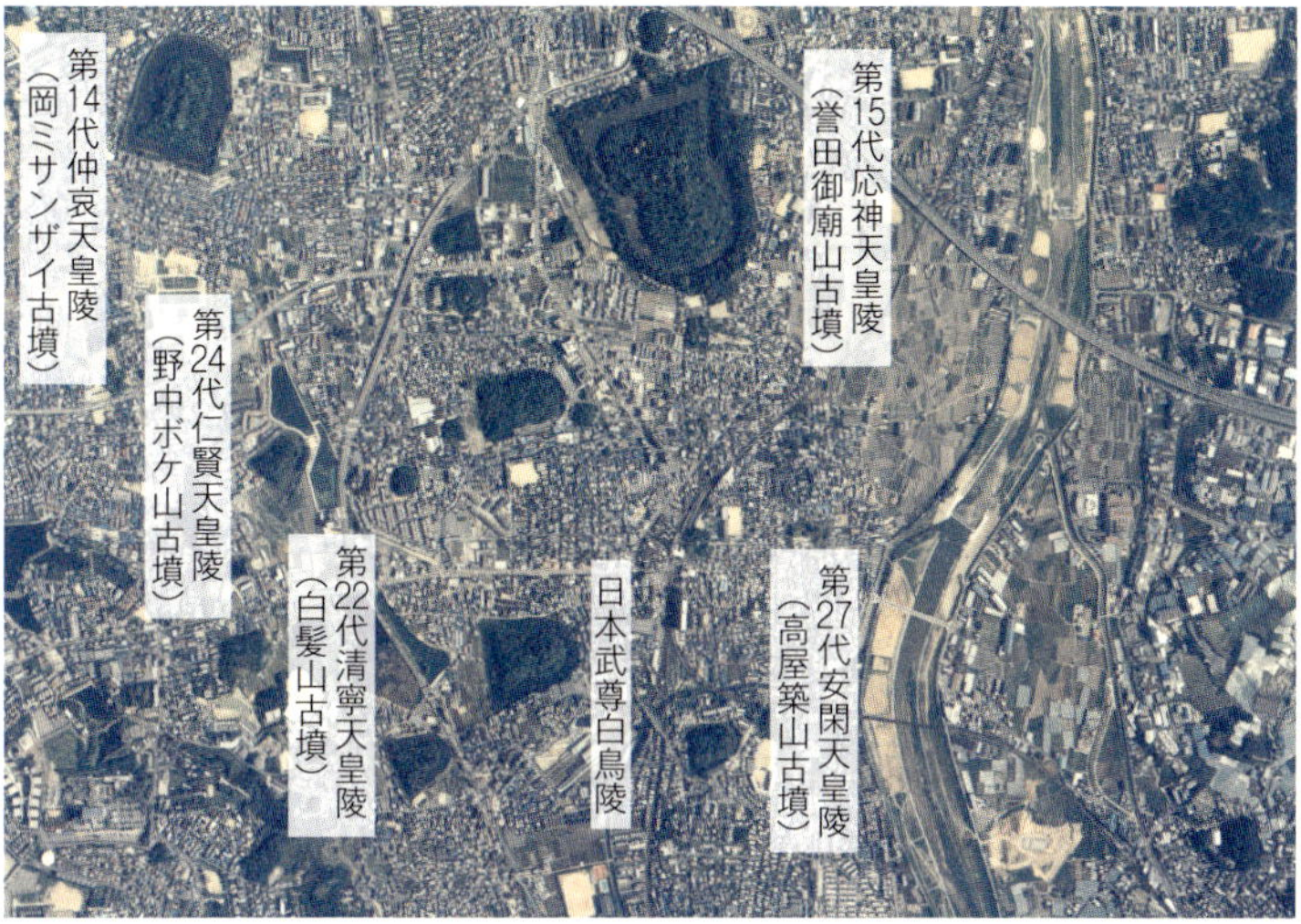

羽曳野市・藤井寺市の古市古墳群

は安閑天皇（継体天皇の皇子）の皇后というように、三人の皇女がそれぞれ継体天皇の皇統と婚姻を結んでいることは注目される。

## 【仁賢天皇陵】

仁賢天皇陵は中世には所在が不明となり、近世の元禄の修陵に際しても不明のままであり、『河内志』では、黒山村下黒山の俗に墓山と称する前方後円墳をあてた。のちの河内国駒ケ谷の金剛輪寺の僧覚峯による考証の結果が、野中ボケ山古墳（大阪府藤井寺市）であり、文久の修陵でもこれが踏襲された。

## 第25代 武烈《ぶれつ》天皇陵

大正期の武烈天皇陵の拝所（『山陵遥拝帖』）

**陵　名**＝傍丘磐坏丘北陵（かたおかのいわつきのおかのきたのみささぎ）
**陵　形**＝山形
**所在地**＝奈良県香芝市今泉
**生没年**＝仁賢天皇2年〜武烈天皇8年

### 【武烈天皇の系譜と事績】

父は仁賢天皇、母は雄略天皇の皇女春日大娘《かすがのおおいらつめ》、皇后は春日娘子《かすがのいらつめ》である。同母姉妹に、手白香皇女《たしらか》（継体天皇の皇后、欽明天皇の母）、橘《たちばな》皇女（宣化天皇の皇后）らがいる。皇子女はいない。

仁賢天皇が亡くなった後、大臣の平群真鳥《へぐりのまとり》が国政を専横していた。

武烈天皇は、歌垣《うたがき》において真鳥の子鮪《しび》と影媛を争って敗れたことに怒り、大伴金村《おおとものかなむら》に命じて鮪を誅殺させ、さらに真鳥をも討伐させた。そののち泊瀬列城《はっせのなみき》に都を定め、大伴金村を大連《おおむらじ》とした。

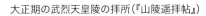

現在の武烈天皇陵の拝所

なお『日本書紀』には、武烈天皇の残虐な「諸悪」が列記されている。「孕婦の腹を割いてその胎子を見た」「人の生爪を抜いて芋を掘らせた」「人の頭髪を抜いて梢に登らせ、根本を切り倒し落下させ殺すことを楽しみとした」などである。しかし、これらの行為は『古事記』には一切記述がない。

武烈天皇には継嗣がなかったのであるが、皇統が途切れた理由として暴虐記事が作られたと考えることもできよう。

**【武烈天皇陵】**

『日本書紀』は陵号を「傍丘磐杯丘陵」とし、顕宗天皇陵と同一である。元禄《げんろく》九年（一六九六）の松下見林《まつしたけんりん》『前王廟陵記《ぜんおうびょうりょうき》』には、武烈天皇陵について「今だその地を詳らかにせず」とし、

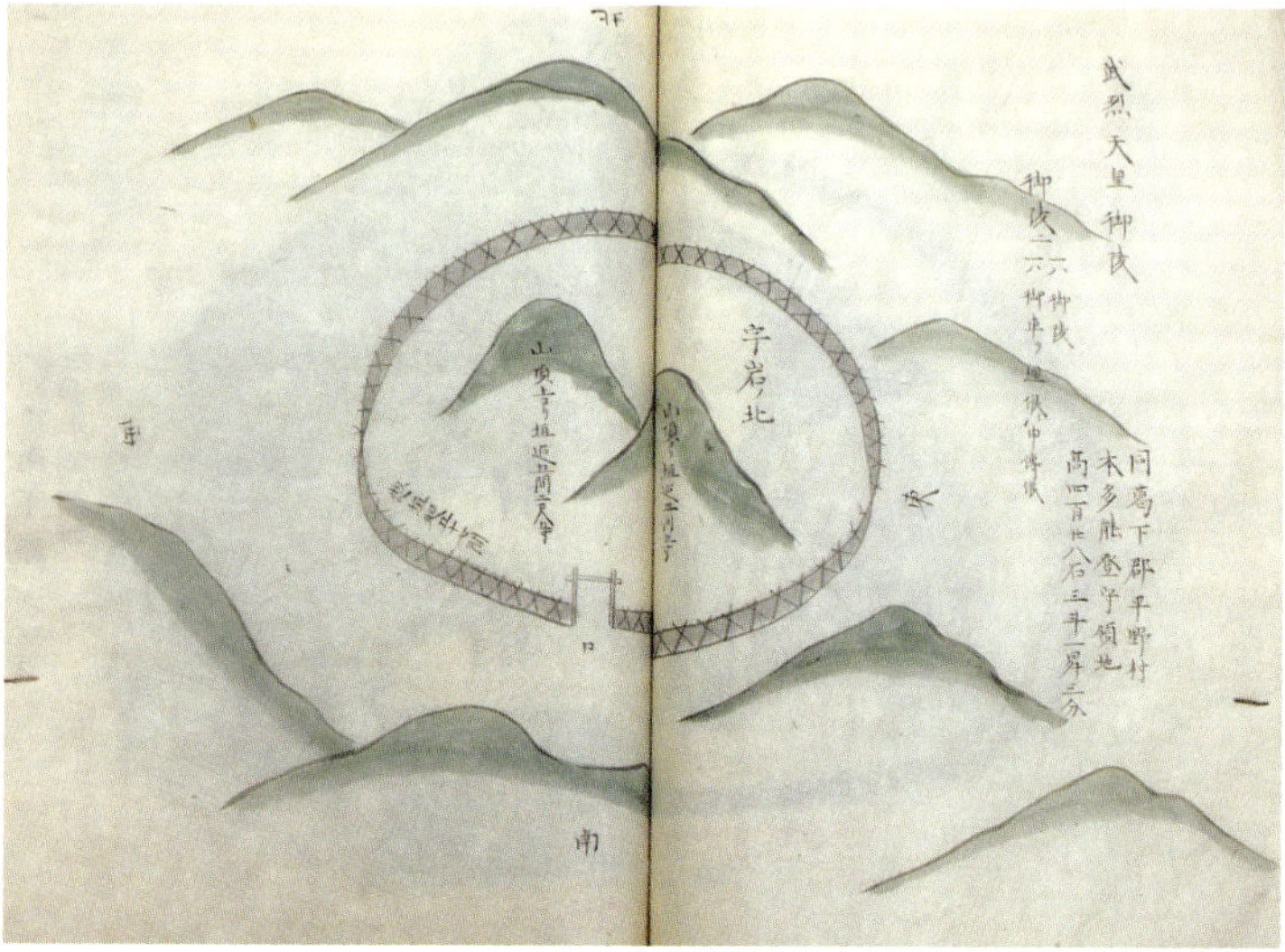


『元禄山陵図』に描かれた武烈天皇陵

宮内庁が被葬者候補として武烈天皇を想定する大塚陵墓参考地(新山古墳)

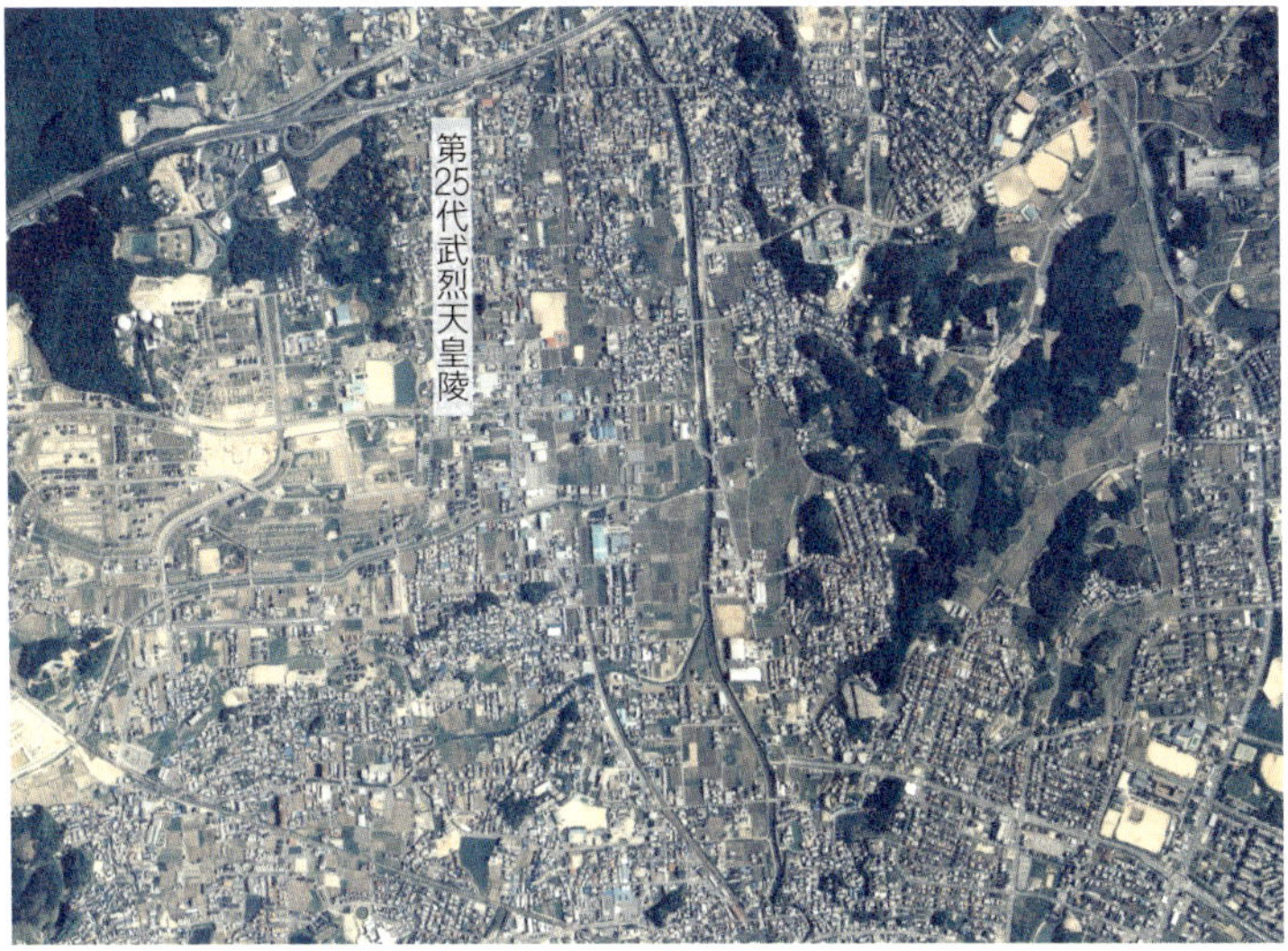

奈良県香芝市周辺

奈良奉行によって大和国葛下郡築山《つきやま》村（奈良県大和高田市）の築山《つきやま》古墳を武烈天皇陵とした。蒲生君平《がもうくんぺい》著『山陵志《さんりょうし》』（文化《ぶんか》五年（一八〇八））では築山古墳を武烈天皇陵としたが、文久の修陵では不明とされた。今日宮内庁が武烈天皇陵として管理する小丘は明治二十二年（一八八九）六月に決定されたものである。埋葬施設を有さない自然丘とする見方が多い。

なお、奈良県北葛城郡広陵町大塚にある新山古墳は今日大塚陵墓参考地として宮内庁によって管理されているが、そこに想定されている「該当御方」は武烈天皇である（昭和二十四年十月「陵墓参考地一覧」）。

# 第26代 継体《けいたい》天皇陵

継体天皇陵

**陵　名**＝三嶋藍野陵（みしまのあいののみささぎ）
**陵　形**＝前方後円
**所在地**＝大阪府茨木市太田三丁目
**古墳名**＝太田茶臼山古墳
**生没年**＝允恭天皇39年（４５０）～継体天皇25年（５３１）

## 【継体天皇の系譜と事績】

『日本書紀』によれば応神天皇五世の孫で、父は彦主人王《ひこうしのおう》、母は垂仁天皇七世孫の振媛《ふりひめ》、皇后は仁賢天皇皇女の手白香《たしらか》皇女である。諱《いみな》は男大《おお》迹《ど》。ただし、応神天皇から継体天皇に至る系譜は『古事記』『日本書紀』では省かれている。

武烈天皇は後嗣がないまま亡くなったため、大連大伴金村《おおとものかなむら》・物部麁鹿火《もののべのあらかひ》・大臣《おおおみ》巨勢男人《こせのおひと》らはその対策を協議した。まず、丹波国の仲哀天皇の五世の孫倭彦王《やまとひこのみこ》を皇位継承者に選んだが、倭彦王は行方をくらましてしまった。次に越前にいた男大迹王を擁立した。河内国樟葉宮《くすはのみや》（大阪府枚方市）で皇位につき武烈天皇の姉（妹ともいう）の手白香皇女を皇后とした。

その後、筒城宮《つつきのみや》（京都府京田辺市）、弟国宮《おとくにのみや》（京都府向日市）と移った後、ようやく大和国に磐余玉穂宮《いわれたまほのみや》（奈良県桜井市）を定めた。継体天皇は、混乱が続く朝鮮半島への対応と百済への軍事的援助を行い、一方内政としては、皇位についた後に九州の豪族磐井《いわい》による反乱が起こ

『文久山陵図』の「荒蕪」図／周濠がすでに設けられ、古墳の三段築成の様子がよく描かれている。右手の小丘は陪塚の円墳。前方側の社は八坂神社。

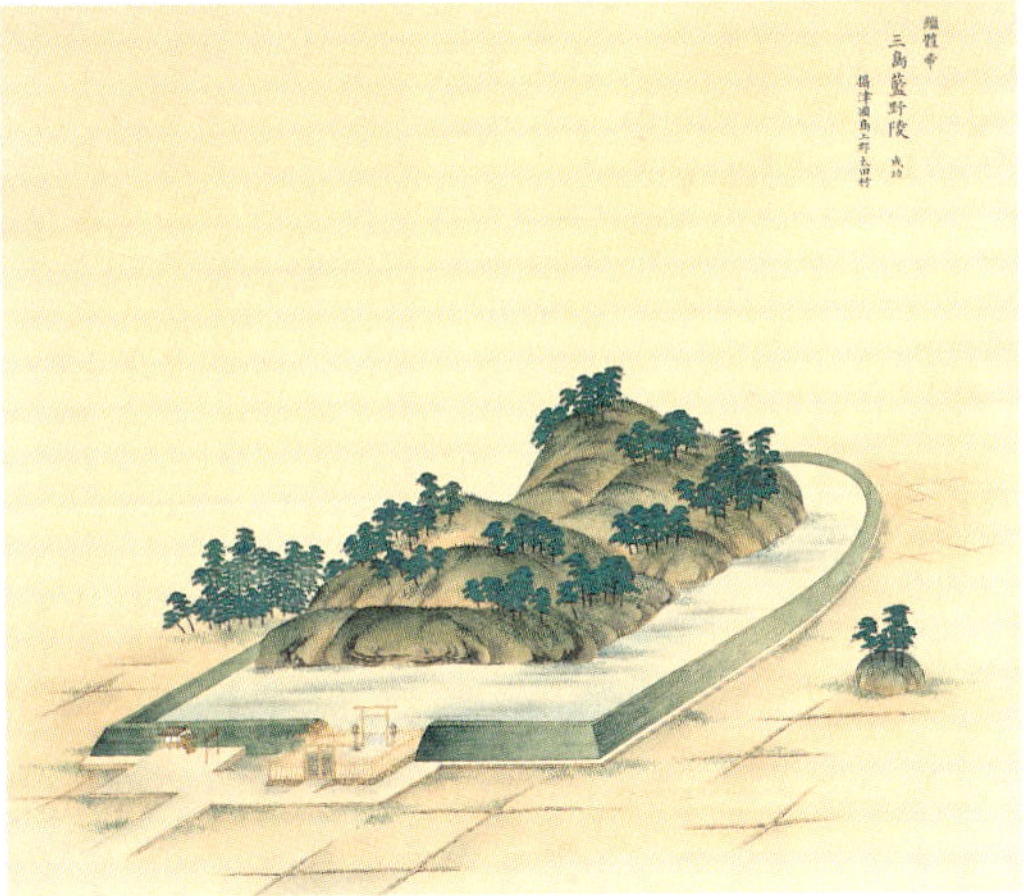

『文久山陵図』の「成功」図／堤が高く整備され拝所が置かれている。八坂神社は移築され描かれていない。

今城塚古墳

り、対応に苦しんだ。

**【継体天皇陵】**

今日、継体天皇陵として宮内庁が管理するのは太田茶臼山古墳(大阪府茨木市)であるが、これは古くから異説がある。

太田茶臼山古墳は、江戸時代の享保《きょうほう》年間(一七一六〜三六)に継体天皇陵とされたが、その後『延喜式』諸陵寮の示す所在地と異なることが指摘された。『延喜式』には「摂津国島上郡」とあるが、太田茶臼山古墳がある茨木市は「島下郡」であり、真陵とされることが多い今城塚《いましろづか》古墳のある高槻市は「島上郡」にあたる。

また考古学の考証からも太田茶臼山古墳の築造時期は五世紀の中頃とみられ、継体天皇が亡くなったとされる年(西暦五三一年)と矛盾す

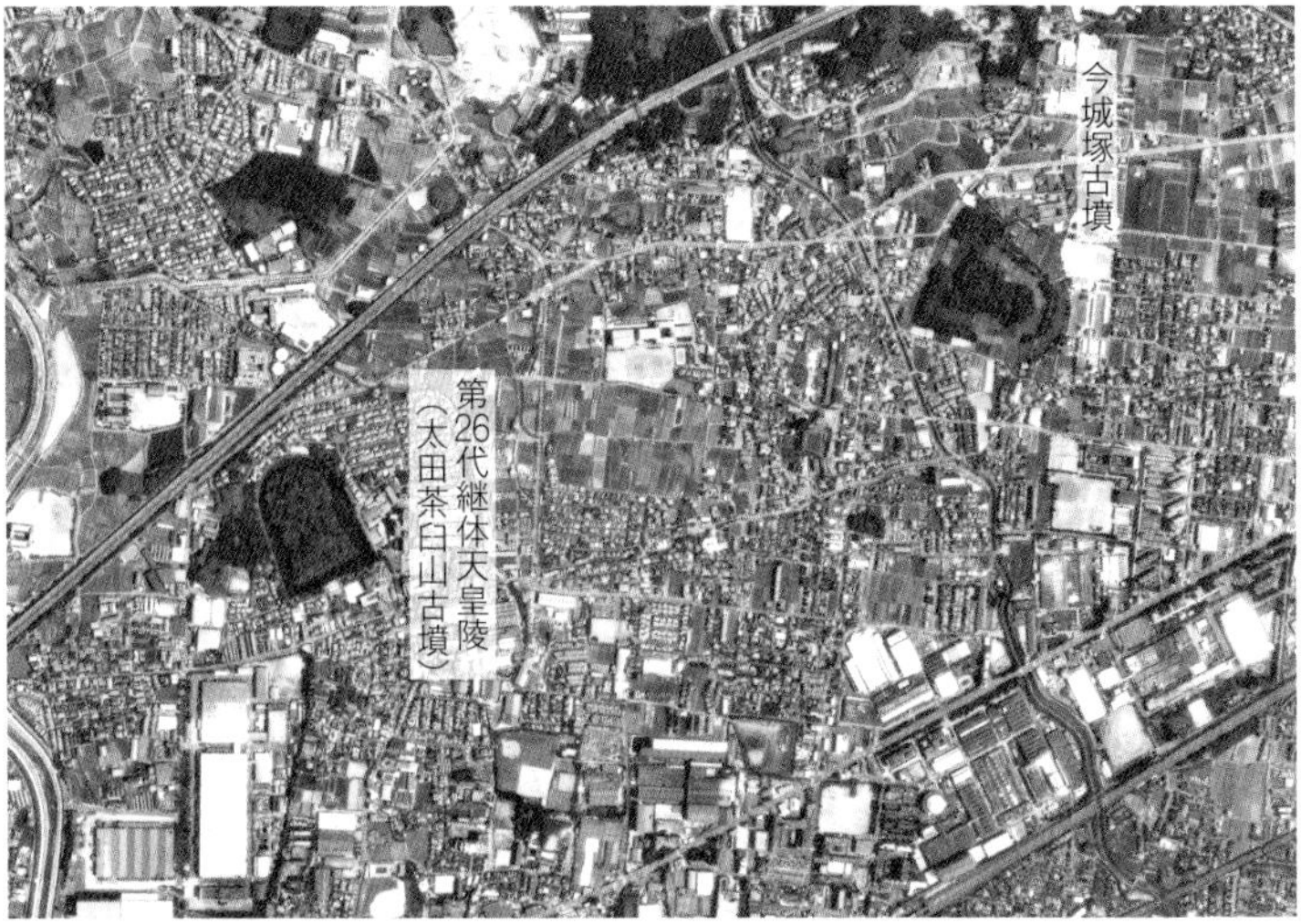


茨木市・高槻市周辺

る。一方今城塚古墳から発掘された埴輪群の研究から同古墳の築造は六世紀前半と考えられ、同古墳を真の継体天皇陵とすることが定説になっている。

昭和十年(一九三五)六月に設置された臨時陵墓調査委員会は、継体天皇陵をめぐる問題をも取り上げた。その答申は、今城塚古墳を陵墓参考地とするべしというものであった。つまり、継体天皇陵の治定を変更せしめるまでには至らないものの、今城塚古墳が真の継体天皇陵であることの可能性を十分に認めたものとなっている。ただし、その後も今城塚古墳は陵墓参考地とされたことはない。なお、今城塚古墳は昭和三十三年二月に国史跡に指定されている。

第27代

# 安閑天皇陵《あんかんてんのうりょう》

**陵　名**＝古市高屋丘陵（ふるちのたかやのおかのみささぎ）
**陵　形**＝前方後円
**所在地**＝大阪府羽曳野市古市5丁目
**古墳名**＝高屋築山古墳
**生没年**＝雄略天皇10年（466）～安閑天皇2年（536）

**【安閑天皇の系譜と事績】**

父は継体天皇、母は目子媛《めのこひめ》、皇后は春日山田《かすがのやまだ》皇女（仁賢天皇皇女）である。宣化天皇の同母兄、欽明天皇の異母兄にあたる。

継体天皇が亡くなった後に皇位継承をめぐる争いがおこり、安閑・宣化天皇の皇統と欽明天皇の皇統が同時に存したのではないかという考え方がある。

手前が安閑天皇陵。右手奥は日本武尊の墓とされる白鳥陵

大正期の安閑天皇陵の拝所（『山陵遥拝帖』）

**【安閑天皇陵】**

宮内庁が安閑天皇陵として管理するのは高屋築山古墳（大阪府羽曳野市）である。安閑天皇の妹の神前皇女を合葬するとしているが、『日本書紀』では皇后春日山田皇女をも合葬したとの記述がある。中世には、畠山氏が同古墳を高屋城の本丸として用いた。文久の修陵では高屋築山古墳が安閑天皇陵として修補された。

第28代

# 宣化《せんか》天皇陵

陵　名＝身狭桃花鳥坂上陵（むさのつきさかのえのみささぎ）
陵　形＝前方後円
所在地＝奈良県橿原市鳥屋町
古墳名＝鳥屋ミサンザイ古墳
生没年＝雄略天皇11年（467）～宣化天皇4年（539）

**【宣化天皇の系譜と事績】**

父は継体天皇、母は目子《めのこ》媛《ひめ》、皇后は橘仲《たちばなのなか》皇女（仁賢天皇の皇女）である。安閑天皇の同母弟、欽明天皇の異母兄にあたる。

安閑天皇が亡くなった後を承けて、六十九歳で即位した。高齢での即位と三年余に過ぎない在位のため大きな事績はみられない。また、安閑・宣化の皇統と欽明天皇の皇統が並立していたとの考え方もあるが、宣化天皇の皇女石姫《いしひめ》が欽明天皇の皇后となっている。

**【宣化天皇陵】**

皇后である橘仲皇女との合葬との記述が『日本書紀』にある。中世以降所在地が不明となり、元禄の修陵で鳥屋ミサンザイ古墳（奈良県橿原市）を宣化天皇陵に充て、文久の修陵でもこれが踏襲された。

現在の宣化天皇陵の拝所

大正期の宣化天皇陵の拝所
（『山陵遥拝帖』）

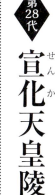

# 第29代 欽明《きんめい》天皇陵

欽明天皇陵

陵　名＝檜隈坂合陵（ひのくまのさかあいのみささぎ）
陵　形＝前方後円
所在地＝奈良県高市郡明日香村大字平田
古墳名＝平田梅山古墳
生没年＝継体天皇3年（509）〜欽明天皇32年（571）

**【欽明天皇の系譜と事績】**

父は継体天皇、母は手白香《たしらか》皇女（仁賢天皇の皇女）、皇后は石姫《いしひめ》（宣化天皇の皇女）である。石姫は敏達天皇を生み、妃の堅塩媛《きたしひめ》（蘇我稲目《そがのいなめ》の女）は用明天皇・推古天皇を生み、同じく妃の小姉君《おあねのきみ》（堅塩媛の同母妹）は崇峻天皇を生んだ。欽明天皇は蘇我氏の女性を娶った最初の天皇であり、以降、蘇我氏は天皇家の外戚として権力を強めていく。

さらに、欽明天皇の在位中には百済《くだら》の聖明王《せいめいおう》から仏像や経典が献上され、仏教が公伝され（異説もある）、欽明天皇は受容に賛成した蘇我稲目に仏像などを託したが、他の群臣は受容には反対で、以後、崇仏か廃仏かの対応をめぐる抗争が続いた。

また、朝鮮半島をめぐる対外政策では有効な対策ができず、任那《みまな》諸国は新羅に併合された。

『文久山陵図』の「荒蕪」図／墳頂部が二つ並び双円墳のようであり、周濠はほとんどが水田とされている。右側の手前に通称猿石４体がみえる。

欽明天皇が皇位についた年が『日本書紀』と『元興寺《がんごうじ》伽藍縁起《がらんえんぎ》』とで九年の開きがあることから、継体天皇が亡くなった後に皇位継承をめぐって争いが起こり、安閑・宣化天皇の皇統と欽明天皇の皇統の二朝が並立していたとする考

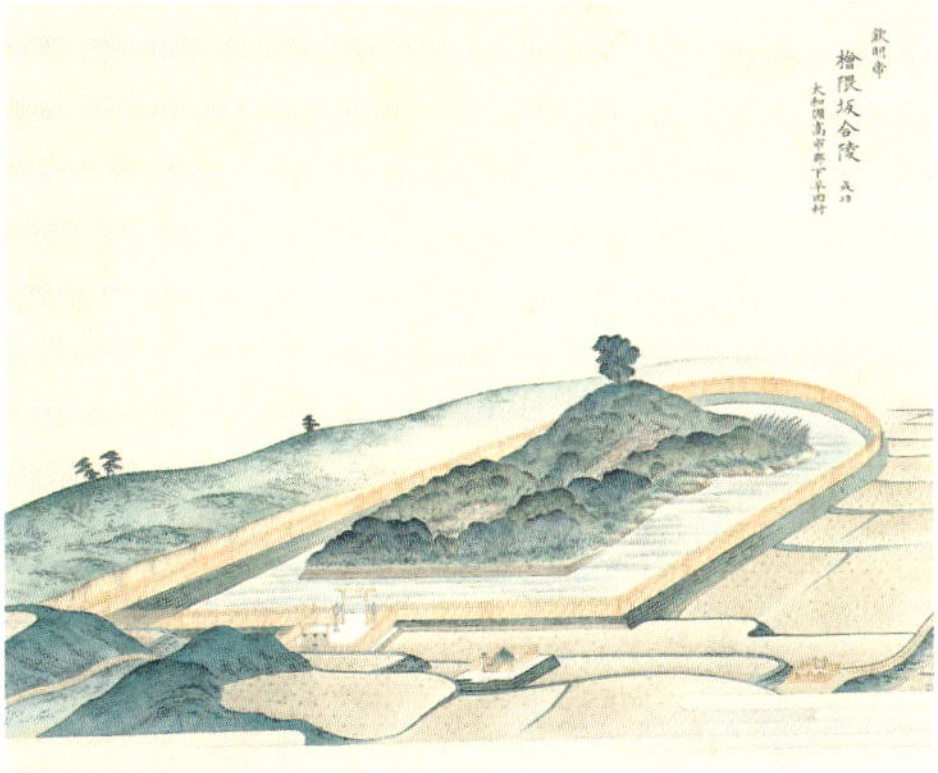


『文久山陵図』の「成功」図／墳形は前方後円墳であり、土堤・周濠も整備された。猿石は拝所右手の小丘墳（吉備姫王墓）に移動された。

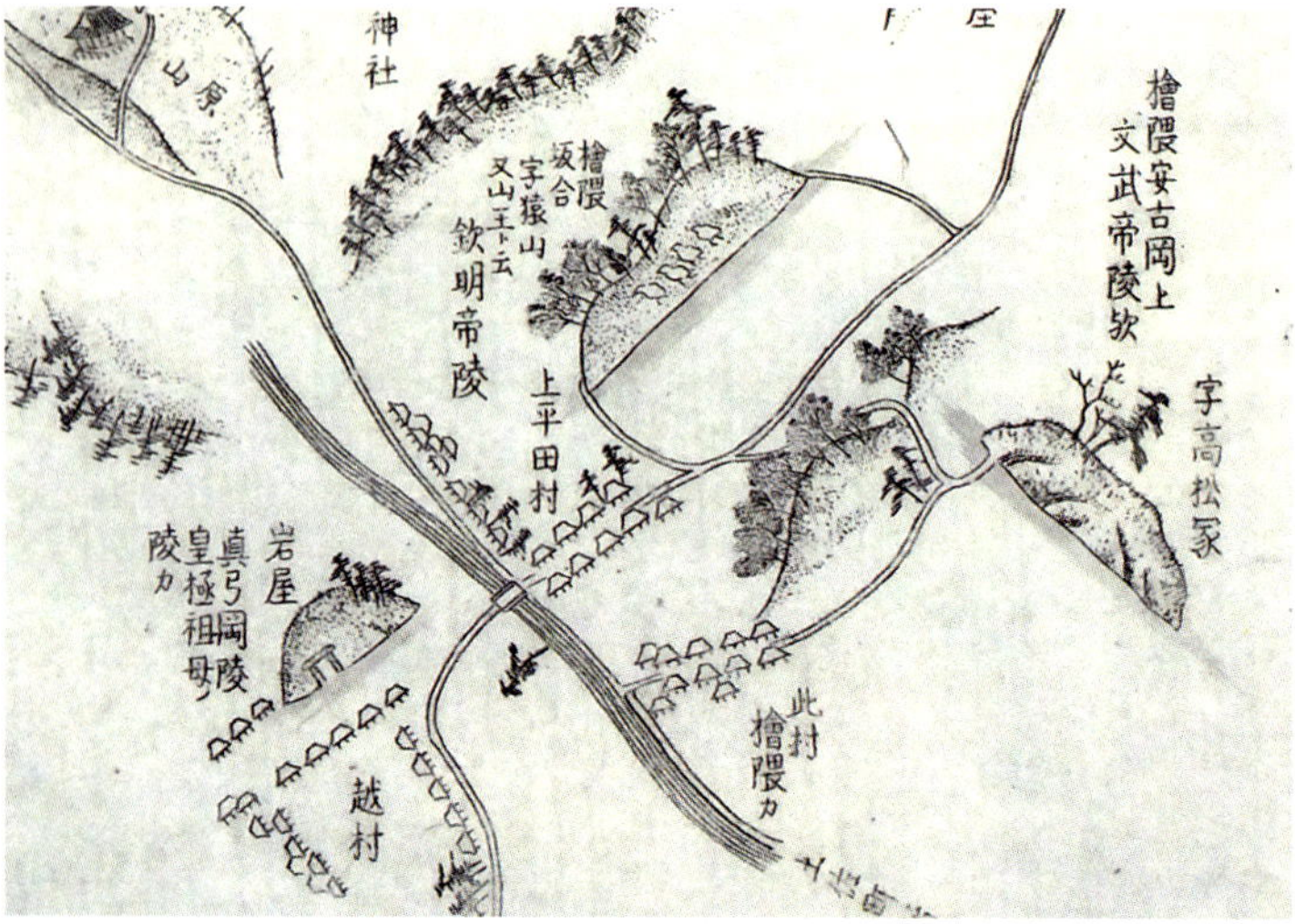

『聖蹟図志』に描かれた欽明天皇陵

え方がある。

**【欽明天皇陵】**

欽明天皇陵は長く不明とされており、近世に入ってなされた元禄の修陵でも不明のままであった。

ようやく蒲生君平著『山陵志』(文化五年〔一八〇八〕)では平田梅山古墳(奈良県明日香村)が欽明天皇陵とされ、文久の修陵でもこれが踏襲された。

『日本書紀』では「砂礫」を本陵の特色として記述する。

明日香村の欽明天皇陵付近

# 第30代 敏達《びだつ》天皇陵

現在の敏達天皇陵の拝所

**陵　名**＝河内磯長中尾陵（こうちのしながのなかのおのみささぎ）
**陵　形**＝前方後円
**所在地**＝大阪府南河内郡太子町大字太子
**古墳名**＝太子西山古墳
**生没年**＝宣化天皇3年（538）〜敏達天皇14年（585）

**【敏達天皇の系譜と事績】**

父は欽明天皇、母は石姫《いしひめ》（宣化天皇の皇女）、最初の皇后の広姫《ひろひめ》（息長真手王《おきながのまてのおう》の女）は押坂彦人大兄《おしさかひこひとのおおえ》皇子（舒明天皇の父）を生むが亡くなり、ついで異母妹の豊御食炊屋姫尊《とよみけかしきやひめのみこと》（後の推古天皇）が皇后となり竹田《たけだ》皇子らを生む。

敏達天皇の治世は、仏教の受容をめぐって大臣《おおおみ》の蘇我馬子《そがのうまこ》と大連《おおむらじ》の物部守屋《もののべのもりや》が対立した時期であった。『日本書紀』によれば、敏達天皇十四年（五八五）、崇仏派の馬子が塔を建て「法会の設斎」を行うと、疫病がおこって人民が多く病死した。

物部守屋はこれをみて敏達天皇に仏法を禁止するよう進言し天皇はそれを容《い》れたため、守屋の配下が馬子が建立した仏塔・仏殿・仏像に火をつけ、燃え残った仏像は難波の堀江に捨てさせた。『元興寺《がんごうじ》伽藍《がらん》縁起《えんぎ》』にも同様の記録がある。

『文久山陵図』の「荒蕪」図／後円部墳頂に竹垣が設けられている。周囲は空堀である。

**【敏達天皇陵】**

今日宮内庁が敏達天皇陵として管理する太子《たいし》西山《にしやま》古墳は、大和と難波を結ぶ竹内街道の「王陵の谷」と呼ばれる丘陵地帯にある前方後円墳である。この前提によれば、敏達天皇は、前方

『文久山陵図』の「成功」図／墳丘全体が土盛りされ木柵で囲われた。堀も深く掘り下げられた。

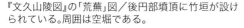

大正期の敏達天皇陵の参道と拝所（『山陵遥拝帖』）

後円墳に埋葬された最後の天皇ということになる。

「王陵の谷」には、敏達天皇陵のほか推古天皇陵・用明天皇陵・孝徳天皇陵があり、叡福寺《えいふくじ》には聖徳太子墓もある。

『日本書紀』崇峻天皇四年（五九一）四月条は、敏達天皇を磯長陵《しながのみささぎ》に葬ったがこれは母の石姫皇后の埋葬された陵であるとする。また『延喜式』諸陵寮は、敏達天皇の母石姫の磯長墓を敏達天皇陵内にあるとした上で、陵墓の管理人の「守戸」をそれぞれ別に置いたとしている。そうであれば、当陵は合葬ではなく、陵内のそれぞれの場所に別々に埋葬されたのであろうと考えることができる。

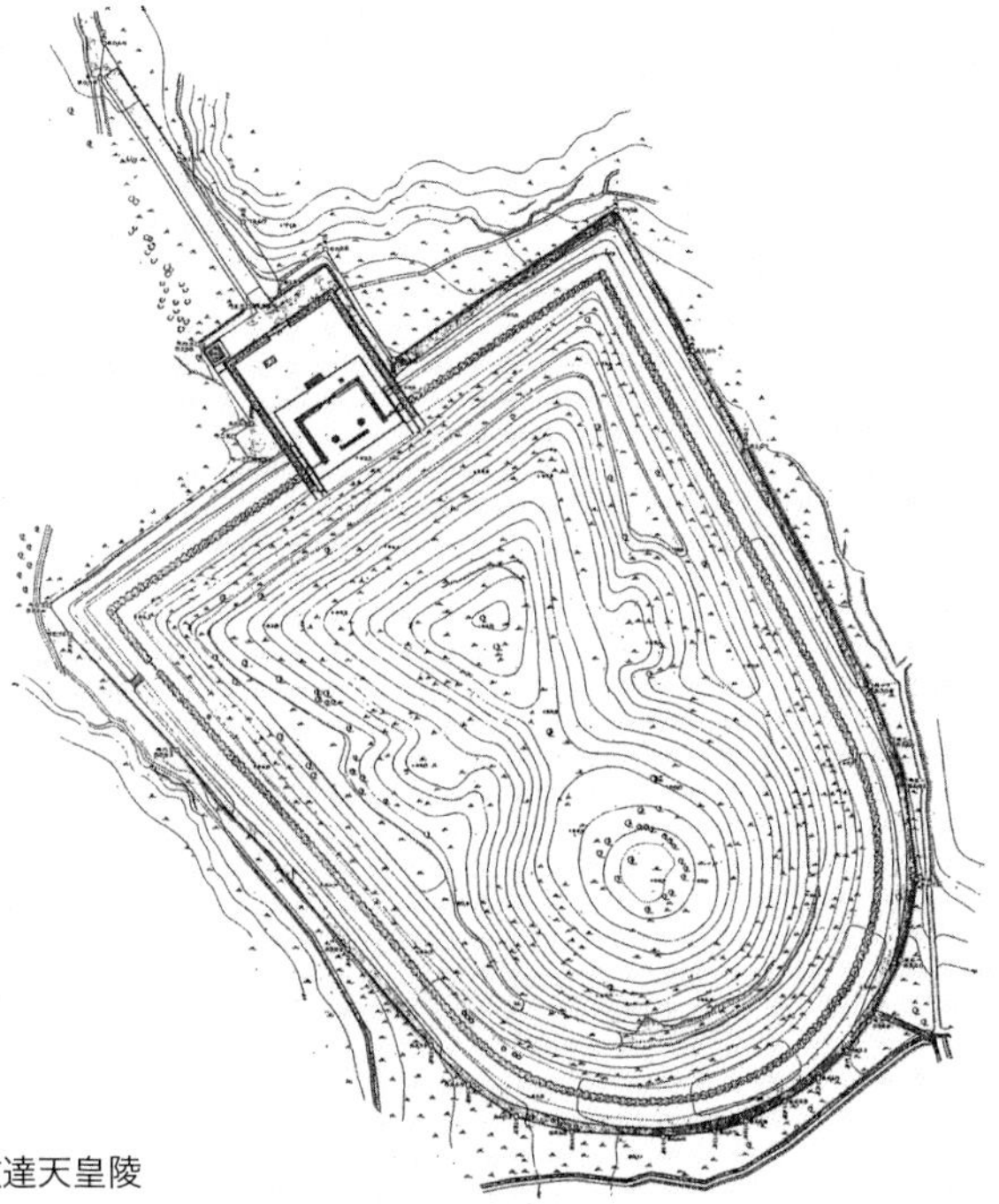

敏達天皇陵

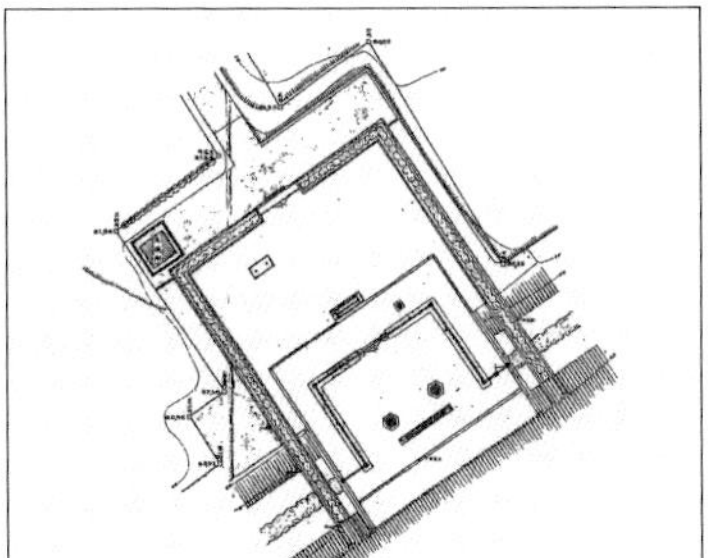

拝所拡大図

「敏達天皇河内磯長中尾陵之図」(『陵墓地形図集成』)

第31代
# 用明天皇陵《ようめい》

**陵　名**＝河内磯長原陵（こうちのしながのはらのみささぎ）
**陵　形**＝方丘
**所在地**＝大阪府南河内郡太子町大字春日
**古墳名**＝春日向山古墳
**生没年**＝欽明天皇元年（５４０）〜用明天皇２年（５８７）

**【用明天皇の系譜と事績】**

父は欽明天皇、母は蘇我堅塩媛《そがのきたしひめ》、皇后は穴穂《あなほ》部間人《べのはしひと》皇女（欽明天皇の皇女）である。

用明天皇は蘇我氏が外戚となった最初の天皇で、仏教を重んじた。疱瘡のため在位二年足らずで亡くなった。

**【用明天皇陵】**

用明天皇は初め大和の「磐余池上陵《いわれのいけのえ》」に葬られたが、推古天皇元年（五九三）に大和と難波を結ぶ竹内街道の「王陵の谷」と呼ばれる丘陵地帯の方墳に改葬された。

「王陵の谷」には、用明天皇陵のほかに、敏達天皇・推古天皇・孝徳天皇陵があり、また、叡福寺には聖徳太子墓もある。

現在の用明天皇陵の拝所

大正期の用明天皇陵の拝所
（『山陵遥拝帖』）

## 第32代
# 崇峻《すしゅん》天皇陵

**陵　名**＝倉梯岡陵（くらはしのおかのみささぎ）
**陵　形**＝円丘
**所在地**＝奈良県桜井市大字倉橋
**生没年**＝～崇峻天皇5年（592）

**【崇峻天皇の系譜と事績】**

父は欽明天皇、母は蘇我小姉君《そがのおあねのきみ》である。敏達天皇、用明天皇、推古天皇の異母弟にあたる。

大臣の蘇我馬子《そがのうまこ》に推され皇位についたが、その後は実権を馬子が握った。さらに馬子は、東《やまとの》漢直駒《あやのあたいこま》に崇峻天皇を暗殺させた。

現在の崇峻天皇陵の拝所

『安政山陵図』に描かれた崇峻天皇陵（天皇屋鋪）

**【崇峻天皇陵】**

崇峻天皇は、殺されるとその日の内に埋葬されてしまい、その後所在地が不明であって、文久の修陵の際にも決定できなかった。そこで、明治二十二年（一八八九）七月に、崇峻天皇に縁のある地として柴垣宮伝承地と天皇屋舗を崇峻天皇陵とした。なお、赤坂天王山古墳（奈良県桜井市、国史跡）を崇峻天皇陵とする考え方もある。

第33代

# 推古《すいこ》天皇陵

現在の推古天皇陵の拝所

**陵　名**＝磯長山田陵（しながのやまだのみささぎ）
**陵　形**＝方丘
**所在地**＝大阪府南河内郡太子町大字山田
**古墳名**＝山田高塚古墳
**生没年**＝欽明天皇15年（554）～推古天皇36年（628）

## 【推古天皇の系譜と事績】

父は欽明天皇、母は蘇我堅塩媛《そがのきたしひめ》（蘇我稲目《そがのいなめ》の女）である。敏達天皇の異母妹、用明天皇の同母妹、崇峻天皇の異母姉にあたる。

欽明天皇三十二年（五七一）に異母兄である敏達天皇の妃となり、敏達天皇五年（五七六）に皇后に立てられた。

用明天皇が亡くなった後、穴穂部《あなほべ》皇子を推す物部守屋《もののべのもりや》と泊瀬部《はつせべ》皇子を支持する蘇我馬子《そがのうまこ》の間で争いがあったが、蘇我氏が勝利し泊瀬部皇子が皇位についた（崇峻天皇）。しかし、崇峻天皇五年（五九二）十一月に崇峻天皇は馬子の手下に殺された。

その翌月、額田部皇女が馬子らに推されて豊浦宮《とようらのみや》において推古天皇として皇位についた。初の女性天皇である。

推古天皇元年(五九三)四月、甥の厩戸《うまやと》皇子(聖徳太子)を皇太子とし国政を一任した。厩戸皇子の父は用明天皇(推古天皇の同母兄)、母は穴穂部間人《あなほべのはしひと》皇女(推古天皇の異母妹)である。

『文久山陵図』の「荒蕪」図/墳頂部が竹垣で囲まれている。

『文久山陵図』の「成功」図/高く土盛りされ、三段築成となった。南側に拝所が設けられたが、参道の向きが古写真や現況とは異なる。

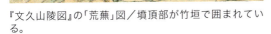

大正期の推古天皇陵の拝所(『山陵遥拝帖』)

敏達天皇とのあいだに竹田皇子がいたが若くして亡くなっていた。

推古天皇の治世において、聖徳太子は冠位十二階、「十七条憲法」を制定した。また、小野《おのの》妹子《いもこ》の隋《ずい》への派遣、『天皇記』『国記』の編纂など画期的な政策がなされた。

**【推古天皇陵】**

推古天皇陵は、大和と難波をむすぶ古代の官道である竹内街道の「王陵の谷」といわれる丘陵地に営まれている。墳丘は三段で構築された長方形の方墳である。

『日本書紀』は、推古天皇は亡くなる前に群臣に向かって、自分のために陵をつくり厚く葬ってはならない、竹田皇子の陵に葬るようにと言ったとすることから、皇子の墓に追葬された

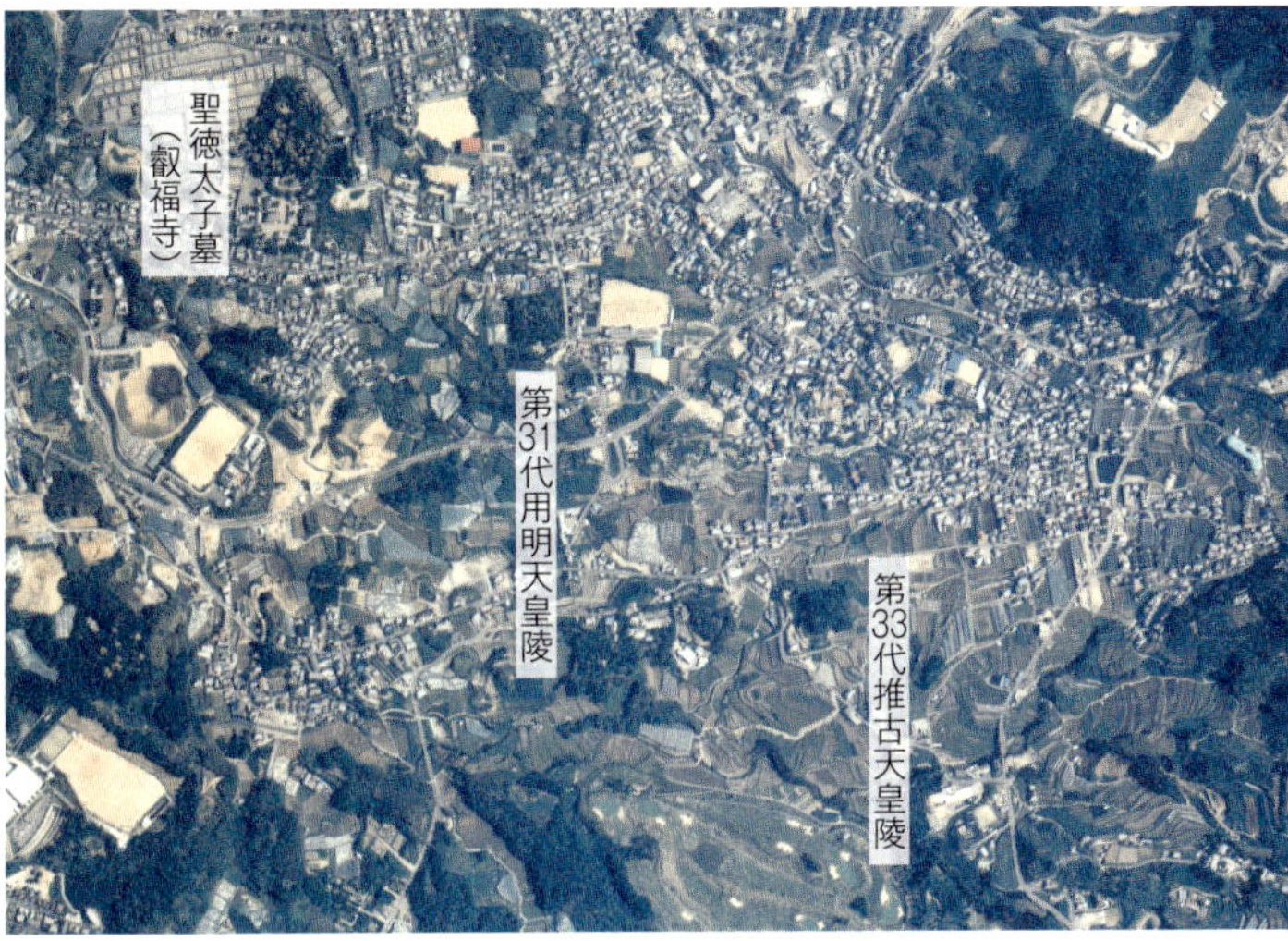

大阪府太子町周辺

と考えられる。

また『古事記』には、「御陵は大野岡上《おおののおかのうえ》にあり、後に科長大陵《しながのおおきみささぎ》に遷《うつ》す」と記されており、初め飛鳥にあった皇子の墓に追葬され、その後磯長谷に改葬されたことがうかがわれる。

『扶桑略記《ふそうりゃっき》』には、康平三年（一〇六〇）六月に推古天皇陵が盗掘にあったことが言上されたと記されている。

第34代

# 舒明《じょめい》天皇陵

**陵　名**＝押坂内陵（おさかのうちのみささぎ）
**陵　形**＝上円下方
**所在地**＝奈良県桜井市大字忍阪
**古墳名**＝段ノ塚古墳
**生没年**＝推古天皇元年（593）～舒明天皇13年（641）

## 【舒明天皇の系譜と事績】

父は押坂彦人大兄《おしさかのひこひとのおおえ》皇子（敏達天皇の皇子）、母は糠手姫《ぬかてひめ》皇女（敏達天皇の皇女）、皇后は宝《たから》皇女（皇極・斉明天皇）である。

推古天皇は、継嗣を定めないまま亡くなった。群臣の間では田村《たむら》皇子（敏達天皇の孫）を推す意見と山背大兄《やましろのおおえ》皇子（聖徳太子の子）を推す意見とに分かれ激しく対立したが、蘇我蝦夷《そがのえみし》の強権によって田村皇子が擁立された。これが舒明天皇である。

舒明天皇は蘇我氏の血を引いてはいなかったが、実権は蝦夷が握った。

主な事績としては、舒明天皇二年（六三〇）八月の第一回遣唐使の派遣があげられる。

## 【舒明天皇陵】

『日本書紀』によれば、舒明天皇陵は殯の後に滑谷岡《なめはざまのおか》に葬られ、皇極天皇二年（六四三）九月に押坂陵に埋葬された。その後、所在地が不明となり、元禄の修陵に際して奈良奉行は段ノ塚古墳（奈良県桜井市）を舒明天皇陵とした。

段ノ塚古墳は、外鎌山の斜面に三段に築成された方形壇の上に二段築成の円丘が築かれた八角墳である。畿内における八角墳は、この舒明

現在の舒明天皇陵の拝所

大正期の舒明天皇陵の拝所(『山陵遥拝帖』)

天皇陵のほかには天智天皇陵、天武・持統天皇陵、文武天皇陵が同形と考えられる。そうであれば、舒明天皇の血をひく天皇の陵が八角墳ということになる。

第36代

# 孝徳《こうとく》天皇陵

陵　名＝大阪磯長陵（おおさかのしながのみささぎ）
陵　形＝円丘
所在地＝大阪府南河内郡太子町大字山田
古墳名＝山田上ノ山古墳
生没年＝推古天皇4年（596）～白雉5年（654）

現在の孝徳天皇陵の拝所

## 【孝徳天皇の系譜と事績】

父は敏達天皇皇孫茅渟《ちぬ》王《おう》、母は欽明天皇皇孫吉備姫王《きびつひめのおおきみ》、皇后は舒明天皇皇女間人《はしひと》皇女である。皇極天皇（斉明天皇）の同母弟にあたる。

皇極天皇四年（六四五）六月に乙巳《いっし》の変が起きると、皇極天皇は中大兄《なかのおおえ》皇子に譲位しようとしたが、中大兄は辞退し軽《かる》皇子を推した。

孝徳天皇は同月中に元号を定めて大化《たいか》とした。さらに『日本書紀』によれば、大化元年から翌年にかけて孝徳天皇は大規模な改革を行なった。この改革は「大化改新」とされ、四カ条からなる「改新の詔《みことのり》」が発せられた。しかし今日では、このような改革は存在しなかったという説が有力である。

## 【孝徳天皇陵】

『日本書紀』や『延喜式』諸陵寮はともに陵号を「大坂磯長陵」とする。異説はあまりみられず、文久の修陵でも上ノ山古墳（大阪府太子町）が孝徳天皇陵とされた。

『文久山陵図』の「荒蕪」図／急峻な山に存する陵のようであるが、実際は丘陵を利用して築造されている。

『文久山陵図』の「成功」図／丘陵の斜面に石垣を築きその上に拝所を設けた。墳丘頂部は木柵で囲まれた。

第37代

# 斉明《さいめい》天皇陵

（第35代　皇極《こうぎょく》天皇）

陵　名＝越智崗上陵（おちのおかのえのみささぎ）
陵　形＝円丘
所在地＝奈良県高市郡高取町大字車木
古墳名＝車木ケンノウ古墳
生没年＝推古天皇2年（594）〜斉明天皇7年（661）

**【斉明天皇の系譜と事績】**

父は敏達天皇の孫茅渟王《ちぬおう》、母は吉備姫王《きびつひめのおおきみ》である。はじめ高向王《たかむくおう》に嫁いだが後に舒明天皇の皇后に立てられた。舒明天皇との間に、中大兄《なかのおおえ》皇子（天智天皇）・間人皇女《はしひと》（孝徳天皇の皇后）・大海人《おおあま》皇子（天武天皇）を生んだ。

舒明天皇の後を承けて、皇極天皇元年（六四二）正月に四十九歳で皇位についた（皇極天皇）。同二年十一月、蘇我入鹿が山背大兄王《やましろのおおえのおう》（聖徳太子の子）を襲撃し、王は斑鳩《いかるが》の地で自害した。同四年六月、中大兄皇子・中臣鎌足《なかとみのかまたり》らが宮中で入鹿を暗殺し、翌日、父の蝦夷も自害した（乙巳《いっし》の変）。

その直後、皇極天皇は同母弟の軽《かる》皇子に皇位を譲った（孝徳天皇）。初の譲位である。

白雉五年（六五四）十月に孝徳天皇が亡くなると、翌年正月に皇極天皇は六十二歳で再び皇位に即《つ》いた（初めての重祚《ちょうそ》）が、実権は皇太子の中大兄皇子らが握った。『日本書紀』によれば、斉明天皇は大規模な宮都の造営に執着し、人々は「狂心《たぶれごころ》」と非難したと伝えられる。

斉明天皇四年（六五八）十一月には、中大兄皇子らの策略によって有間《ありま》皇子（孝徳天皇の皇子）は謀反の罪で捕えられ処刑された。

同六年、百済からの救援要請にこたえるため天皇自ら筑紫に赴いたがその地で亡くなった。

**【斉明天皇陵】**

『日本書紀』天智天皇六年（六六七）二月条は、斉明天皇を孝徳天皇の皇后間人皇女とともに「小市岡上陵《おちのおかのうえのみささぎ》」に葬ったと記す。その後、所在地が不明となり、近世には、津久井清影著、『首註陵墓一隅抄』『聖蹟図志』（ともに嘉永七年〈一八五四〉）等の小谷古墳（奈良県橿原市）説、『大和志』（享保二十一年〈一七三六〉）、『山陵志』（蒲生君平著、文化五年〈一八〇八〉）等の車木ケンノウ古墳（奈良県高取町）説が取り上げられたが、文久の修陵では車木ケンノウ古墳が斉明天皇陵として修補された。また今日では、牽《けん》牛子塚《ごしづか》古墳・越《こし》岩屋山《いわややま》古墳が斉明天皇陵との考え方もある。

また『日本書紀』によれば、間人皇女・建王《たけるおう》（天智天皇皇子）も合葬され、皇孫太田皇女も陵前の墓に葬られたとする。

現在の斉明天皇陵の拝所

『安政山陵図』に描かれた斉明天皇陵

第38代

# 天智天皇陵《てんじ》

**陵　名**＝山科陵（やましなのみささぎ）
**陵　形**＝上円下方
**所在地**＝京都府京都市山科区御陵上御廟野町
**古墳名**＝御廟野古墳
**生没年**＝推古天皇34年（626）〜天智天皇10年（671）

現在の天智天皇陵の拝所

## 【天智天皇の系譜と事績】

父は舒明天皇、母は皇極天皇（斉明天皇）である。皇位につく前は中大兄《なかのおおえ》皇子という。皇后の倭姫《やまとひめ》との間には皇子女はいないが、弘文天皇・持統天皇・元明天皇の父である。

皇極天皇四年（六四五）六月、中大兄皇子は中臣鎌足《なかとみのかまたり》らと乙巳《いっし》の変をおこし蘇我蝦夷《そがのえみし》・入鹿《いるか》父子を滅ぼした。その後、孝徳天皇の皇太子として「大化改新」といわれる改革を行なった。

斉明天皇が亡くなった後も皇位にはつかず皇太子のまま政務を担当したが、白村江の戦いで大敗した後、近江大津宮（滋賀県大津市）へ遷都して皇位についた。
皇子の大友《おおとも》皇子を太政大臣としたのち、同母弟の大海人《おおあま》皇子が皇太弟となることを辞退したので、大友皇子を皇太子とした。

その治世では、国防の整備、官位の改定、日本最古の戸籍「庚午年籍《こうごねんじゃく》」の作成、漏刻《ろうこく》(水時計)の作製などがある。

天皇は病床にあって大海人皇子に後事を託し

『文久山陵図』の「荒蕪」図／木柵や扉が設けられている。

『文久山陵図』の「成功」図／拝所が設置され、木柵が堅牢になっているが、外観に大きな変更はみられない。

『聖蹟図志』に描かれた天智天皇陵

たが、大海人は固辞して吉野へ去った。天智天皇が亡くなって後、壬申《じんしん》の乱において大友皇子は大海人皇子に敗れ自殺した。

**【天智天皇陵】**

今日宮内庁は御廟野《ごびょうの》古墳（京都市山科区）を天智天皇陵として管理するが、学界にあっても間違いのない古墳とされている。

墳形は上円下方墳とされる終末期の古墳であるが、上円部分は八角形である。

『日本書紀』には陵名の記載はなく、『延喜式』諸陵寮は「山科陵」とする。

また、明治天皇陵の造営に際しては、天智天皇陵はその形状において範のひとつとされた。

## 第39代 弘文《こうぶん》天皇陵

**陵　名**＝長等山前陵（ながらのやまさきのみささぎ）
**陵　形**＝円丘
**所在地**＝滋賀県大津市御陵町
**古墳名**＝園城寺亀丘古墳
**生没年**＝大化4年（648）～天武天皇元年（672）

**【弘文天皇の系譜と事績】**

父は天智天皇、母は伊賀采女宅子媛《いがのうねめやかこのいらつめ》である。『日本書紀』には大友皇子《おおとものみこ》と記されるが、皇位についたかどうかについては議論がある。壬申《じんしん》の乱において叔父の大海人皇子《おおあまのみこ》（天武天皇）と戦って敗れ、「山前《やまさき》」で自害した。

明治三年（一八七〇）七月に明治天皇によって弘文天皇と諡号され、歴代に加えられた。

現在の弘文天皇陵の参道と拝所

大正期の弘文天皇陵の参道と拝所（『山陵遥拝帖』）

**【弘文天皇陵】**

弘文天皇陵は長く不明であり、その候補地については、弘文天皇が亡くなった「山前」をどこと考えるかによってさまざまな説があった。そして、明治九年（一八七六）、滋賀県大津市御陵町の長等《ながら》山の亀丘（亀岡古墳）とよばれた古墳から鏡や鏃《やじり》などが発見され、翌年六月にこの地が弘文天皇陵とされた。

# 第40代 天武天皇陵
天武《てんむ》天皇陵

陵　名＝檜隈大内陵（ひのくまのおおうちのみささぎ）
陵　形＝円丘
所在地＝奈良県高市郡明日香村大字野口
古墳名＝野口王墓古墳
生没年＝　～朱鳥元年（686）

天武・持統天皇合葬陵（野口王墓古墳）

## 【天武天皇の系譜と事績】

父は舒明天皇、母は皇極天皇（斉明天皇）、皇后は鸕野讃良《うののさらら》皇女（持統天皇）である。天智天皇が亡くなってから、壬申《じんしん》の乱で大友《おおとも》皇子（弘文天皇）を自害させ、その翌年に皇位についた。天智天皇は同母兄にあたる。

その治世は、中央集権政治の確立をめざしたもので、飛鳥浄御原宮《あすかきよみはらのみや》を造営し、飛鳥浄御原令や八色《やくさ》の姓《かばね》等を制定した。その政策は、皇后の持統天皇にも引き継がれた。

『日本書紀』と『古事記』の編纂事業は天武天皇が発案したもので、天皇が亡くなってから完成した。

【天武天皇陵】

『続日本紀《しょくにほんぎ》』によると、大宝《たいほう》三年（七〇三）十二月に天武天皇陵に持統天皇の遺骨を合葬したとする。天武・持統天皇の陵とされる野口王墓《のぐちおうぼ》古墳は、その被葬者が確かな数少ない天皇陵とされているが、その確定にいたるまでには、複雑

『安政山陵図』に描かれた天武・持統天皇合葬陵（見瀬丸山古墳）

『安政山陵図』に描かれた文武天皇陵（野口王墓古墳）

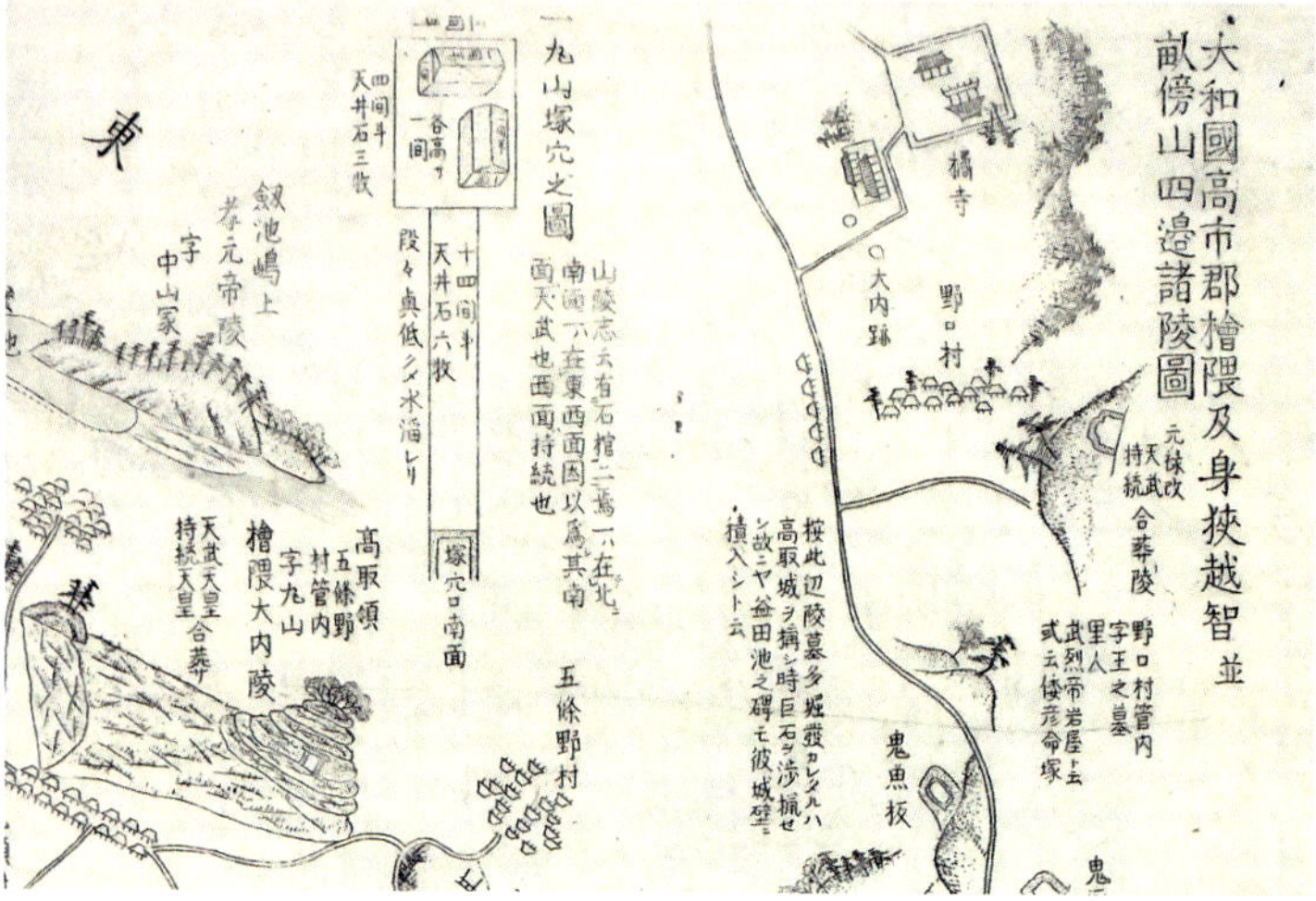


『聖蹟図志』にみえる天武・持統天皇合葬陵／左下に見瀬丸山古墳が、右には野口王墓古墳が、ともに天武・持統天皇合葬陵とされている。

な変遷を経ている。天武天皇陵の候補には野口王墓古墳と見瀬《みせ》丸山《まるやま》古墳の二説があり、二転三転しながら幕末を経て明治に至るまで極めて錯綜した状態が続いた。

また藤原定家《ふじわらのていか》の日記『明月記《めいげつき》』には、嘉禎《かてい》元年（一二三五）三月に盗掘を受けていることが記録されている。その際の石室の観察記録として、『阿不幾乃山陵記《あおきのさんりょうき》』が著わされた。

その後、嘉永《かえい》七年（一八五四）刊の『聖蹟《せいせき》図《ず》志《し》』では、見瀬丸山古墳と野口王墓古墳についてともに天武・持統天皇陵と記すが、『安政山陵図』は見瀬丸山古墳を天武・持統天皇陵とし野口王墓古墳を文武天皇陵とする。文久の修陵においては野口王墓古墳は文武天皇の陵として仮修補された。

一方、文久の修陵で考証面を担当した谷森善《たにもりよし》

奈良県明日香村周辺

臣《おみ》の『山陵考《さんりょうこう》』では、持統天皇は火葬なので、天武・持統合葬陵にあたる古墳には石棺が一つでなければならず、石棺が二つある見瀬丸山古墳は合葬陵としては不自然であるとの主張がなされたが、これは採用されなかった。

しかし、明治十三年（一八八〇）六月に、先にもみた盗掘後の石室内の様子の記録である『阿不幾乃山陵記』が発見され、そこには、陵の所在地、墳形と規模、埋葬施設の状態、遺物の内容などがこと細かに記されていた。

それを考証した宮内省官吏の大沢清臣《おおさわすがおみ》と大橋長憙《おおはしながおき》は「天武天皇持統天皇檜隈大内陵所在考」において谷森の説をひき、野口王墓古墳が天武・天皇合葬陵であると主張した。

そして翌明治十四年二月に、野口王墓古墳が天武・持統合葬陵とされた。

第41代

# 持統《じとう》天皇陵

**陵　名**＝檜隈大内陵（ひのくまのおおうちのみささぎ）
**陵　形**＝円丘
**所在地**＝奈良県高市郡明日香村大字野口
**古墳名**＝野口王墓古墳
**生没年**＝大化元年（６４５）～大宝２年（７０２）

**【持統天皇の系譜と事績】**

父は天智天皇、母は蘇我《そがの》遠智《おちの》娘《いらつめ》である。名は鸕野讚良《うののさらら》。天武天皇の皇后となり、壬申《じんしん》の乱においても行動をともにし草壁《くさかべ》皇子を生んだ。

天武天皇が亡くなっても、鸕野讚良皇女は即位せずに称制《しょうせい》（皇太子・皇后が即位しないまま政務をとること）のかたちで四年間政務をとり、草壁皇子の即位を画策する。

天武天皇と大田《おおた》皇女の間に生まれた大津《おおつ》皇子は、人望も厚く有力な皇位継承の候補者だった。しかし、川島皇子の密告により大津皇子は謀反の嫌疑をかけられて捕えられ、自害させられた。その背景には持統天皇の意向が反映したといわれている。

しかし、草壁皇子も皇位につくことなく亡くなったため、持統天皇は草壁皇子の遺児の軽《かる》皇子（後の文武天皇）を皇位につけるため、自ら皇位に就くこととなる。

持統天皇の事績の多くは天武天皇の政策を推進したもので、飛鳥浄御原令《あすかきよみはらりょう》の頒布、班田収受《はんでんしゅうじゅ》の開始、藤原京の造営などがある。

（１２０ページ「天武天皇陵」の項を参照）

# 第42代

# 文武《もんむ》天皇陵

陵　名＝檜隈安古岡上陵（ひのくまのあこのおかのえのみささぎ）
陵　形＝山形
所在地＝奈良県高市郡明日香村大字栗原
古墳名＝栗原塚穴古墳
生没年＝天武天皇12年（683）〜慶雲4年（707）

## 【文武天皇の系譜と事績】

父は草壁《くさかべ》皇子（天武天皇の皇子）、母は阿閇《あべ》皇女（元明天皇）である。『続日本紀』には皇后の記録はない。当時は皇后や妃は皇族出身でなければばならなかったが、夫人の藤原宮子（藤原不比等《ふひと》の女）は首《おびと》皇子（聖武天皇）を生んだ。

文武天皇の即位には祖母にあたる持統天皇の意向があり、皇位についた後もその影響下にあった。主な事績は、大宝《たいほう》二年（七〇二）の『大宝律令』の施行、遣唐使の再開、薩南諸島の領有など、天武・持統朝の政策を継承したものとである。

## 【文武天皇陵】

文武天皇陵は中世には所在が不明であったが、近世に入って考証が盛んになされた。元禄の修陵では高松塚古墳（奈良県明日香村）が文武天皇陵とされたが、中尾山古墳（同）や、今日宮内庁が天武・持統天皇陵として管理する野口王墓古墳（同）も候補にあげられた。幕末以降の文武天皇陵をめぐる動向は、天武・持統天皇陵をめぐる動向とも関連して極めて錯綜したものであった。

明治十四年（一八八一）二月に現在の栗原塚穴古墳が文武天皇陵とされた。

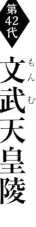

第43代

# 元明天皇陵《げんめいてんのうりょう》

**【元明天皇の系譜と事績】**

父は天智天皇、母は蘇我姪娘《そがのめいのいらつめ》である。草壁《くさかべ》皇子（天武天皇皇子）の妃となり、氷高皇女《ひだかのひめみこ》（元正天皇）、軽《かる》皇子（文武天皇）を生んだ。

持統天皇三年（六八九）に草壁皇子は即位することなく亡くなった。鸕野讃良皇女は皇位の直系継承を願い皇位につき（持統天皇）、文武天皇元年（六九七）八月に孫の軽皇子が皇位についた（文武天皇）。しかし、慶雲《けいうん》四年（七〇七）六月、文武天皇は病に倒れて亡くなった。阿閇皇女は持統天皇の遺志を継ぎ、首《おびと》皇子（後の聖武天皇）に皇位を継承させるため翌月中継ぎとして皇位についた（元明天皇）。

主な事績には、藤原京から平城京への遷都、『古事記』の完成、和同開珎《わどうかいちん》の鋳造などがある。

**【元明天皇陵】**

薄葬の詔があり、喪儀をしないこと、火葬によること、改葬を禁じること、「刻字之碑」を建てること等が命じられた。後に所在不明となり、近世には宇和奈辺古墳（奈良県奈良市、宇和奈辺陵墓参考地）が元明天皇陵とされたが、文久の修陵では奈良市奈良阪町に元明天皇陵が修補された。

**陵　名**＝奈保山東陵（なほやまのひがしのみささぎ）
**陵　形**＝山形
**所在地**＝奈良県奈良市奈良阪町
**生没年**＝斉明天皇7年（661）～養老5年（721）

第44代

# 元正天皇陵《げんしょうてんのうりょう》

**陵　名**＝奈保山西陵(なほやまのにしのみささぎ)
**陵　形**＝山形
**所在地**＝奈良県奈良市奈良阪町
**生没年**＝天武天皇9年(680)〜天平20年(748)

**【元正天皇の系譜と事績】**

父は草壁《くさかべ》皇子(天武天皇の皇子)、母は元明天皇である。諱《いみな》は氷高《ひだか》(日高)。甥の首《おびと》皇子が即位するまでの中継ぎとして皇位についた女帝である。

独身のまま皇位についたことの背景には、男子直系の皇位継承を進めた祖母持統天皇の意向があったとされる。

主な事績としては、養老《ようろう》四年(七二〇)五月の『日本書紀』の撰上、養老七年四月の三世《さんぜ》一身法《いっしんのほう》の施行などがある。

**【元正天皇陵】**

元明・元正天皇陵の陵名は、それぞれ「奈保山東陵」「奈保山西陵」であり、両陵は東西に並ぶ。元正天皇が亡くなった際の遺詔はなく、火葬の約一年半後に「奈保山陵」に改葬される等、極めて大がかりな喪儀であった。

後に所在地が不明となり近世には考証がなされ、小奈辺古墳(奈良県奈良市、小奈辺陵墓参考地)が元正天皇陵とされたが、文久の修陵では奈良市奈良阪町に元正天皇陵が修補された。

第45代

# 聖武《しょうむ》天皇陵

聖武天皇陵

**陵　名**＝佐保山南陵（さほやまのみなみのみささぎ）
**陵　形**＝山形
**所在地**＝奈良県奈良市法蓮町
**古墳名**＝法蓮北畑古墳
**生没年**＝大宝元年（701）～天平勝宝8年（756）

## 【聖武天皇の系譜と事績】

父は文武天皇、母は藤原宮子である。皇后は藤原安宿媛《あすかべひめ》（光明皇后《こうみょうこうごう》）であり、基王《もといおう》、阿倍《あべ》内親王（孝謙天皇）を生んだ。また県犬養広刀自《あがたいぬかいのひろとじ》を夫人とし安積《あさか》親王・井上《いのえ》内親王・不破《ふわ》内親王を生んだ。しかし皇太子の基王は早世し、安積親王も若くして亡くなった。

首《おびと》皇子は神亀《じんき》元年（七二四）二月に皇位についた（聖武天皇）。当時実権を握っていたのは天武天皇の孫の長屋王《ながやおう》であるが、同六年二月、長屋王は謀反の疑いをかけられ自殺させられる。その背後には、長屋王と対立していた藤原氏の陰謀があったとされる。

　天平《てんぴょう》十二年（七四〇）九月に藤原広嗣《ひろつぐ》が大宰《だざい》府《ふ》で反乱した。乱は鎮圧されたものの翌年聖武天皇は恭仁京《くにきょう》への遷都を決め、その後短期間に遷都が繰り返され政情の不安が続いた。

　鎮護国家のため、聖武天皇は天平十三年（七四一）二月には国分寺《こくぶんじ》建立の詔《みことのり》を、同十五年（七四三）十月には東大寺盧舎那仏《とうだいじるしゃなぶつ》造立の詔を出

『文久山陵図』の「荒蕪」図／頂部の円丘は木柵で囲われ、鳥居、石灯籠、石段がみられる。

『文久山陵図』の「成功」図／陵内の寺院は眉間寺である。拝所は陵域の裾部に設置された。

した。同年五月には墾田《こんでん》永年《えいねん》私財法《しざいほう》が出され、同十七年には都は平城京に戻された。天平《てんぴょう》感《かん》宝《ぽう》元年（七四九）七月に阿倍《あべ》内親王に譲位し（孝謙天皇）自らは太上天皇となった。天平《てんぴょう》勝《しょう》宝《ほう》四年（七五二）四月に大仏の開眼供養会が挙行された。

現在の聖武天皇陵の拝所

大正期の聖武天皇陵の拝所（『山陵遥拝帖』）

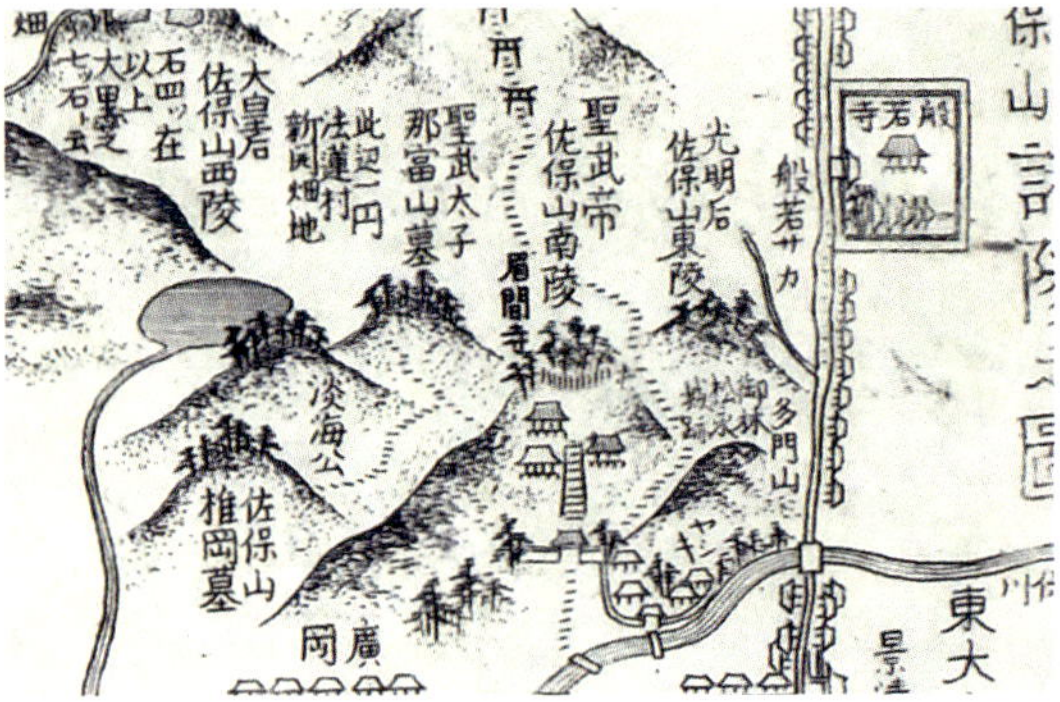


『聖蹟図志』に描かれた聖武天皇陵

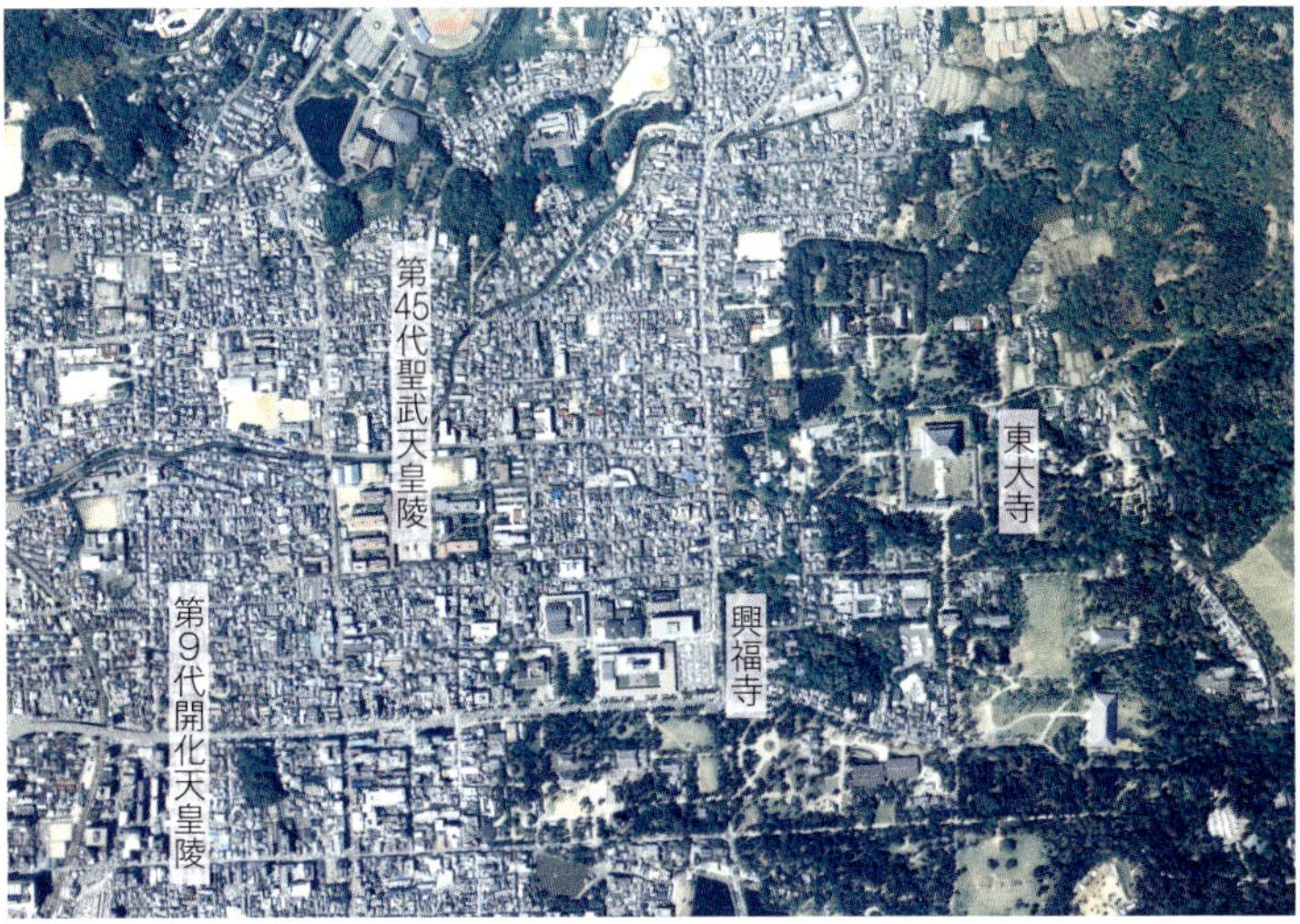

奈良市周辺

## 【聖武天皇陵】

聖武天皇陵は佐保《さほ》丘陵に造営され、東隣には光明皇后佐保山東陵がある。

東大寺による祭祀がなされてきたが、その後陵に接して眉間《みけん》寺が営まれた。中世の永禄《えいろく》年間（一五五八〜七〇）に松永久秀《まつながひさひで》が多聞山《たもんやま》城を佐保丘陵に築城したのに際して眉間寺はその多くが破却されたと考えられるが、近世に入って、元禄《げんろく》期の修陵に際して、眉間寺の裏山が聖武天皇陵とされた。文久の修陵でも同所が聖武天皇陵として修補された。なお、眉間寺は文久の修陵の際に移転したとされてきたが、『文久山陵図』の「成功」図に眉間寺は描かれている。

# 第47代
# 淳仁天皇陵《じゅんにんてんのうりょう》

**陵　名**＝淡路陵（あわじのみささぎ）
**陵　形**＝山形
**所在地**＝兵庫県南あわじ市賀集
**生没年**＝天平5年（733）〜天平神護元年（765）

現在の淳仁天皇陵の拝所

**【淳仁天皇の系譜と事績】**

父は天武天皇皇子舎人《とねり》親王、母は当麻山背《たいまのやましろ》である。

天平宝字《てんぴょうほうじ》二年（七五八）八月、大炊王《おおいおう》は孝謙天皇の譲位を承けて皇位についた（淳仁天皇）。

淳仁天皇と藤原仲麻呂《なかまろ》が道鏡《どうきょう》を寵愛する孝謙上皇に諫言したことにより、両者の間に決定的な溝が生じた。同八年九月、仲麻呂は権勢の挽回を図り乱を起こしたが追討され敗死し、同時に淳仁天皇も廃されて淡路に配流された。これが淡路廃帝である。その翌年の十月に淳仁天皇は同地で亡くなった。

大正期の淳仁天皇陵の拝所(『山陵遥拝帖』)

【淳仁天皇陵】

『続日本紀《しょくにほんぎ》』は、光仁天皇は宝亀《ほうき》三年(七七二)八月に淳仁天皇が初めに葬られた所を改葬して、僧侶六十人を招き斎《とき》(法会の食事)を用意し、行道(僧が読経しながら歩く)を行い年少の浄行の者の二名を墓側においたことを記す。さらに、宝亀九年三月にはその場所を山陵に列せしめた。

その後陵の所在は不明になり、近世になるといくつかの説が唱えられ、享保《きょうほう》十五年(一七三〇)中野安雄《なかのやすお》が『淡路常盤草《あわじときわぐさ》』において天王森(兵庫県南あわじ市)説を主張し、以降この説が支持され、明治七年(一八七四)に同地が淳仁天皇陵とされた。

第48代

# 称徳《しょうとく》天皇陵（第46代 孝謙《こうけん》天皇）

**陵　名**＝高野陵（たかののみささぎ）
**陵　形**＝前方後円
**所在地**＝奈良県奈良市山陵町
**古墳名**＝佐紀高塚古墳
**生没年**＝養老2年（718）～神護景雲4年（770）

称徳天皇陵（手前）

## 【称徳天皇の系譜と事績】

父は聖武天皇、母は藤原安宿媛《あすかべひめ》（光明皇后）である。天平勝宝《てんぴょうしょうほう》元年（七四九）七月に皇位に就いた（孝謙天皇）。光明皇后の寵臣であった藤原仲麻呂《ふじわらのなかまろ》（後の恵美押勝）を重用し、同四年には東大寺大仏の開眼供養会を盛大に挙行した。仲麻呂の排斥をもくろんだ橘奈良麻呂《たちばなのならまろ》の変を未然に防ぎ、天平宝字《てんぴょうほうじ》二年（七五八）八月に大炊王《おおいおう》に譲位した（淳仁天皇）。

孝謙上皇は看病僧の道鏡《どうきょう》を寵愛したことからしだいに淳仁天皇と対立するようになった。孝謙上皇は淳仁天皇を淡路《あわじ》に配流し、自ら再び皇位に就いた（称徳天皇）。その後、道鏡を太政《だいじょう》大臣禅師《だいじんぜんじ》に任じさらに法王の位を授けた。神護《じんご》景雲《けいうん》三年（七六九）五月、道鏡を皇位につければ天下は安泰という宇佐八幡《うさはちまん》の託宣があった。その神意の真偽をただすため和気清麻呂《わけのきよまろ》が宇佐八幡に遣わされ、清麻呂は「日嗣《ひつぎ》は必ず皇儲《こうちょ》を立よ」と復奏したが、偽の託宣による策謀であるとされて大隅国に配流された。

称徳天皇は生涯独身のまま、神護景雲四年（七七〇）八月に亡くなり道鏡も失脚した。

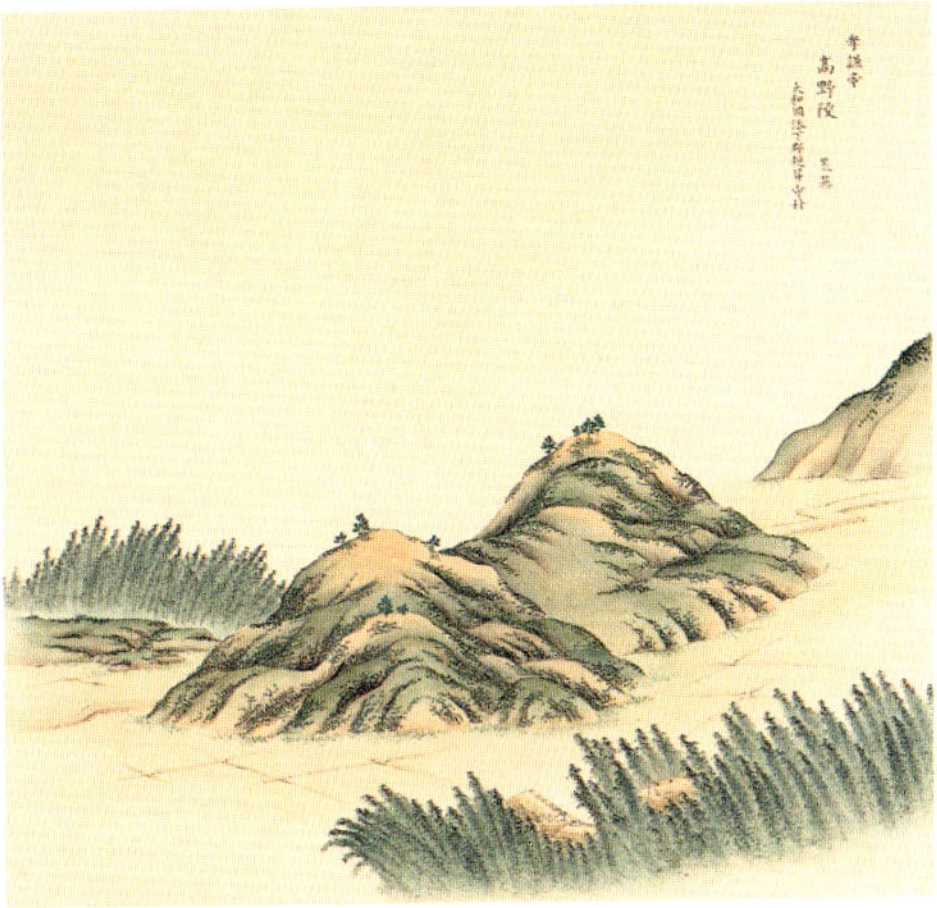

『文久山陵図』の「荒蕪」図／斜面状の耕作地に前方後円墳が描かれている。周濠は確認できない。

『文久山陵図』の「成功」図／新しく土堤と周濠が築かれている。陵域が斜面であり、渡り土堤が築かれている。

**【称徳天皇陵】**

今日宮内庁が称徳天皇陵として管理しているのは佐紀《さき》高塚《たかつか》古墳（奈良県奈良市）である。佐紀盾列古墳群に属し他の古墳とも接しており、そのため所在地が混乱することがあった。

近世の『前王廟陵記《ぜんおうびょうりょうき》』『山陵志《さんりょうし》』では、称徳天

現在の称徳天皇陵の拝所

大正期の称徳天皇陵の拝所（『山陵遥拝帖』）

奈良市周辺

皇陵を隣接する神功皇后陵《じんぐうこうごう》（五社神《ごさし》古墳）としている。

文久の修陵では現在と同じ佐紀高塚古墳が充てられたが、考証を担当した谷森善臣が「上代の制のごとく『埴壺』（埴輪のことか）など露出することなく」（『山陵考』）と古墳の年代の判断の基準に埴輪の有無を材料としたことは注目される。

# 第49代
# 光仁《こうにん》天皇陵

**陵　名**＝田原東陵（たはらのひがしのみささぎ）
**陵　形**＝円丘
**所在地**＝奈良県奈良市日笠町
**古墳名**＝田原塚ノ本古墳
**生没年**＝和銅2年（709）～天応元年（781）

現在の光仁天皇陵の拝所

**【光仁天皇の系譜と事績】**

父は施基《しき》親王（天智天皇の皇子）、母は紀橡姫《きのとちひめ》である。

皇后の聖武天皇皇女井上《いのえ》内親王との間に他戸《おさべ》親王が、高野新笠《たかののにいがさ》との間に山部《やまべ》親王（桓武天皇）・早良《さわら》親王が生まれている。

宝亀《ほうき》元年（七七〇）八月に称徳天皇が亡くなったことを承けて、白壁王は藤原永手《ながて》・百川《ももかわ》らによって皇太子に立てられ、同年十月一日に皇位についた（光仁天皇）。

宝亀三年（七七二）三月に皇后となっていた井上内親王が巫蠱《ふこ》（天皇を呪詛《じゅそ》すること）の罪

で廃され、同年五月には皇太子他戸親王も廃された。

光仁天皇の治世は、律令政治の修正と再建を目指したもので、皇太子の山部親王に引き継がれた。

『聖蹟図志』に描かれた光仁天皇陵

## 【光仁天皇陵】

光仁天皇は天応元年（七八一）十二月に亡くなり、その翌年延暦元年（七八二）正月に広岡山陵に葬られたが、延暦五年十月に光仁天皇の父施基親王の墓の東北の地を相して決められた田原陵に改葬された。

その後所在地が不明となったが、元禄《げんろく》の修陵に際して現陵が当てられた。『聖蹟図志』には「当初陵山モ是ヨリ高カリシヲ近代掘崩シテ巡リヲ埋メ田畑ニ開キシモノト見ヱタリ」とある。文久の修陵でもこれが踏襲された。修陵の費用は、その地を領する津藩の藤堂高猷《とうどうたかゆき》が山陵奉行戸田忠至《とだただゆき》に願い出て分担した。

第50代

# 桓武《かんむ》天皇陵

**陵　名**＝柏原陵（かしわばらのみささぎ）
**陵　形**＝円丘
**所在地**＝京都府京都市伏見区桃山町永井久太郎
**生没年**＝天平9年（737）～延暦25年（806）

## 【桓武天皇の系譜と事績】

父は光仁天皇、母は高野新笠《たかののにいがさ》である。皇后は藤原乙牟漏《おとむろ》である。

光仁天皇の皇后である井上内親王《いのえ》が、巫蠱《ふこ》（天皇を呪詛《じゅそ》すること）の罪で他戸親王《おさべ》とともに廃されたことで、天応《てんおう》元年（七八一）四月、山部《やまべ》親王は践祚した（桓武天皇）。

政情不安を一新するため、藤原種継《たねつぐ》の建言により延暦《えんりゃく》三年（七八四）十一月に長岡京《ながおかきょう》に遷都した。翌年九月、遷都の中心人物であった種継が暗殺され、それに連座して桓武天皇の同母弟早良《さわら》親王が廃され、早良《さわら》親王は淡路に流される途中絶食して亡くなった。

その後、皇后の乙牟漏が亡くなったことや安殿親王の病気を早良親王の怨霊によるものと恐れた桓武天皇は、延暦十三年（七九四）十月に平安京に遷都した。

在位中には、坂上田村麻呂《さかのうえたむらまろ》を起用して蝦夷《えみし》の抵抗を鎮圧、地方政治を監督するための勘解由《かげゆ》使《し》の設置、軍制の改革として健児《こんでい》の整備などの政策が行われた。しかし、造都と征夷の二大事業は、人びとを疲弊させ財政を逼迫させた。

【桓武天皇陵】

『日本後紀』によると、当初は陵は宇多野《うたの》（京都市右京区）の地に定められたものの実際には大同元年（八〇六）四月に柏原山陵（京都市伏見区）に葬られた。ただし、『類聚国史《るいじゅうこくし》』は十月に改めて柏原陵に葬られたと記す。文永十一年（一二七四）に盗掘されたが、その際の報告書には「抑件山陵登十許丈（約三〇メートル以上）、壇廻八十余丈（約二四〇メートル以上）」とあり、その規模が知られる。

その後所在地が不明となったが、豊臣秀吉《とよとみひでよし》による伏見城の築城により陵域が破壊されたと考えられる。文久の修陵においても修補されず、明治十三年（一八八〇）二月に谷森善《たにもりよし》臣《おみ》の考証に基づいて現在の場所に定められた。

現在の桓武天皇陵の拝所

大正期の桓武天皇陵の拝所（『山陵遥拝帖』）

# 第51代 平城天皇陵《へいぜいてんのうりょう》

**陵　名**＝楊梅陵（やまもものみささぎ）
**陵　形**＝円丘
**所在地**＝奈良県奈良市佐紀町
**古墳名**＝市庭古墳
**生没年**＝宝亀５年（７７４）～天長元年（８２４）

## 【平城天皇の系譜と事績】

父は桓武天皇、母は藤原乙牟漏《おとむろ》である。藤原種継《たねつぐ》暗殺に連座して廃太子された早良《さわら》親王にかわって立太子した。その後桓武天皇が亡くなったことによって安殿親王は大同《だいどう》元年（八〇六）三月に践祚した（平城天皇）。

桓武天皇の政策を引き継ぎながらも財政の立て直しや官吏の整理と下級役人の優遇をはかった。畿内・七道に観察使を置き地方の行政を監督した。

しかし生まれつき虚弱な体質のため、同四年（八〇九）四月に在位三年で同母弟の神野《かみの》（賀美能）親王に譲位した（嵯峨天皇）。

譲位後には嵯峨天皇と対立を深め、平城旧都への遷都を迫り挙兵するが鎮圧され剃髪した。

## 【平城天皇陵】

所在地が不明であったが、元禄の修陵ではヒシアゲ古墳（今日宮内庁は仁徳天皇の皇后磐之媛命陵として管理。奈良県奈良市）が平城天皇陵とされた。『聖蹟図志』（嘉永七年〈一八五四〉）では平城京大極殿の北に存する市庭古墳（奈良県奈良市）をあてて、「松数十本有之所近年陵見分後悉伐木、今秀山ト成ル」とする。文久の修

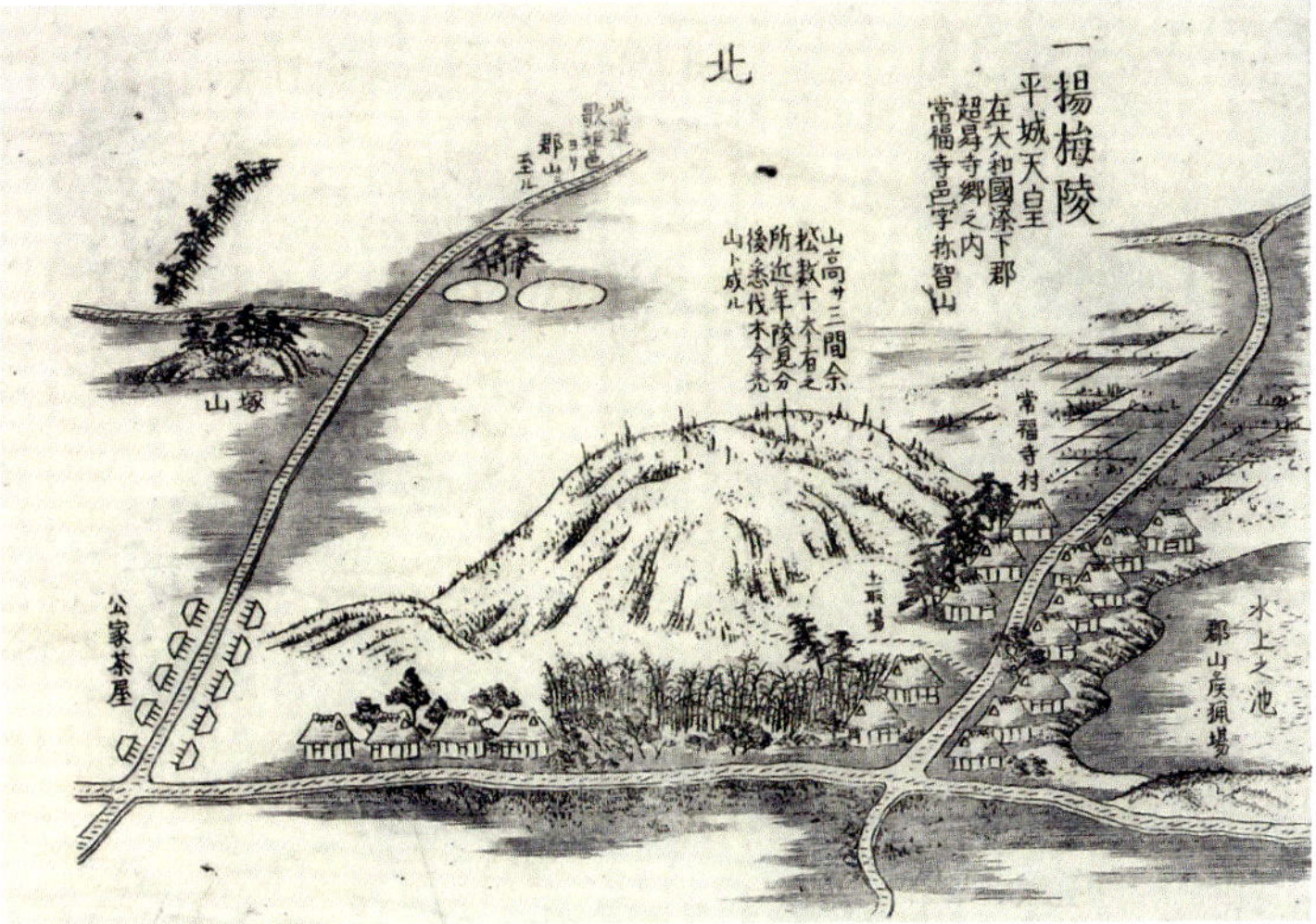


『聖蹟図志』に描かれた平城天皇陵

現在の平城天皇陵の拝所

陵でもこれが踏襲された。外形上は円墳であるが実は円墳ではなく、前方後円墳の後円部にあたるもので、前方部は平城京造営の際に削平された。

# 第52代 嵯峨《さ が》天皇陵

**陵　名**＝嵯峨山上陵（さがのやまのえのみささぎ）
**陵　形**＝円丘
**所在地**＝京都府京都市右京区北嵯峨朝原山町
**生没年**＝延暦５年（７８６）～承和９年（８４２）

**【嵯峨天皇の系譜と事績】**

父は桓武天皇、母は藤原乙牟漏《おとむろ》である。平城天皇は同母兄にあたる。

平城天皇の譲位を承けて、神野親王は大同四年（八〇九）四月に践祚（嵯峨天皇）。

弘仁《こうにん》元年（八一〇）九月、嵯峨天皇と対立していた平城上皇は旧都である平城宮へ遷都する詔《みことのり》を発し挙兵した。しかし嵯峨天皇は遷都を拒否し、坂上田村麻呂《さかのうえたむらまろ》に出陣を命じ上皇に同調した藤原仲成《なかなり》らを捕え、挙兵は失敗に終わり、上皇に寵愛された内侍《ないしのかみ》の藤原薬子《くすこ》は自害した。

その治世の業績は、蔵人所《くろうどどころ》の設置、『弘仁格式《こうにんきゃくしき》』の編纂、『文華秀麗集《ぶんかしゅうれいしゅう》』の勅撰など多方面にわたる。

皇妃を多くもち、五十人以上の皇子女をもうけた。

**【嵯峨天皇陵】**

嵯峨天皇は承和《じょうわ》九年（八四二）七月に亡くなったが、その際「山北幽僻不毛」の地を択べなどと薄葬を遺命したため、葬儀も翌日には終わり、『延喜式』諸陵寮に嵯峨天皇陵についての記載はない。

中世以降所在地が不明となり、二尊院（京都市右京区）や清涼寺（同）の境内にある石塔がそれと擬されていたが、蒲生君平《がもうくんぺい》著『山陵志《さんりょうし》』は大覚寺の北の「御貌山」といわれる現在の地を陵所とし、文久の修陵でもこれが踏襲された。

『文久山陵図』の「荒蕪」図／山頂に巨岩がみえる。

『文久山陵図』の「成功」図／巨石が石垣と木柵で囲まれ、拝所と参道が整備された。

現在の嵯峨天皇陵の拝所

大正期の嵯峨天皇陵の拝所(『山陵遥拝帖』)

第53代

# 淳和《じゅんな》天皇陵

**陵　名**＝大原野西嶺上陵（おおはらののにしのみねのえのみささぎ）
**陵　形**＝円丘
**所在地**＝京都府京都市西京区大原野南春日町
**生没年**＝延暦5年（786）～承和7年（840）

**【淳和天皇の系譜と事績】**

父は桓武天皇、母は藤原旅子である。

弘仁《こうにん》十四年（八二三）四月に、大伴《おおとも》親王は異母兄の嵯峨天皇の譲位を承けて践祚（淳和天皇）。

勘解由使《かげゆし》の再設、検非違使《けびいし》制度の強化、親王任国制度の制定などを補した。

現在の淳和天皇陵の拝所

実施した。また、滋野貞主《しげのさだぬし》による百科事典『秘府略《ひふりゃく》』の編纂、清原夏野《きよはらなつの》らによる養老令の注釈『令義解《りょうのぎげ》』の撰進などにも成果を残した。

**【淳和天皇陵】**

淳和天皇は亡くなるに際して、山陵を営まず骨を砕いて山中に投じよ等とする薄葬を遺詔し、これに従って承和七年（八四〇）五月には火葬・散骨された。よって『延喜式』諸陵寮は淳和天皇陵について記さない。文久の修陵では「清塚」ともいわれる当地を散骨した地として修

第54代

# 仁明《にんみょう》天皇陵

**陵　名**＝深草陵（ふかくさのみささぎ）
**陵　形**＝方形
**所在地**＝京都府京都市伏見区深草東伊達町
**生没年**＝弘仁元年（810）～嘉祥3年（850）

**【仁明天皇の系譜と事績】**

父は嵯峨天皇、母は橘嘉智子《たちばなのかちこ》（檀林皇后《だんりんこうごう》）である。

淳和天皇の譲位を承けて、正良《まさら》親王は天長十年（八三三）二月に践祚（仁明天皇）。

現在の仁明天皇陵の拝所

仁明天皇ははじめ淳和天皇皇子恒《つね》貞《さだ》親王を皇太子としたが、承和《じょうわ》九年（八四二）七月に伴《ともの》健岑《こわみね》・橘《たちばなのはやなり》逸勢らが皇太子を奉じて東国で乱を起こそうとして、恒貞親王が廃され、仁明天皇皇子道康《みちやす》親王（後の文徳天皇）が皇太子とされた（承和の変）。

**【仁明天皇陵】**

仁明天皇は嘉祥三年（八五〇）三月に亡くなり、陵の側に清涼殿（天皇の日常の居所）を移し嘉祥寺とし陵寺として陵を管理した。後に嘉祥寺は廃絶し陵は所在不明となった。文久の修陵では現在の地が仁明天皇陵として修補された。谷森善臣は「土中に御石槨の大石どもあり」（『山陵考』）と石棺の存在を指摘した。

第55代

# 文徳《もんとく》天皇陵

**陵　名**＝田邑陵（たむらのみささぎ）
**陵　形**＝円丘
**所在地**＝京都府京都市右京区太秦三尾町
**古墳名**＝太秦三尾古墳
**生没年**＝天長４年（８２７）～天安２年（８５８）

## 【文徳天皇の系譜と事績】

父は仁明天皇、母は藤原順子である。承和《じょうわ》の変によって恒貞《つねさだ》親王（淳和天皇皇子）が皇太子を廃されたので、道康《みちやす》親王は皇太子となり、仁明天皇が亡くなったのを承けて嘉祥《かしょう》三年（八五〇）三月に践祚（文徳天皇）。

現在の文徳天皇陵の拝所

文徳天皇は、紀静子と間にもうけた惟喬《これたか》親王を皇太子にしようとしたが藤原良房《よしふさ》の反対にあい、良房の女明子との間に生まれた惟仁《これひと》親王を皇太子とした。後の清和天皇である。

## 【文徳天皇陵】

文徳天皇は天安二年（八五八）八月に亡くなり、九月に真原山陵（後に田邑山陵と改称）に葬られた。後に所在地が不明となり、近世には天皇の杜古墳（京都市西京区、国史跡）とされたこともあったが、文久の修陵では御廟山といわれる現在の地が文徳天皇陵として修補された。文久の修陵で考証を担当した谷森善臣は「封土いたく崩壊落て　御石槨の蓋石また隧道の蓋石もかつ露出たり」（『山陵考』）とする。

第56代

# 清和《せいわ》天皇陵

**陵　名**＝水尾山陵（みずのおやまのみささぎ）
**陵　形**＝円丘
**所在地**＝京都府京都市右京区嵯峨水尾清和
**生没年**＝嘉祥3年（850）～元慶4年（880）

**【清和天皇の系譜と事績】**

父は文徳天皇、母は藤原明子である。文徳天皇は紀静子の生んだ惟喬《これたか》親王を皇太子に望んだが、文徳天皇が亡くなった後の天安《てんあん》二年（八五八）八月に、藤原良《よし》房《ふさ》の娘明子が生んだ惟仁《これひと》親王がわずか九歳で践祚（清和天皇）。元服を経ぬまま践祚した幼帝である。即位後は、外祖父の藤原良房が摂政となって実権を握った。

治世中の貞観《じょうがん》八年（八六六）閏三月に大極殿《だいごくでん》の応天門《おうてんもん》が全焼した。この事件により伴《とも》善男らが失脚し、良房の権勢はさらに強固になった（応天門の変）。

貞観十八年十一月、清和天皇は貞明《さだあきら》親王に譲位した（陽成天皇）。

現在の清和天皇陵の拝所

**【清和天皇陵】**

清和天皇は薄葬の遺詔によって洛東の上粟田山に火葬され、水尾山（京都市右京区）に葬られた。従って山陵を起こさず、『延喜式』諸陵寮に清和天皇陵の記載はない。しかし所在地が不明になることはなく、文久の修陵でも現在の地が清和天皇陵として修補された。

『文久山陵図』の「荒蕪」図／矢来に囲まれた石材（石卒塔婆か）が散乱している。

『文久山陵図』の「成功」図／石垣が築かれ、木扉が設置された。

第57代

# 陽成《ようぜい》天皇陵

**陵　名**＝神楽岡東陵（かぐらがおかのひがしのみささぎ）
**陵　形**＝八角丘
**所在地**＝京都府京都市左京区浄土寺真如町
**生没年**＝貞観10年（868）～天暦3年（949）

**【陽成天皇の系譜と事績】**

父は清和天皇、母は藤原高子である。清和天皇の譲位を承けて、貞観《じょうがん》十八年（八七六）十一月に践祚（陽成天皇）。時に九歳で清和天皇に続く幼帝である。ところが陽成天皇は十六歳の元慶《がんぎょう》八年（八八四）二月に祖父文徳天皇の異母弟で自身より三十八歳年上の時康《ときやす》親王に譲位（光孝天皇）。その後陽成天皇は八十二歳の長寿を全うし、子孫は陽成源氏の流れに連なる。

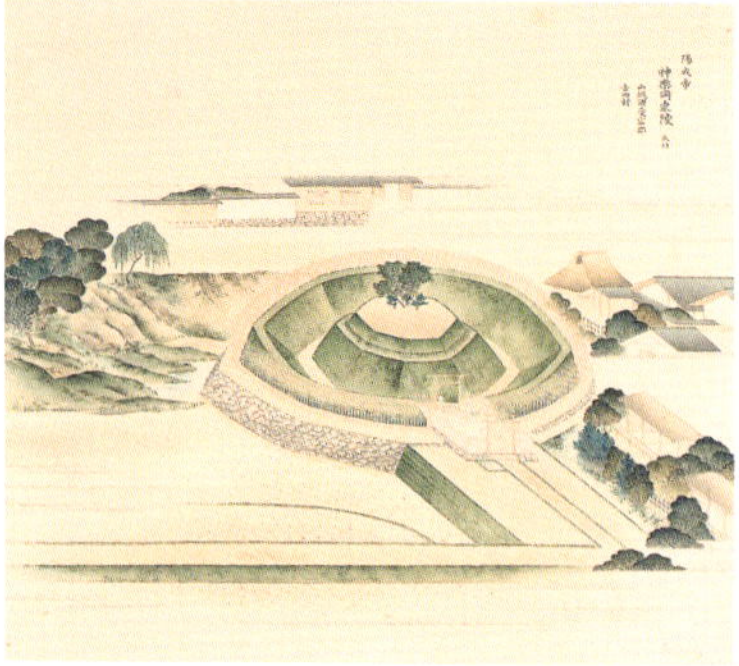

『文久山陵図』の「成功」図

**【陽成天皇陵】**

陽成天皇は天暦《てんりゃく》三年（九四九）九月に亡くなり、柩《ひつぎ》は円覚寺に移され神楽岡《かぐらおか》（京都市左京区）の東地に葬られた。その後所在地不明となり、文久の修陵では現在の地を陽成天皇陵として修補した。『文久山陵図』の「成功」図に明らかな通り、文久の修陵では八角形に修補されている。

# 第58代 光孝天皇陵《こうこうてんのうりょう》

**陵　名**＝後田邑陵（のちのたむらのみささぎ）
**陵　形**＝円丘
**所在地**＝京都府京都市右京区宇多野馬場町
**生没年**＝天長7年（830）～仁和3年（887）

**【光孝天皇の系譜と事績】**

父は仁明天皇、母は藤原沢子である。元慶《がんぎょう》八年（八八四）二月に、時康親王は陽成天皇の譲位を承けて践祚（光孝天皇）。五十五歳であった。

光孝天皇と摂政藤原基経は、それぞれ母が姉妹という従兄弟関係であった。

現在の光孝天皇陵の拝所

**【光孝天皇陵】**

仁和《にんな》三年（八八七）八月に光孝天皇が亡くなると、小松山陵に葬られ、陵域内の八つの寺院が破却された。後に陵は所在地不明となり文久の修陵でも修補されず、明治二十二年（一八八九）六月に京都市右京区の「天王塚」と称された地に光孝天皇陵が決定された。なお、御室陵墓参考地（京都市右京区）に想定されている「該当御方」は光孝天皇である（昭和二十四年十月「陵墓参考地一覧」）。

第59代

# 宇多《うだ》天皇陵

陵　名＝大内山陵（おおうちやまのみささぎ）
陵　形＝方丘
所在地＝京都府京都市右京区鳴滝宇多野谷
生没年＝貞観9年（867）〜承平元年（931）

## 【宇多天皇の系譜と事績】

父は光孝天皇、母は班子女王（桓武天皇皇孫）である。

定省《さだみ》親王は源姓を賜って臣籍に下っていたが、仁和《にんな》三年（八八七）八月に光孝天皇が亡くなると、皇族に復した上で践祚（宇多天皇）。

その後宇多天皇は藤原基経を関白とする勅書の「阿衡《あこう》の任をもって卿の任とせよ」との文言をめぐって基経と対立した（阿衡事件）。

寛平《かんぴょう》三年（八九一）正月に基経が亡くなると、菅原道真《すがわらのみちざね》と藤原時平《ときひら》（基経の子）を重用し、「寛平の治」とされる親政を行った。

寛平九年（八九七）七月に敦仁《あつぎみ》親王に譲位（醍醐天皇）。幼い敦仁親王に「寛平御遺誡《かんぴょうのごゆいかい》」を与え、道真を重用することを求めたが守られなかった。

昌泰《しょうたい》二年（八九九）十月に、仁和寺（京都市右京区）で出家した。

延喜《えんぎ》元年（九〇一）正月に時平の讒言《ざんげん》により道真は大宰府《だざいふ》へ左遷となった。これを知った宇多法皇は醍醐天皇に面会を求めたが叶えられなかった。

## 【宇多天皇陵】

宇多法皇は承平《じょうへい》元年（九三一）七月に仁和寺で亡くなり、遺骸は仁和寺の裏山の大内山の魂《たま》殿《どの》に移された。九月になって同地で火葬されたが拾骨されずそのまま土を覆って陵所とされた。その後陵の所在地は不明となり近世には様ざ

『文久山陵図』の「荒蕪」図／火葬後の拾骨もなされずそのまま土を覆ったため、堀がわずかにみえるだけである。

『文久山陵図』の「成功」図／陵所を木柵で囲い拝所が整備された。

まな説がなされ、文久の修陵では現在の地が宇多天皇陵として修補された。文久の修陵の考証を担当した谷森善臣は「丘陵の形なく平坦なる山地の四周に掘廻したる隍《ほり》の跡あり」とし、火葬ののち拾骨もなされず土を覆ったのみの状況を確認する記述となっている。また、昭和四年(一九二九)測量の陵墓地形図によってもマウンドは認められない。

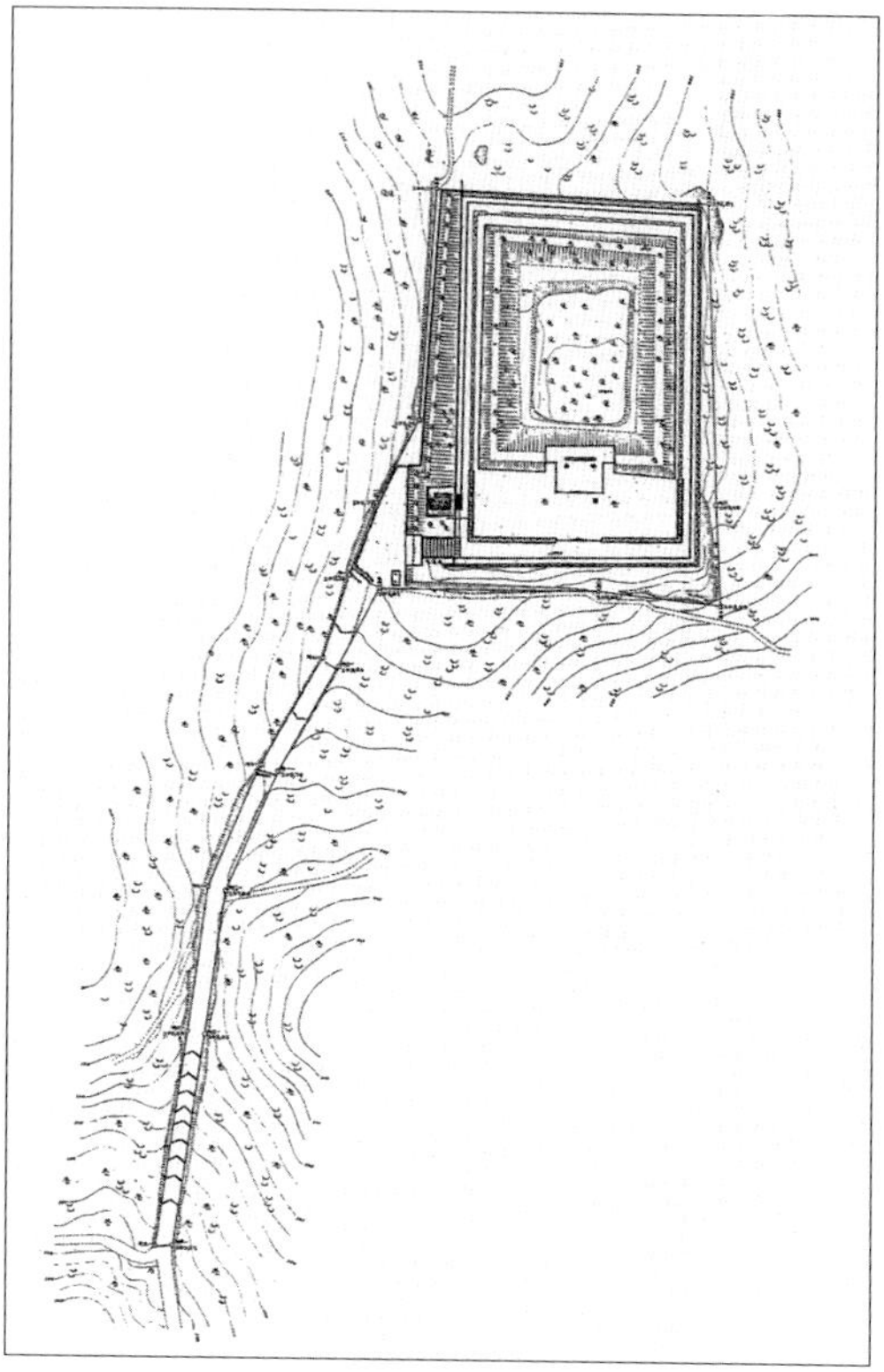
「宇多天皇大内山陵之図」(『陵墓地形図集成』)

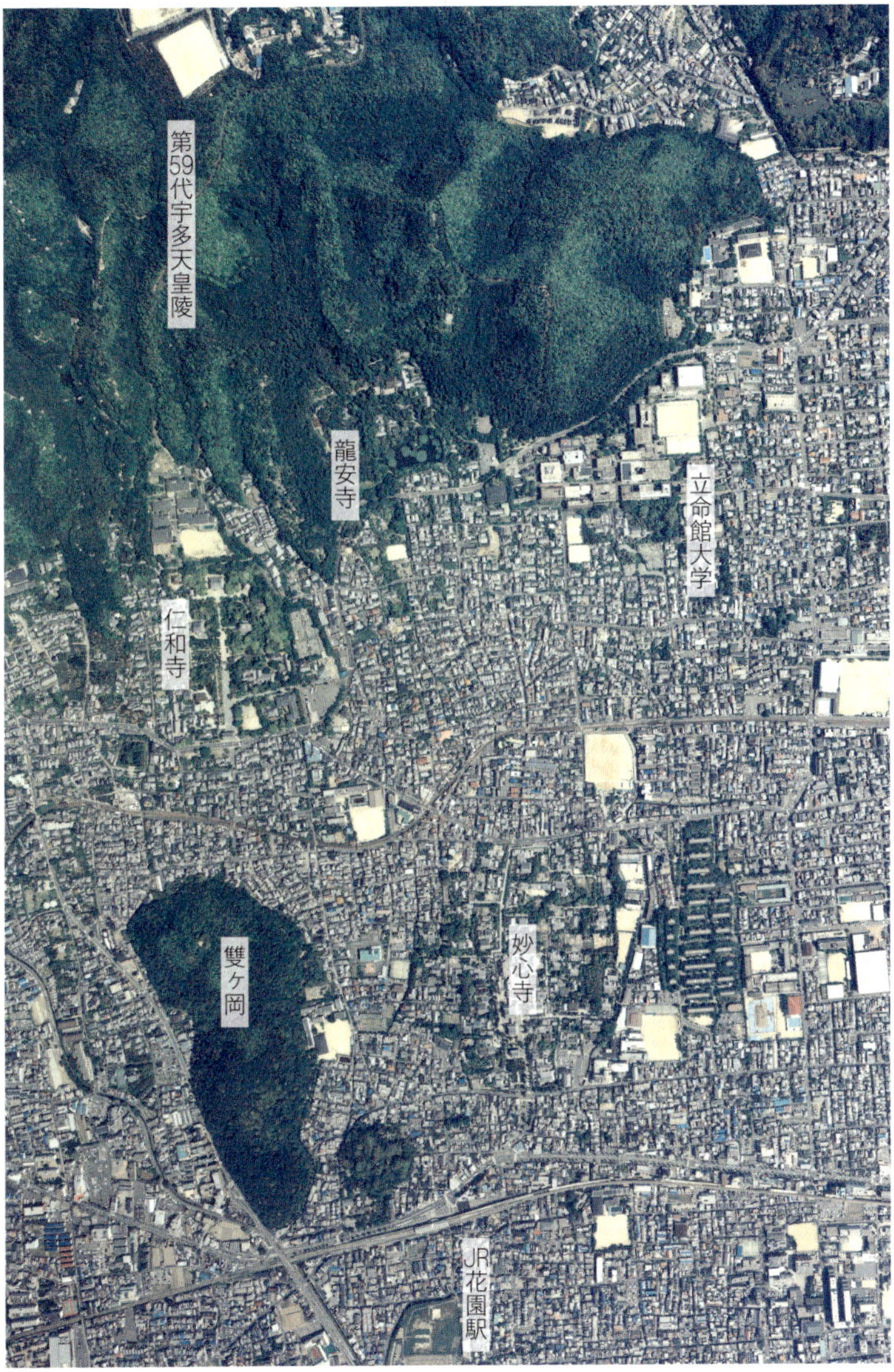


京都市右京区周辺

現在の醍醐天皇陵の拝所

# 第60代 醍醐《だいご》天皇陵

**陵　名**＝後山科陵（のちのやましなのみささぎ）
**陵　形**＝円形
**所在地**＝京都府京都市伏見区醍醐古道町
**生没年**＝元慶９年（８８５）～延長８年（９３０）

## 【醍醐天皇の系譜と事績】

父は宇多天皇、母は藤原胤子である。

寛平《かんぴょう》九年（八九七）七月、敦仁《あつぎみ》親王は宇多天皇の譲位を承けて践祚（醍醐天皇）。藤原時平《ときひら》と菅原道真《すがわらのみちざね》はそれぞれ左大臣・右大臣であったが、延喜《えんぎ》元年（九〇一）正月、時平の讒言《ざんげん》によって道真は大宰権帥《だざいごんのそち》に左遷されて京を追われ、以後時平は藤原氏の地位を確保した。

また天皇みずからも、荘園整理令の発布など律令制を維持するための政策を打ち出した。その治世は摂政・関白を置かない理想的な親政として、後に延喜の治と称された。さらに『日本三代実録』『延喜格式』『古今和歌集』などの編纂もなされた。

延長《えんちょう》元年（九二三）三月には皇太子保明親王（醍醐天皇皇子）が、延長三年（九二五）六月にはその子でやはり皇太子の慶頼王が病死し、さらに同八年（九三〇）六月には清涼殿《せいりょうでん》に落雷し

『文久山陵図』の「荒蕪」図／墳丘はなく簡素な柵で囲まれている。

『文久山陵図』の「成功」図／円形の外堤と堀が築かれ拝所が整備された。

大正期の醍醐天皇陵の拝所(『山陵遥拝帖』)

死傷者が出た。これらはいずれも憤死した道真の怨霊の仕業とされた。

同年九月には醍醐天皇は寛明《ゆたあきら》親王に譲位(朱雀天皇)し、同月のうちに亡くなった。

**【醍醐天皇陵】**

醍醐天皇は、延長八年(九三〇)九月に亡くなり、陵は丘に造らず地に壙を掘り、校倉のなかに棺と硯・書・筥・琴・筝・和琴・笛等を安置して埋納した。承平四年(九三四)七月に宣旨によって醍醐寺に陵の監守を命じた。以降醍醐天皇の命日には陵前にて法会を行ない陵を守り続けた。

文久の修陵では現在の地が醍醐天皇陵として修補された。

# 第61代 朱雀《すざく》天皇陵

**陵　名**＝醍醐陵（だいごのみささぎ）
**陵　形**＝円丘
**所在地**＝京都府京都市伏見区醍醐御陵東裏町
**生没年**＝延長元年（923）〜天暦6年（952）

**【朱雀天皇の系譜と事績】**

父は醍醐天皇、母は藤原穏子（藤原基経の女）である。村上天皇の同母兄にあたる。

延長《えんちょう》八年（九三〇）九月、寛明《ゆたあきら》親王は醍醐天皇の譲位を承けて践祚（朱雀天皇）。八歳であった。幼帝の後見として基経の子忠平が摂政となった。

『文久山陵図』の「荒蕪」図

**【朱雀天皇陵】**

朱雀天皇は天暦《てんりゃく》六年（九五二）八月に亡くなり、葬送の後に来定寺の北野にて火葬され、遺骨は醍醐天皇陵の傍に納められた。醍醐天皇陵の上御陵に対して朱雀天皇陵は下御陵とされた。文久の修陵では「醍醐法華堂」とするが、『文久山陵図』の「荒蕪」図には「法華堂」らしき建物はみえない。

第62代

# 村上《むらかみ》天皇陵

**陵　名**＝村上陵（むらかみのみささぎ）
**陵　形**＝円丘
**所在地**＝京都府京都市右京区鳴滝宇多野谷
**生没年**＝延長４年（９２６）～康保４年（９６７）

## 【村上天皇の系譜と事績】

父は醍醐天皇、母は藤原穏子（藤原基経の女）である。朱雀天皇の同母弟にあたる。天慶《てんぎょう》九年（九四六）四月、成明《なりあきら》親王は朱雀天皇の譲位を承けて践祚（村上天皇）。

在位期間の初めは藤原忠平《ただひら》を関白としたが、天暦《てんりゃく》三年（九四九）八月に忠平が没してからは関白を置かず親政を行った。後に天暦の治とされた治世ではあるが、律令体制の崩壊がすすんだ。

現在の村上天皇陵の拝所

## 【村上天皇陵】

『日本紀略《にほんきりゃく》』に康保四年（九六七）六月四日条に村上天皇が山城国葛野郡田邑郷北中尾に土葬されたとの記事があるが、中世以降は所在地が不明で、文久の修陵でも修補されなかった。文久の修陵で考証を担当した谷森善臣は『山陵考』で「御父帝の　後山科陵（醍醐天皇陵）の制度にならひ給ひてもとより丘陵の形ハ造リ給はす、ただ平坦の　御陵にてありけむ、かくに荒れはてゝは、容易く知られす失ゆきたりしものにぞありけむ」とした。明治二十二年（一八八九）六月に現在の地に決定された。

第63代

# 冷泉天皇陵《れいぜいてんのうりょう》

**陵　名**＝桜本陵（さくらもとのみささぎ）
**陵　形**＝円丘
**所在地**＝京都府京都市左京区鹿ヶ谷法然院町、鹿ヶ谷西寺ノ前町
**生没年**＝天暦４年（９５０）～寛弘８年（１０１１）

## 【冷泉天皇の系譜と事績】

父は村上天皇、母は藤原安子である。円融天皇の同母兄にあたる。

康保《こうほ》四年（九六七）五月、憲平《のりひら》親王は村上天皇が亡くなったのを承けて践祚（冷泉天皇）。藤原実頼《さねより》が関白とされた。

安和《あんな》二年（九六九）三月に、次の皇太子に冷泉天皇の同母弟の為平《ためひら》親王を推していた左大臣の源高明《たかあきら》が藤原氏の陰謀により失脚（安和の変）。為平親王は高明の女を妃としており、醍醐天皇の皇子で人望も厚い高明が次の天皇の外祖父となることを恐れた藤原氏による他氏排斥事件であった。

この半年後、在位二年で冷泉天皇は同母弟の守平《もりひら》親王に譲位（円融天皇）。その後四十年余の長きにわたって上皇として過ごした。

## 【冷泉天皇陵】

冷泉天皇は桜本寺前野で火葬され、その山傍に遺骨が納められた。『御堂関白記《みどうかんぱくき》』は桜本寺北方の平地に陵所があると記す。中世以降所在地が不明となり、文久の修陵でも修補されなかった。明治二十二年（一八八九）六月に現在の陵に決定された。

第64代

# 円融《えんゆう》天皇陵

**陵　名**＝後村上陵（のちのむらかみのみささぎ）
**陵　形**＝円丘
**所在地**＝京都府京都市右京区宇多野福王子町
**生没年**＝天徳３年（９５９）〜正暦２年（９９１）

**【円融天皇の系譜と事績】**

父は村上天皇、母は藤原安子である。冷泉天皇の同母弟にあたる。

安和《あんな》二年（九六九）三月の安和の変を経て、冷泉天皇の譲位を承けて同年八月に守平《もりひら》親王が践祚（円融天皇）。

在位中は摂政・関白が常置され藤原氏が独占したものの、兼通《かねみち》・兼家《かねいえ》兄弟の争いが続き政情は安定しなかった。

現在の円融天皇陵の拝所

**【円融天皇陵】**

円融天皇は仁和寺の一院で円融天皇の御願寺である円融寺で亡くなると、同寺の北原で火葬され、父村上天皇陵の傍らに遺骨が納められた。以後所在が不明となり、文久の修陵でも決定されなかった。明治二十二年（一八八九）六月に現在の地に決定された。

第65代

# 花山《かざん》天皇陵

陵名＝紙屋川上陵（かみやがわのほとりのみささぎ）
陵形＝方丘
所在地＝京都府京都市北区衣笠北高橋町
生没年＝安和元年（968）～寛弘5年（1008）

## 【花山天皇の系譜と事績】

父は冷泉天皇、母は藤原懐子である。永観《えいかん》二年（九八四）八月に、師貞《もろさだ》親王は円融天皇の譲位を承けて践祚（花山天皇）。

在位は二年弱と短かったが、延喜《えんぎ》二年（九〇二）以降の荘園を停めるなどした。

花山天皇は女御の藤原忯子をこよなく寵愛したものの、忯子は入内後まもなく亡くなった。藤原兼家《かねいえ》は計略を用いて忯子の死に絶望する花山天皇を出家させ、そのまま譲位に追い込んだ。

大正期の花山天皇陵の拝所（『山陵遥拝帖』）

## 【花山天皇陵】

花山天皇陵の所在地について、『日本紀略《にほんきりゃく》』は「紙屋川の上法音寺の北」、『御堂関白記《みどうかんぱくき》』は「大和寺東辺」とする。法音寺も大和寺も早く廃れ、以後所在地が不明となったが、文久の修陵では「字法音寺屋敷」との地名を根拠に、その北にある菩提塚を花山天皇陵として修補した。

第66代

# 一条《いちじょう》天皇陵

**陵　名**＝円融寺北陵（えんゆうじのきたのみささぎ）
**陵　形**＝円丘
**所在地**＝京都府京都市右京区龍安寺朱山／龍安寺内
**生没年**＝天元3年（980）～寛弘8年（1011）

**【一条天皇の系譜と事績】**

父は円融天皇、母は藤原詮子（藤原兼家の女）。寛和《かんな》二年（九八六）六月、懐仁《やすひと》親王は花山天皇の出家によって七歳で践祚（一条天皇）。

外祖父の藤原兼家が摂政となった。兼家が没すると子の道隆《みちたか》・道兼《みちかね》が摂政・関白に就いたがいずれも長徳《ちょうとく》元年（九九五）に没し、道長が内覧となり権力の座についた。道長は長保《ちょうほう》二年（一〇〇〇）二月、道隆の女定子を一条天皇の皇后とし、自らの女彰子を中宮とした。彰子は後に後一条・後朱雀天皇を生んだ。皇后定子には清少納言《せいしょうなごん》が、中宮彰子には紫式部《むらさきしきぶ》が仕えた。

現在の一条天皇陵の拝所
堀河天皇陵と同域

**【一条天皇陵】**

一条天皇は寛弘《かんこう》八年（一〇一一）七月に亡くなり火葬され遺骨は円城寺に安置された。天皇は父円融天皇陵の傍らに土葬する旨遺詔をしていたが実際には火葬され、九年後に遺骨は円融寺の北の円融天皇の火葬所の傍らに納められた。その後陵所は所在地不明となり文久の修陵で現在の地とされた。堀河天皇陵と同域。

## 第67代

# 三条《さんじょう》天皇陵

**陵　名**＝北山陵(きたやまのみささぎ)
**陵　形**＝円丘
**所在地**＝京都府京都市北区衣笠西尊上院町
**生没年**＝天延4年(976)～寛仁元年(1017)

**【三条天皇の系譜と事績】**

父は冷泉天皇、母は藤原超子である。居貞《おきさだ》親王は、寛弘《かんこう》八年(一〇一一)六月に一条天皇の譲位を承けて践祚(三条天皇)。

在位期間は内覧の藤原道長《みちなが》が権力を掌握していた。道長は自らの外孫敦成《あつひら》親王(後の後一条天皇)の皇位継承を図り、眼病を患った三条天皇に再三にわたって譲位を迫った。三条天皇は皇子の敦明《あつあきら》親王を皇太子とすることを条件に、長和《ちょうわ》五年(一〇一六)五月に譲位した。

大正期の三条天皇陵の拝所
(『山陵遥拝帖』)

**【三条天皇陵】**

三条天皇は寛仁《かんにん》元年(一〇一七)五月に亡くなり、同年五月十二日夜に入棺、船岡山の西石陰で火葬され北山の小寺中に遺骨が埋葬された。円墳で南面であった。

その後所在地が不明となり文久の修陵でも決定されず、明治二十二年(一八八九)六月に現在の陵地に決定された。

第68代

# 後一条天皇陵《ごいちじょうてんのうりょう》

**陵　名**＝菩提樹院陵（ぼだいじゅいんのみささぎ）
**陵　形**＝円丘
**所在地**＝京都府京都市左京区吉田神楽岡町
**生没年**＝寛弘５年（１００８）〜長元９年（１０３６）

## 【後一条天皇の系譜と事績】

父は一条天皇、母は藤原彰子（藤原道長の女）である。後朱雀天皇の同母兄にあたる。

長和《ちょうわ》五年（一〇一六）正月に敦成《あつひら》親王は三条天皇の譲位を受けて践祚（後一条天皇）。九歳であった。藤原道長が摂政となった後、その子頼《より》通《みち》が摂政・関白として執政した。

三条天皇は皇子の敦明《あつあきら》親王の立太子を譲位の条件としたが、道長は外祖父となるべく敦明親王を廃太子に追い込み、自らの孫の敦成親王に皇位を継承させた。

道長の三人の女はそれぞれ天皇の后となり（一条天皇の中宮彰子、三条天皇の皇后妍子、後一条天皇の中宮威子）、道長は栄華を極めた。

道長は威子の立后の日に自邸に臣下を集めて祝宴を開き、その席で「この世をば　我世とぞ思ふ望月の　かけたる事もなしと思へば」（『小《しょう》右記《ゆうき》』）と詠んだ。

## 【後一条天皇陵】

後一条天皇は長元《ちょうげん》九年（一〇三六）四月に亡くなり、神楽岡で火葬され遺骨は近くの浄土寺に安置された。火葬所の跡には石卒塔婆を建て周囲を木柵で囲んだ。翌年六月に母の藤原彰子が同所に菩提樹院を建て、長久元年（一〇四〇）十一月に遺骨を遷した。

後に所在地不明となるが、『文久山陵図』では「後一条帝火葬所」とするが、考証面を担当した谷森善臣は「菩提樹陵」（『山陵考』）、つまり後一条天皇陵とする。明治二十二年（一八八九）七月に火葬所から後一条天皇陵に改められた。

後一条天皇の女であり、後冷泉天皇の皇后章子内親王陵と同域である。

現在の後一条天皇陵の拝所

大正期の後一条天皇陵の拝所（『山陵遥拝帖』）

第69代

# 後朱雀《ごすざく》天皇陵

**陵　名**＝円乗寺陵（えんじょうじのみささぎ）
**陵　形**＝円丘
**所在地**＝京都府京都市右京区龍安寺朱山／龍安寺内
**生没年**＝寛弘６年（１００９）～寛徳２年（１０４５）

## 【後朱雀天皇の系譜と事績】

父は一条天皇、母は藤原彰子（藤原道長の女）である。後一条天皇の同母弟にあたる。

長元《ちょうげん》九年（一〇三六）四月に敦良《あつなが》親王は後一条天皇が亡くなったのを承けて践祚（後朱雀天皇）。

病により皇位を後朱雀天皇皇子親仁《ちかひと》親王に譲る（後冷泉天皇）と、頼通の意向に反して、三条天皇皇女禎子内親王との間に儲けた尊仁《たかひと》親王（後の後三条天皇）を皇太弟とし、藤原氏を外戚としない天皇への皇位継承の路を開いた。

## 【後朱雀天皇陵】

後朱雀天皇は寛徳《かんとく》二年（一〇四五）正月に亡くなり、香隆寺の乾の原で火葬され遺骨は仁和寺内の円教寺に蔵められた。その後天喜三年（一〇五五）十月に円教寺に新堂が建立され円乗寺と称し、これが陵名とされた。

『中右記』に円融天皇陵以下五～六代の陵が三条天皇陵の近くに存する旨の記録があるのを最後に記録がみられず、文久の修陵では龍安寺内の現在の地が後朱雀天皇陵として修補された。後冷泉・後三条天皇陵と同域。

# 第70代 後冷泉天皇陵《ごれいぜいてんのうりょう》

**陵　名**＝円教寺陵（えんきょうじのみささぎ）
**陵　形**＝円丘
**所在地**＝京都府京都市右京区龍安寺朱山／龍安寺内
**生没年**＝万寿２年（１０２５）〜治暦４年（１０６８）

**【後冷泉天皇の系譜と事績】**

父は後朱雀天皇、母は藤原嬉子（藤原道長の女）である。後三条天皇の異母兄にあたる。寛徳《かんとく》二年（一〇四五）正月、親仁《ちかひと》親王は後朱雀天皇の譲位を承けて践祚（後冷泉天皇）。

在位中末法《まっぽう》思想が広まり、頼通が宇治に建立した平等院《びょうどういん》阿弥陀堂もその影響によるものである。そして、永承《えいしょう》六年（一〇五一）に陸奥に前九年の役が起こり政情不安が増した。

皇后の藤原寛子（頼通の女）は皇嗣に恵まれず、藤原氏は天皇の外戚の地位を確保できなかった。ここに、内親王を母とし、摂関家を外戚としない天皇への路が開かれたことになる。

**【後冷泉天皇陵】**

後冷泉天皇は治暦《ちりゃく》四年（一〇六八）四月に亡くなり、船岡の西野で火葬されて遺骨は仁和寺内の円教寺に納められた。

『中右記《ちゅうゆうき》』には後冷泉天皇陵は後三条天皇陵の付近と記されているが、その後陵についての史料を欠く。文久の修陵に際しては、龍安寺内の現在の陵が後冷泉天皇陵として修補された。後朱雀・後三条天皇陵と同域である。

第71代

# 後三条天皇陵《ごさんじょう》

**陵　名**＝円宗寺陵（えんそうじのみささぎ）
**陵　形**＝円丘
**所在地**＝京都府京都市右京区龍安寺朱山／龍安寺内
**生没年**＝長元7年（1034）～延久5年（1073）

現在の後三条天皇陵の拝所。後朱雀天皇陵・後冷泉天皇陵と同域

## 【後三条天皇の系譜と事績】

父は後朱雀天皇、母は禎子内親王（陽明門院、三条天皇皇女）である。後冷泉天皇の異母弟にあたる。

後冷泉天皇が亡くなったことを承けて、尊仁《たかひと》親王は治暦《ちりゃく》四年（一〇六八）四月に践祚（後三条天皇）。

後三条天皇は、皇族が生母であったために藤原氏と外戚関係がなく親政を実現した。延久《えんきゅう》四年（一〇七二）十二月に貞仁親王に譲位（白河天皇）。

在位中のおもな施策は、延久元年（一〇六九）

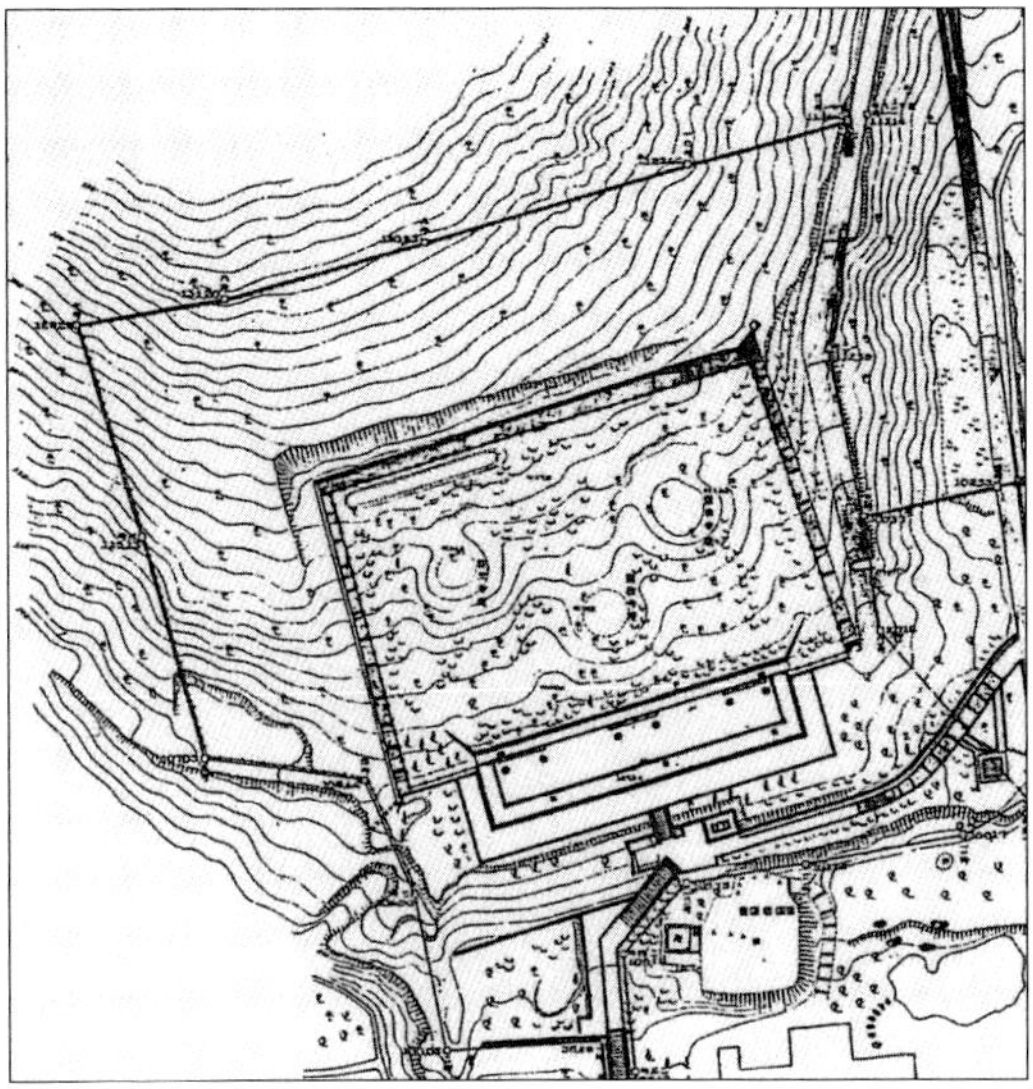

「後朱雀天皇円乗寺陵・後冷泉天皇円教寺陵・後三条天皇円宗寺陵之図」(『陵墓地形図集成』)

二月の荘園整理令と同年閏十月の記録《きろく》荘園《しょうえん》券《けん》契所《けいじょ》の設置、同四年九月の延久の宣旨枡《せんじます》の制定などである。

## 【後三条天皇陵】

後三条天皇は延久五年（一〇七三）五月に亡くなり、神楽岡南の原で火葬され、遺骨は禅林寺内の旧房に納められた。

その後所在地が不明となり、文久の修陵に際して龍安寺内の現在の地が後三条天皇陵として修補された。後朱雀・後冷泉天皇陵と同域である。

# 第72代 白河《しらかわ》天皇陵

**陵　名**＝成菩提院陵（じょうぼだいいんのみささぎ）
**陵　形**＝方丘
**所在地**＝京都府京都市伏見区竹田浄菩提院町
**生没年**＝天喜元年（1053）～大治4年（1129）

現在の白河天皇陵の拝所

**【白河天皇の系譜と事績】**

父は後三条天皇、母は藤原茂子である。後三条天皇の譲位を承けて、貞仁《さだひと》親王は延久《えんきゅう》四年（一〇七二）十二月に践祚（白河天皇）。後三条天皇を受け継いで承保《じょうほ》二年（一〇七五）以降、たびたび荘園整理令を発して国衙領の拡大につとめた。

応徳《おうとく》三年（一〇八六）十一月に皇子の善仁《たるひと》親王に譲位した（堀河天皇）。八歳であった。以降、白河上皇による院政によった。

永長《えいちょう》元年（一〇九六）八月には出家して法皇となり、国王の氏寺《うじでら》とうたわれた法勝寺《ほっしょうじ》をはじめとする多くの寺院を建立した。

また、院庁に北面の武士を置いた。院直属の武力であり、僧兵による強訴や源氏の勢力に対抗するためのものであった。

『文久山陵図』の「荒蕪」図／三重塔の基壇跡と思われる四角形の塚がみられる。

嘉祥《かしょう》二年（一一〇七）七月に堀河天皇が亡くなると、五歳の宗仁《むねひと》親王を即位させた（鳥羽天皇）が、保安《ほあん》四年（一一二三）正月に譲位させて鳥羽の皇子顕仁《あきひと》親王を皇位につけた（崇徳天

『文久山陵図』の「成功」図／塚の周囲に濠と外堤が築かれ、拝所が整備された。

大正期の白河天皇陵の拝所(『山陵遥拝帖』)

皇)。五歳であった。
この三代の間、白河法皇は治天《ちてん》の君《きみ》として絶大な権力をふるった。

**【白河天皇陵】**

白河法皇は大治四年(一一二九)七月に亡くなり、衣笠山の東麓の御墓所《ごむしょ》で火葬され、遺骨は香隆寺に仮に安置され、天承元年(一一三一)七月に遺骨は鳥羽の三重塔(成菩提院)の下の地中深くに納められた。この三重塔は建長元年(一二四九)に焼失し以降再建されず、その後所在地不明となった。文久の修陵で現在の地が白河天皇陵として修補された。

# 第73代 堀河天皇陵《ほりかわてんのうりょう》

**陵　名**＝後円教寺陵（のちのえんきょうじのみささぎ）
**陵　形**＝円丘
**所在地**＝京都府京都市右京区龍安寺朱山／龍安寺内
**生没年**＝承暦３年（１０７９）〜嘉承２年（１１０７）

**【堀河天皇陵】**

堀河天皇は、嘉祥《かしょう》二年（一一〇七）年七月に亡くなった。香隆寺の坤《ひつじさる》（西南）の野の山作所で火葬され、遺骨はいったん香隆寺の僧房に安置され、永久元年（一一一三）三月に仁和寺の円融院に遺骨を移して三重石塔が建てられた。後に所在地不明となり、文久の修陵に際して現在の地が堀河天皇陵として修補された。龍安寺の後山にあり一条天皇陵と同域である。

**【堀河天皇の系譜と事績】**

父は白河天皇、母は藤原賢子（関白藤原師実養女、実父は右大臣源顕房）である。

白河天皇の譲位を承けて、善仁《たるひと》親王は応徳《おうとく》三年（一〇八六）十一月に、立太子と同日に践祚（堀河天皇）。八歳であった。

白河上皇が院政を開始し、実権は上皇にあった。しかし、天皇の在位中は関白藤原師通《もろみち》や大江匡房《おおえのまさふさ》らの補佐をうけ、自らも政務をこなした。誠実な人柄であり「末代の賢王」（『続古事談』）と称された。

第74代

# 鳥《と》羽《ば》天皇陵

陵　名＝安楽寿院陵（あんらくじゅいんのみささぎ）
陵　形＝方形堂
所在地＝京都府京都市伏見区竹田内畑町
生没年＝康和5年（1103）〜保元元年（1156）

現在の鳥羽天皇陵の拝所

## 【鳥羽天皇の系譜と事績】

父は堀河天皇、母は藤原苡子である。嘉承《かしょう》二年（一一〇七）七月に、宗仁《むねひと》親王は堀河天皇が亡くなったのを承けて践祚（鳥羽天皇）。五歳であった。祖父の白河上皇による院政は本格化した。

保安《ほあん》四年（一一二三）正月に、子の顕仁《あきひと》親王に譲位（崇徳天皇）。その後大治《だいじ》四年（一一二九）七月に祖父の白河上皇が亡くなると、鳥羽上皇は治天《ちてん》の君《きみ》として院政を開始し崇徳・近衛・後白河天皇の三代二十八年にわたって実権を握った。

保延五年（一一三九）五月に藤原得子（美福門院）との間に体仁《なりひと》親王が生まれると、永治《えいじ》元年（一一四一）三月に出家して法皇となるとともに、同年十二月には崇徳天皇に譲位させ体仁親王が践祚した（近衛天皇）。さらに近衛天皇が亡くなると、雅仁《まさひと》親王を皇位につけた（後白河天皇）。

　また『古事談』は、崇徳天皇が実は白河法皇

『文久山陵図』の「荒蕪」図／焼失した三重塔の跡に築かれた仮の御堂が描かれている。

『文久山陵図』の「成功」図／法華堂が新造され、外壁も整備された。

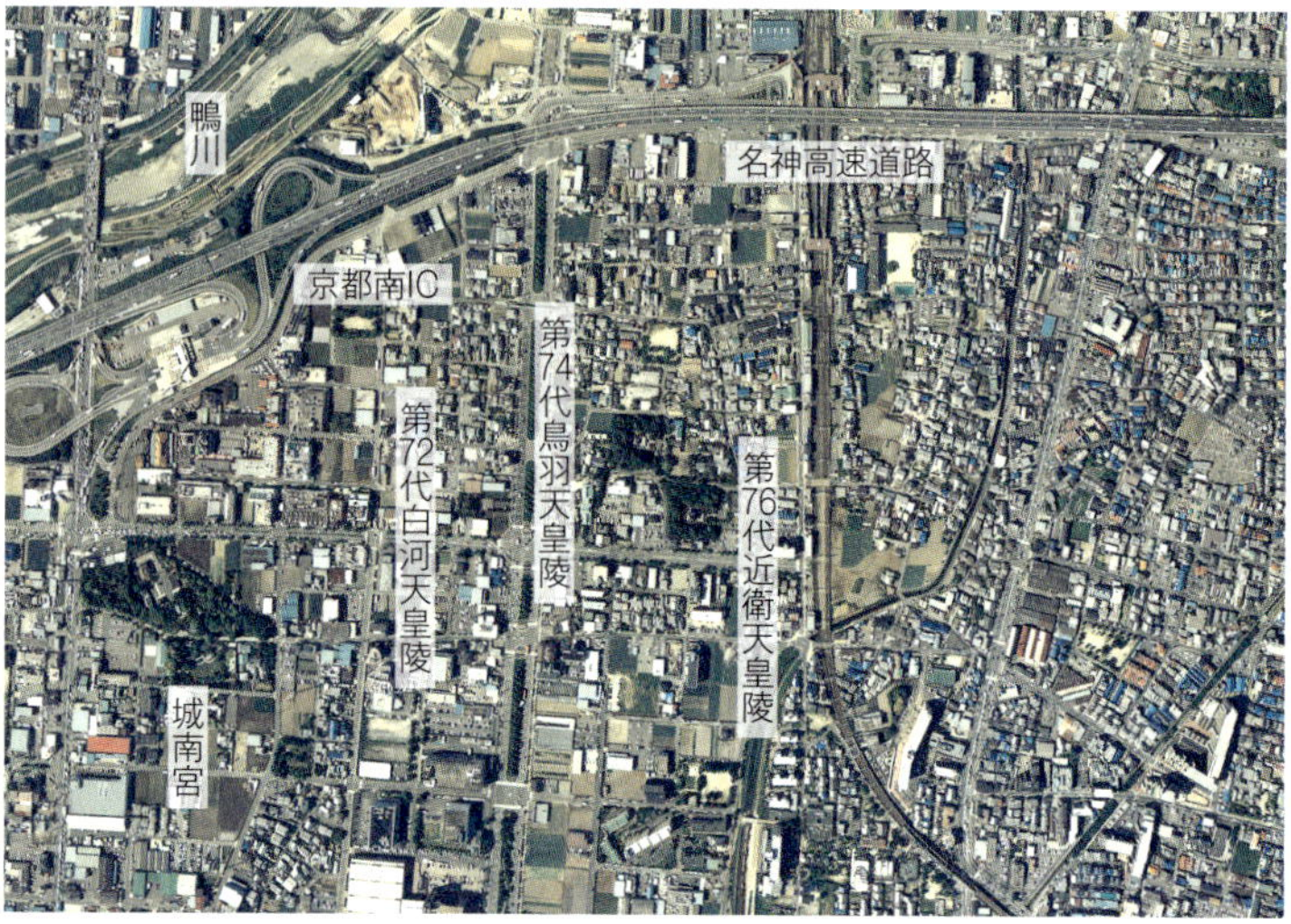

京都市伏見区周辺

と藤原璋子（待賢門院）との所生であり、鳥羽上皇は崇徳天皇を「叔父子」といって嫌っていたという。

## 【鳥羽天皇陵】

鳥羽天皇は、保元《ほうげん》元年（一一五六）七月に亡くなるが、遺骸は自身で鳥羽に造営し寿陵としていた三重塔の下に埋葬され、これが陵とされた。永仁四年（一二九六）八月に塔は焼失し、建武年間に再建されたものの天文十七年（一五四八）に再び焼失。慶長十七年（一六一二）九月に塔の跡に仮堂が建立され、その後所在地不明となった。元禄の修陵では近衛天皇陵と間違われたが、文久の修陵に際して現在の地が鳥羽天皇陵として修補され、法華堂も建立された。

第75代

# 崇《す》徳《とく》天皇陵

**陵　名**＝白峯陵（しらみねのみささぎ）
**陵　形**＝方丘
**所在地**＝香川県坂出市青海町
**生没年**＝元永2年（1119）〜長寛2年（1164）

## 【崇徳天皇の系譜と事績】

父は鳥羽天皇、母は藤原璋子（待賢門院）である。近衛天皇の異母兄、後白河天皇の同母兄にあたる。

保安《ほあん》四年（一一二三）正月に顕仁《あきひと》親王は鳥羽天皇の譲位を承けて践祚（崇徳天皇）。五歳であった。これは曾祖父白河法皇の意向によるもので、大治《だいじ》四年（一一二九）七月に法皇が亡くなると鳥羽上皇と崇徳天皇とは対立した。保延五年（一一三九）八月に鳥羽上皇と藤原得子（美福門院）の間に体仁《なりひと》親王が生まれると、永治元年（一一四一）十二月に体仁親王に譲位（近衛天皇）。保元《ほうげん》元年（一一五六）七月に鳥羽上皇が亡くなると藤原頼長・源為義・平忠正らを集めて挙兵した（保元の乱）が、崇徳上皇は後白河天皇側に敗れ讃岐に流され、長寛《ちょうかん》二年（一一六四）八月に亡くなった。

## 【崇徳天皇陵】

崇徳天皇は白峰（香川県坂出市）の山頂で火葬され、同所を陵とし御影堂を建立して崇徳天皇の木像を祀った。文久の修陵でも同地が崇徳天皇陵として修補された。明治元年（一八六八）に木像を京に迎え白峯宮が創建された。

# 第76代 近衛《このえ》天皇陵

**陵　名**＝安楽寿院南陵（あんらくじゅいんのみなみのみささぎ）
**陵　形**＝多宝塔
**所在地**＝京都府京都市伏見区竹田内畑町
**生没年**＝保延５年（１１３９）～久寿２年（１１５５）

**【近衛天皇の系譜と事績】**

父は鳥羽天皇、藤原得子（美福門院《びふくもんいん》）である。崇徳天皇の異母弟、後白河天皇の異母弟にあたる。

鳥羽上皇は、永治《えいじ》元年（一一四一）十二月に「叔父子」と嫌っていた崇徳天皇を譲位させ、わずか三歳の体仁《なりひと》親王を践祚させた（近衛天皇）。鳥羽天皇自身は出家して法皇として院政を展開した。

近衛天皇が元服すると、摂関家では藤原忠通・頼長兄弟の間で対立が激化し保元《ほうげん》の乱の原因となった。

近衛天皇は久寿《きゅうじゅ》二年（一一五五）七月、皇嗣がないまま十七歳で亡くなった。

**【近衛天皇陵】**

近衛天皇は船岡山（京都市北区）の西の山作所

現在の近衛天皇陵の拝所

大正期の近衛天皇陵の拝所
（『山陵遥拝帖』）

で火葬されて遺骨は知足院に安置された。火葬された所には墳丘が築かれ樹が植えられ濠も掘られた(近衛天皇火葬塚)。長寛元年(一一六三)十一月には遺骨が知足院から鳥羽東殿(京都市伏見区)の美福門院の多宝塔に納められた。塔は慶長《けいちょう》元年(一五九六)の地震により転倒したが、豊臣秀頼《とよとみひでより》の命で再建された。文久の修陵ではこれが近衛天皇陵として修補された。

『文久山陵図』の「荒蕪」図／慶長11年(1606)に再建された多宝塔が描かれている。

『文久山陵図』の「成功」図／多宝塔の周囲に木柵が整備された。

第77代

# 後白河天皇陵《ごしらかわ》

大正期の後白河天皇陵の拝所（『山陵遥拝帖』）

**陵　名**＝法住寺陵（ほうじゅうじのみささぎ）
**陵　形**＝方形堂
**所在地**＝京都府京都市東山区三十三間堂廻り町
**生没年**＝大治2年（1127）～建久3年（1192）

## 【後白河天皇の系譜と事績】

父は鳥羽天皇、母は藤原璋子（待賢門院）である。崇徳天皇の同母弟、近衛天皇の異母兄にあたる。

近衛天皇が十七歳で亡くなったため、雅仁《まさひと》親王は久寿《きゅうじゅ》二年（一一五五）七月に践祚（後白河天皇）。二十九歳であり、天皇の践祚としては充分であった。

これは、崇徳上皇あるいはその子が皇位に就くことを阻止しようとする鳥羽法皇の意向によるもので、崇徳上皇との対立がますます深まった。

そのため保元《ほうげん》元年（一一五六）七月に鳥羽法皇が亡くなると、後白河天皇は源義朝《よしとも》・平清盛《きよもり》らを動員して崇徳上皇方に勝利した（保元の乱）。

その在位中は藤原信西《しんぜい》（通憲《みちのり》）の重用、記録所の設置による荘園整理、寺社勢力の抑制等がなされた。

『文久山陵図』の「荒蕪」図／江戸時代に再建された法華堂が描かれている。

『文久山陵図』の「成功」図／法華堂の周囲に土塀が築かれた。

後白河天皇は保元三年(一一五八)八月に藤原懿子との間に生まれた守仁《もりひと》親王に譲位(二条天皇)した。それ以降、上皇あるいは法皇として、二条・六条・高倉・安徳・後鳥羽天皇の五代三十四年間にわたって院政を行ない、治天《ちてん》の君《きみ》として実権をもった。

平治《へいじ》元年(一一五九)十二月に源義朝と藤原信頼は清盛と信西を除くため挙兵したが失敗に終わった(平治の乱)。やがて後白河法皇と清盛は反目するようになり、そのため治承《じしょう》三年(一一七九)十一月後白河法皇は清盛によって鳥羽殿に幽閉された。

しかし、その翌年には平家打倒を目ざして諸国の源氏が挙兵し、元暦《げんりゃく》元年(一一八四)正月に平氏は京を追われ、翌年三月源義経《よしつね》の軍勢により壇ノ浦(山口県下関市)で滅ぼされた。

**【後白河天皇陵】**

建久三年(一一九二)三月に後白河法皇は六条殿で亡くなり、遺詔によって、遺骸は自ら建立していた蓮華王院東にある法華三昧堂の下に葬られた。

文久の修陵では法住寺法華堂が後白河天皇として修補されたが、そこが確かに後白河天皇陵であることを確認するために、元治元年(一八六四)に発掘調査までもがなされている。明治三十九年(一九〇六)三月に陵名が法住寺法華堂から法住寺陵に改められた。

# 第78代 二条天皇陵

**陵　名**＝香隆寺陵（こうりゅうじのみささぎ）
**陵　形**＝円丘
**所在地**＝京都府京都市北区平野八丁柳町
**生没年**＝康治２年（１１４３）～永万元年（１１６５）

## 【二条天皇の系譜と事績】

父は後白河天皇、母は藤原懿子である。高倉天皇の異母兄にあたる。

守仁《もりひと》親王は、保元《ほうげん》三年（一一五八）八月に後白河天皇の譲位を承けて践祚（二条天皇）。関白の藤原基実《もとざね》らと親政を行なったため、後白河上皇とは軋轢を生じた。

また『平家物語』は、近衛天皇皇后藤原多子を再び入内《じゅだい》させようと、反対する後白河法皇を押し切って二条天皇は入内を強行したとする。

永万《えいまん》元年（一一六五）六月、二歳の皇子順仁《のぶひと》親王に譲位（六条天皇）し、翌月に亡くなった。

## 【二条天皇陵】

二条天皇は香隆寺の東北の野で火葬され、遺骨は寺内の三昧堂に蔵められた。その葬儀は寂しいもので、「人数いくばくたらず」（『顕広王記』）という様子であった。

その後所在地不明となり、文久の修陵でも決定できなかった。

明治二十二年（一八八九）六月に、『中右記《ちゅうゆうき》』の記載から推定された良地が二条天皇陵として決定された。

第79代

# 六条天皇陵《ろくじょうてんのうりょう》

**陵　名**＝清閑寺陵（せいかんじのみささぎ）
**陵　形**＝円丘
**所在地**＝京都府京都市東山区清閑寺歌ノ中山町
**生没年**＝長寛２年（１１６４）～安元２年（１１７６）

## 【六条天皇の系譜と事績】

父は二条天皇、母は伊岐致遠の女である。

永万《えいまん》元年（一一六五）六月、順仁《のぶひと》親王は二条天皇の譲位を承けて践祚（六条天皇）。わずか二歳であった。

在位中は後白河法皇が執政した。

後白河法皇は仁安《にんあん》三年（一一六八）二月に五歳の六条天皇を譲位させ、法皇が平滋子との間にもうけた憲仁《のりひと》親王に皇位を継承させた（高倉天皇）。六条天皇は五歳であり、叔父にあたる高倉天皇は八歳であった。

六条天皇は安元《あんげん》二年（一一七六）七月に亡くなった。十三歳であった。

## 【六条天皇陵】

六条天皇陵は清閑寺（京都市東山区）の旧境内の山腹の高倉天皇陵の後にあり、高倉天皇陵と合わせてひとつの兆域を形づくっている。後世に所在地不明となり、元禄・享保年間には、清閑寺には高倉天皇陵はあるが六条天皇陵は不明とされた。

文久の修陵で現在の場所が六条天皇陵として修補された。

## 第80代

# 高倉《たかくら》天皇陵

**陵　名**＝後清閑寺陵（のちのせいかんじのみささぎ）
**陵　形**＝方丘
**所在地**＝京都府京都市東山区清閑寺歌ノ中山町
**生没年**＝永暦2年（1161）～治承5年（1181）

**【高倉天皇の系譜と事績】**

父は後白河天皇、母は平滋子（建春門院）である。

仁安《にんあん》三年（一一六八）二月、憲仁《のりひと》親王は六条天皇の譲位を承けて践祚（高倉天皇）。

高倉天皇は承安《じょうあん》二年（一一七二）二月に、平徳子（建礼門院、平清盛の女）を中宮に迎えるが、清盛と後白河法皇との関係は悪化していた。

治承《ちしょう》三年（一一七九）十一月には、清盛は後白河法皇を鳥羽殿に幽閉し、法皇の近臣を追放した。

高倉天皇は後白河法皇と義父清盛との関係を修復するため、翌年二月にわずか三歳の言仁《ときひと》親王に譲位（安徳天皇）し、養和元年（一一八一）正月に亡くなった。

**【高倉天皇陵】**

高倉天皇陵は清閑寺（京都市東山区）の旧境内の山腹にあり、六条天皇陵と同域である。高倉天皇の遺骸は清閑寺の法華堂に埋葬された。後に法華堂は失われたが祭祀は継続し、文久の修陵では同地が高倉天皇陵として修補された。

現在の高倉天皇陵の拝所

第81代

# 安徳《あんとく》天皇陵

**陵　名**＝阿彌陀寺陵（あみだじのみささぎ）
**陵　形**＝円丘
**所在地**＝山口県下関市阿弥陀寺町
**生没年**＝治承2年（1178）～寿永4年（1185）

現在の安徳天皇陵の拝所

## 【安徳天皇の系譜と事績】

父は高倉天皇、母は平徳子（建礼門院、平清盛の女）である。後鳥羽天皇の異母兄にあたる。

治承《ちしょう》四年（一一八〇）二月、言仁《ときひと》親王は高倉天皇の譲位を承けて践祚（安徳天皇）。三歳であった。

同年四月に以仁王《もちひとおう》は平氏追討の令旨を発し、源頼政《よりまさ》に続いて源頼朝《よりとも》や源義仲《よしなか》らが挙兵し各地で平氏と源氏の合戦が起きた。

寿永《じゅえい》二年（一一八三）七月に平氏は安徳天皇や神器を奉じて太宰府《だざいふ》から屋島《やしま》に逃れ行宮《かりみや》を営んだ。しかし、文治《ぶんじ》元年（一一八五）三月源義経の軍勢との戦いに敗れた平家は滅亡した。安徳天皇は二位尼《にいのあま》に抱かれて壇ノ浦（山口県下関市）に入水した。八歳であった。

**【安徳天皇陵】**

建久《けんきゅう》二年（一一九一）閏十二月に安徳天皇が亡くなった地に阿弥陀寺御影堂が建立され、安徳天皇の御影や平家の公卿・女房の絵障子等が置かれた。文久の修陵では安徳天皇陵は決定されず、明治八年（一八七五）十月に阿弥陀堂は廃され官幣中社として赤間宮と称された。明治二十二年（一八八九）七月に赤間宮境内の御影堂旧地が安徳天皇阿弥陀寺陵と定められ、同宮内の平家塚と称する石塔が安徳天皇陵付属地とされた。また、昭和十五年（一九四〇）八月には、赤間宮は官幣大社赤間神宮とされた。

また、赤間神宮の安徳天皇陵とは別に安徳天皇陵についての伝承は全国各地に散在し、そのなかのいくつかは明治以降宮内省・宮内庁によって管理された。つまり、今日いう越知陵墓参考地（高知県）・佐須陵墓参考地（長崎県）・花園陵墓参考地（熊本県）・宇倍野陵墓参考地（鳥取県）・西市陵墓参考地（山口県）である。

赤間神宮の水天門

大正期の安徳天皇陵の拝所（『山陵遥拝帖』）

第82代

# 後鳥羽《ごとば》天皇陵

**陵　名**＝大原陵（おおはらのみささぎ）
**陵　形**＝十三重塔
**所在地**＝京都府京都市左京区大原勝林院町
**生没年**＝治承4年（1180）～延応元年（1239）

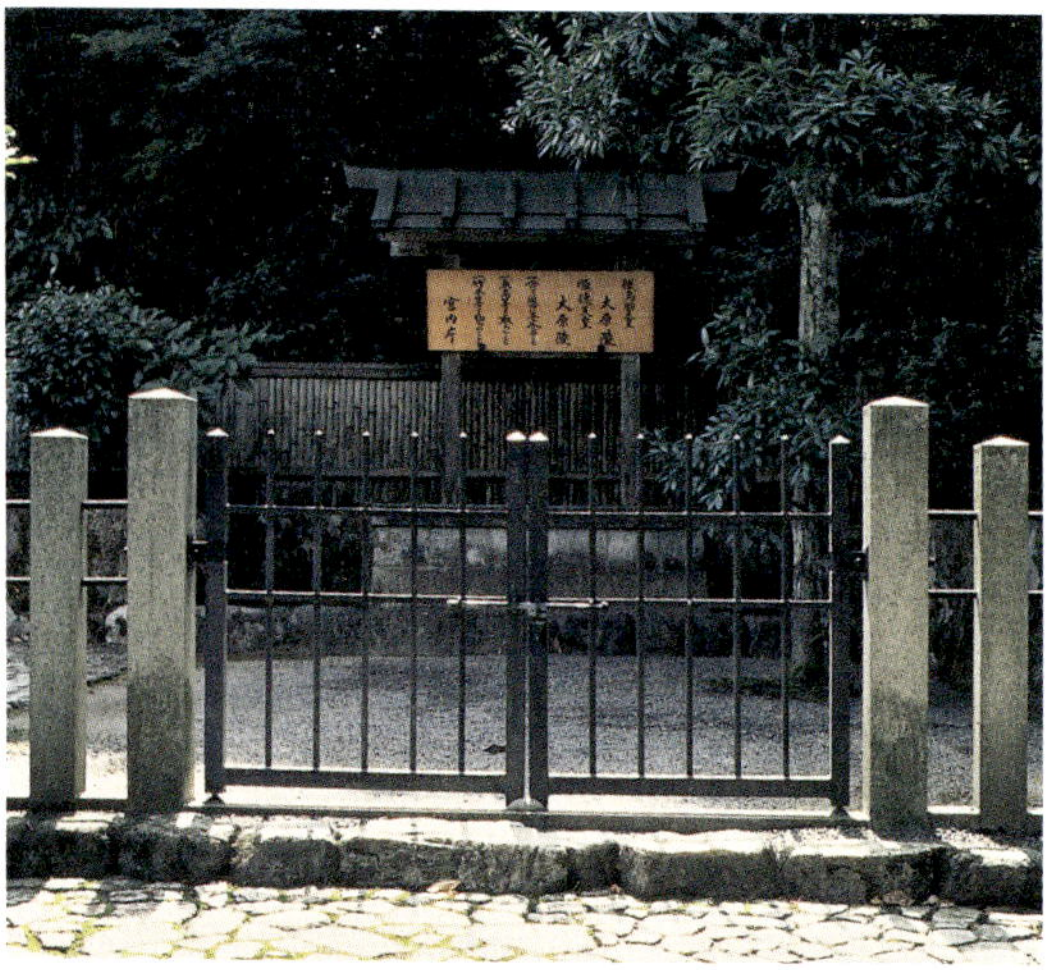

現在の後鳥羽天皇陵。順徳天皇陵と同域

## 【後鳥羽天皇の系譜と事績】

父は高倉天皇、母は藤原殖子である。安徳天皇の異母弟にあたる。

寿永《じゅえい》二年（一一八三）七月、安徳天皇が平氏に奉じられて西海に向ったため、同年八月に後白河法皇の詔によって尊成《たかなり》親王は神器のないまま践祚（後鳥羽天皇）。四歳であった。

建久《けんきゅう》三年（一一九二）三月に後白河法皇が亡くなり、後鳥羽天皇の親政となった。同九年（一一九八）正月、天皇は為仁《ためひと》親王に譲位し（土御門天皇）、上皇として院政を開始した。以後、院政は順徳・仲恭天皇の代に及んだ。

承久《じょうきゅう》元年（一二一九）正月、鎌倉幕府の三代将軍源実朝《さねとも》が暗殺されると、鎌倉幕府は後継の征夷大将軍として後鳥羽上皇の皇子を迎えようとした。しかし後鳥羽上皇がこれを拒否したため、九条頼経が東下し嘉禄二年（一二二六）正月に四代将軍となった。

『文久山陵図』の「荒蕪」図／勝林院境内にあった十三重塔が陵とされている。

『文久山陵図』の「成功」図／陵全体が木柵で囲まれ、拝所も整備された。

後鳥羽上皇は、順徳天皇や近臣たちと謀って武力による討幕計画をすすめ、承久《じょうきゅう》三年(一二二一)五月、京都守護職伊賀光季を討ち、諸国に執権《しっけん》の北条義時追討の宣旨《せんじ》を発して挙兵した(承久の乱)。

しかし東国武士でこれに応じる者はなく、翌月には京都は幕府軍によって占領され、後鳥羽上皇は鳥羽殿に幽閉され隠岐《おき》に、後鳥羽天皇に同調した順徳天皇は佐渡に、後鳥羽天皇の子の土御門天皇は、承久の乱に関与することはなく幕府から罪に問われることもなかったが自ら申し出て土佐に遷り、その後阿波に遷った。

**【後鳥羽天皇陵】**

延応《えんおう》元年(一二三九)二月に後鳥羽上皇は配所の隠岐で亡くなり、同所苅田の山中で火葬された。遺骨は京に移されて、大原の勝林院に安置された。その後上皇の皇子の尊快入道親王が勝林院の傍らに法華堂を建立し、遺骨が納められた。この御堂には、佐渡で亡くなった順徳天皇の遺骨も納められた。なお、文明三年(一四七一)二月には後花園天皇分骨塔が堂の前に建てられている。

その後に陵の所在地は不明となったが、元禄の修陵に際して勝林院境内の十三重の石塔が後鳥羽天皇陵とされた。文久の修陵では同地が大原法華堂として修補された。また明治二十二年(一八八九)六月に石塔の背後の高台を法華堂の跡とし、順徳天皇の陵とした。

ちなみに、後鳥羽天皇火葬塚は島根県隠岐郡海士町に、順徳天皇火葬塚は新潟県佐渡市にある。

## 第83代

# 土御門天皇陵《つちみかど》

陵　名＝金原陵（かねがはらのみささぎ）
陵　形＝八角丘
所在地＝京都府長岡京市金ヶ原金原寺
生没年＝建久6年（1195）～寛喜3年（1231）

### 【土御門天皇の系譜と事績】

父は後鳥羽天皇、母は源在子である。順徳天皇の異母兄にあたる。

建久《けんきゅう》九年（一一九八）正月に後鳥羽天皇の譲位を承けて践祚（土御門天皇）。四歳であった。承元《じょうげん》四年（一二一〇）十一月には守成《もりなり》親王に譲位（順徳天皇）した。

承久《じょうきゅう》の乱では後鳥羽上皇は配流されたが、土御門上皇は計画に関与しなかったため幕府から処罰されることはなかったが、土御門上皇は自ら申し出て土佐へ配流され、後に阿波に遷った。

現在の土御門天皇陵の拝所

### 【土御門天皇陵】

土御門天皇は、寛喜《かんぎ》三年（一二三一）十月に配所の阿波で亡くなり同所で火葬され、遺骨は天福元年（一二三三）十二月に山城国金原に建立された法華堂に移された。後世所在地が不明となるが、文久の修陵に際して金原法華堂として修補された。

徳島県鳴門市大麻町池谷に土御門天皇を祭神とする阿波神社があり、境内に火葬塚がある。

第84代

# 順徳《じゅんとく》天皇陵

**陵　名**＝大原陵（おおはらのみささぎ）
**陵　形**＝円丘
**所在地**＝京都府京都市左京区大原勝林院町
**生没年**＝建久8年（1197）〜仁治3年（1242）

現在の順徳天皇陵。後鳥羽天皇陵と同域

## 【順徳天皇の系譜と事績】

父は後鳥羽天皇、母は藤原重子である。土御門天皇の異母弟にあたる。

承元《じょうげん》四年（一二一〇）十一月、守成《もりなり》親王は土御門天皇の譲位を承けて践祚（順徳天皇）。

在位中は後鳥羽上皇の院政下にあった。宮中の行事や儀式の研究に傾倒して『禁秘抄《きんぴしょう》』を著わし、後世の有職故実研究に大きな影響を与えた。

承久《じょうきゅう》三年（一二二一）四月に順徳天皇は、懐成《かねなり》親王に譲位した（仲恭天皇）後に後鳥羽上皇の幕府討幕の挙兵計画に加わり（承久の乱）、その敗北によって佐渡に流され、仁治《にんじ》三年（一二四二）九月に同地で亡くなった。

## 【順徳天皇陵】

順徳天皇は崩御の翌日に配所の佐渡真野山で火葬され、遺骨は京都の勝林院境内の後鳥羽天皇陵に納められた。

新潟県佐渡市真野の火葬塚は、真野御陵《まののみささぎ》として古来より地元の崇敬の対象となっている。

（192ページ、「後鳥羽天皇陵」の項を参照）

## 第85代 仲恭《ちゅうきょう》天皇陵

**陵名**＝九条陵（くじょうのみささぎ）
**陵形**＝円丘
**所在地**＝京都府京都市伏見区深草本寺山町
**生没年**＝建保6年（1218）〜天福2年日（1234）

### 【仲恭天皇の系譜と事績】

父は順徳天皇、母は藤原立子である。

後鳥羽上皇の幕府討幕計画に参画するために順徳天皇が譲位したのを承けて、懐成《かねなり》親王は承久三年（一二二一）四月に践祚（仲恭天皇）。四歳であった。その翌月には承久の乱が起こった。

仲恭天皇は在位期間も短く即位礼も大嘗祭《だいじょうさい》も行わず、「半帝」「九条廃帝」などとされた。仲恭天皇と追諡《ついし》されたのは、明治三年（一八七〇）七月である。

大正期の仲恭天皇陵の拝所（『山陵遥拝帖』）

### 【仲恭天皇陵】

仲恭天皇陵については何も伝わっておらず、文久の修陵でも不明とされた。

明治二十二年（一八八九）六月、仲恭天皇が譲位後に住んでいた九条殿に陵が決定された。

また平塚飄斎《ひらつかひょうさい》著『陵墓一隅抄』は伏見街道沿いの廃帝塚を仲恭天皇陵としたが、同所は今日では東山本町陵墓参考地（京都府京都市東山区本町）とされているが、そこに「該当御方」として想定されているのは仲恭天皇である（昭和二十四年十月「陵墓参考地一覧」）。

第86代

# 後堀河《ごほりかわ》天皇陵

**陵　名**＝観音寺陵（かんおんじのみささぎ）
**陵　形**＝円丘
**所在地**＝京都府京都市東山区今熊野泉山町／泉涌寺内
**生没年**＝建暦2年（1212）～天福2年（1234）

**【後堀河天皇の系譜と事績】**

父は守貞《もりさだ》親王（高倉天皇の皇子）、母は藤原陳子である。

承久の乱により仲恭天皇が廃されたため、後鳥羽上皇の子孫ではない茂仁《ゆたひと》親王が幕府の意向により承久三年（一二二一）七月に践祚（後堀河天皇）。十歳であった。

現在の後堀河天皇陵の拝所

父の守貞親王に太上天皇の尊号が奉られ後高倉院として院政がなされた。貞永《じょうえい》元年（一二三二）十月に後堀河天皇は二歳の秀仁《みつひと》親王に譲位（四条天皇）し、院政を行った。

**【後堀河天皇陵】**

後堀河天皇は文暦《ぶんりゃく》元年（一二三四）八月に亡くなり、東山観音寺傍の法華堂に土葬された。その後所在地不明となり、蒲生君平《がもうくんぺい》著『山陵志』（文化五年〈一八〇八〉）は「今熊野の観音寺の地に在り」とし、文久の修陵でもこれが踏襲された。

現在の四条天皇陵の拝所

第87代

# 四《し》条《じょう》天皇陵

陵　名＝月輪陵（つきのわのみささぎ）
陵　形＝九重塔
所在地＝京都府京都市東山区今熊野泉山町／泉涌寺内
生没年＝寛喜3年（1231）～仁治3年（1242）

## 【四条天皇の系譜と事績】

父は後堀河天皇、母は藤原竴子（九条道家の女）である。

秀仁《みつひと》親王は、貞永《じょうえい》元年（一二三二）十月に、後堀河天皇の譲位を承けて践祚（四条天皇）。二歳であった。

在位中は後堀河上皇の院政により、上皇が亡くなってからは、九条教実・九条道家・九条兼経が摂政となった。

仁治《にんじ》三年（一二四二）正月、近習の者や女房をすべらせようとして御所の板敷に粉を塗っておいたところ、誤って自身がすべったのが原因で亡くなった。十二歳であった。

**【四条天皇陵　泉涌寺陵】**

四条天皇は、泉涌寺《せんにゅうじ》（京都市東山区）の後山にあたる月輪山の山裾に造営された陵所に埋葬された。

四条天皇陵が泉涌寺に営まれたことについて直接説明する史料はないが、『増鏡』は、四条天皇がまだ幼い頃に自らの前生を泉涌寺開山の俊芿と仰せられたとの説を載せる。

以降泉涌寺には、四条天皇陵のあと、後水尾天皇・明正天皇・後光明天皇・後西天皇・霊元天皇・東山天皇・中御門天皇・桜町天皇・桃園天皇・後桜町天皇・後桃園天皇・光格天皇・仁孝天皇・孝明天皇の江戸時代の天皇とその皇后の陵や火葬塚、分骨所、灰塚、また皇妃・皇子らの墓が営まれた。

承応《じょうおう》三年（一六五四）九月に後光明天皇が、父の後水尾天皇に先立って亡くなると、それまでの火葬が改められて土葬とされ、四条天皇陵の地に合わせて奉葬された。以後に記した通り各天皇とその皇后の陵所とされた。

泉涌寺に営まれた天皇陵は、石造の九重塔の様式とされている。

幕末期に高まった尊王論の影響を受けて山陵復活の機運が高まり、孝明天皇陵は、同じ月輪山の山腹に高塚式の陵が後月輪東山陵として造営されたが、喪儀の内容や陵の形状とも仏教色を排したものであった。

正式な陵名は、明治十二年（一八七九）三月に、四条天皇から後桃園天皇までを月輪陵、光格・仁孝天皇は後月輪陵とされた。

なお、後光厳天皇から後陽成天皇までの天皇のうち深草北陵に埋葬された九方の天皇は、泉涌寺にて火葬されている。

『文久山陵図』の「荒蕪」図／歴代天皇の九重塔を囲む木柵と唐門が見える。石段の下には手水所がある。

『文久山陵図』の「成功」図／陵域を囲む木柵が木塀になり、唐門に続く石段と参道は廊が新造されている。

第88代

# 後嵯峨《ごさが》天皇陵

## 【後嵯峨天皇の系譜と事績】

父は土御門天皇、母は源通子である。

四条天皇は十二歳で亡くなったため皇嗣がなく、皇位継承問題がおきた。

九条道家《くじょうみちいえ》は順徳天皇の皇子忠成王《ただなりおう》の擁立を図ったが、幕府は承久《じょうきゅう》の乱で挙兵に参画した順徳天皇の皇子が皇位を継承することを拒み、挙兵に関与しなかった土御門天皇の皇子の邦仁《くにひと》親王を推した。

こうして邦仁親王は、仁治《にんじ》三年（一二四二）正月に践祚（後嵯峨天皇）。この間の皇位の空白は十一日間であった。

**陵　名**＝嵯峨南陵（さがのみなみのみささぎ）
**陵　形**＝方形堂
**所在地**＝京都府京都市右京区嵯峨天龍寺芒ノ馬場町／天龍寺内
**生没年**＝承久２年（１２２０）〜文永９年（１２７２）

後嵯峨天皇は、在位四年で自らの皇子の久仁《ひさひと》親王に譲り（後深草天皇）、以降、後深草・亀山天皇の二代二十六年間にわたって治天の君として院政をしいた。

## 【後嵯峨天皇陵】

後嵯峨天皇は文永《ぶんえい》九年（一二七二）二月に亡くなり、遺詔によって亀山殿の別院薬草院で火葬され、遺骨は浄金剛院《じょうこんごういん》に仮に安置された。新たに法華堂が建立されるとそこに納められた。浄金剛院には亀山天皇の遺骨を納めた法華堂もあったが、後に所在地不明となった。

谷森《たにもり》善臣《よしおみ》著『山陵考』は、天龍寺の庫裡《くり》の北あたりを後嵯峨・亀山天皇陵とし、文久の修陵の際には浄金剛院法華堂として同地が修補された。『文久山陵図』の「荒蕪」図には舎利殿と経殿が描かれているが、「成功」図では檜皮葺の法華堂が東西に並ぶ。東が後嵯峨天皇陵、西が亀山天皇陵である。亀山天皇の庇護を受けたとの寺伝により、東本願寺が費用を献上した。

『文久山陵図』の「荒蕪」図／舎利殿と経殿がみえる。

『文久山陵図』の「成功」図／東（右）が後嵯峨天皇陵、西（左）が亀山天皇陵。

第89代

# 後深草天皇陵《ごふかくさ》

**陵　名**＝深草北陵（ふかくさのきたのみささぎ）
**陵　形**＝方形堂
**所在地**＝京都府京都市伏見区深草坊町
**生没年**＝寛元元年（1243）〜嘉元2年（1304）

現在の後深草天皇陵の拝所

## 【後深草天皇の系譜と事績】

父は後嵯峨天皇、母は藤原姞子（大宮院）である。亀山天皇の同母兄にあたる。

寛元《かんげん》四年（一二四六）正月、久仁親王は後嵯峨天皇の譲位を承けて践祚（後深草天皇）。四歳であった。持明院統の最初の天皇である。

在位中は後嵯峨上皇による院政であったが、鎌倉幕府による朝廷への介入は厳しさを増した。建長《けんちょう》四年（一二五二）四月には異母兄の宗《むね》尊《たか》親王が宮将軍として鎌倉にくだった。

後深草天皇は正元《しょうげん》元年（一二五九）十一月に後嵯峨上皇の命で同母弟の恒仁《つねひと》親王に譲位（亀

山天皇）した。さらに、文永《ぶんえい》五年（一二六八）八月、これも後嵯峨上皇の意向で、後深草上皇の皇子ではなく、亀山天皇皇子の世仁《よひと》親王が立太子した。

文永九年（一二七二）二月、後嵯峨上皇は治《ち》天《てん》の君《きみ》の決定権を鎌倉幕府に委ねると遺命して

『文久山陵図』の「荒蕪」図／元禄期に再建された法華堂がある。

『文久山陵図』の「成功」図／法華堂が建て替えられ、陵域が土塀で囲われた。

亡くなった。しかし幕府は後深草上皇と亀山天皇のいずれを治天の君とするかについて、二方の生母大宮院にたずねたが、それは、後嵯峨上皇は亀山天皇を望んでいたというものであった。これに拠って、文永《ぶんえい》十一年（一二七四）正月に亀山天皇は世仁親王に譲位（後宇多天皇）し、院政を開始した。

以降、後深草上皇の皇統（持明院統）と亀山天皇の皇統（大覚寺統）の対立が始まる。

**【後深草天皇陵　深草法華堂】**

後深草天皇は、嘉元《かげん》二年（一三〇四）七月に亡くなった。遺命により火葬され、遺骨は安楽行院の仏壇下に納められた。翌年八月に法華堂の落慶供養がなされ遺骨が移された。

後に十二帝陵・深草十二帝陵・深草法華堂とされるこの堂には、後深草天皇以降、伏見天皇・後伏見天皇・後光厳天皇・後円融天皇・後小松天皇・称光天皇・後土御門天皇・後柏原天皇・後奈良天皇・正親町天皇・後陽成天皇の十二方の陵が営まれた。なお、このうち後光厳天皇から後陽成天皇に至る九方は、泉涌寺で火葬された後に深草法華堂に納骨されている。

その後、深草法華堂は焼失・再建を繰り返したが、『文久山陵図』の「荒蕪」図にみえる法華堂は元禄年間に再建されたものと思われる。「成功」図にみられるように、文久の修陵では新造され、鳥居も建てられている。

明治三十九年（一九〇六）三月には仁明天皇深草陵の北方に存することから、陵名が深草法華堂から深草北陵に改められた。

第90代

# 亀山《かめやま》天皇陵

**陵　名**＝亀山陵（かめやまのみささぎ）
**陵　形**＝方形堂
**所在地**＝京都府京都市右京区嵯峨天龍寺芒ノ馬場町／天龍寺内
**生没年**＝建長元年（１２４９）～嘉元三年（１３０５）

## 【亀山天皇の系譜と事績】

父は後嵯峨天皇、母は西園寺姞子（大宮院）である。後深草天皇の同母弟にあたる。

正元《しょうげん》元年（一二五九）十一月、恒仁《つねひと》親王は後嵯峨天皇の意向を体して後深草天皇の譲位を承けて践祚（亀山天皇）。

文永《ぶんえい》九年（一二七二）二月、後嵯峨上皇は治天《ちてん》の君《きみ》の決定権を鎌倉幕府に委ねると遺命して亡くなった。幕府は大宮院に上皇の意向をたずねたが、後嵯峨上皇は亀山天皇を考えていたとのことで、文永十一年（一二七四）正月に亀山天皇は世仁親王に譲位（後宇多天皇）し、亀山上皇が治天の君として院政を開始した。以降、後深草上皇の皇統（持明院統）と亀山天皇の皇統（大覚寺統）の対立が始まる。亀山上皇の院政中に二度の蒙古襲来（元寇、文永・弘安の役）があった。

## 【亀山天皇陵】

亀山天皇は嘉元《かげん》三年（一三〇五）九月に離宮亀山殿で亡くなり、その裏山で火葬された。遺骨は遺命により浄金剛院・南禅寺・高野山に分けて納められ、浄金剛院が本陵とされた。

（202ページ、「後嵯峨天皇陵」の項を参照）

第91代

# 後宇多天皇陵《ごうだ》

**陵　名**＝蓮華峯寺陵（れんげぶじのみささぎ）
**陵　形**＝方形堂 五輪塔
**所在地**＝京都府京都市右京区北嵯峨朝原山町
**生没年**＝文永4年（1267）〜元亨4年（1324）

**【後宇多天皇の系譜と事績】**

父は亀山天皇、母は藤原佶子である。

後嵯峨上皇の意向を体して文永《ぶんえい》十一年（一二七四）正月、世仁《よひと》親王は亀山天皇の譲位を承けて践祚（後宇多天皇）。八歳であった。在位中は亀山上皇による院政が行われ、二度の蒙古襲来（文永・弘安の役）があった。

後深草上皇にとっては、亀山上皇にはじまる皇統（大覚寺統）に皇位が継承されたことが不満であった。そのため鎌倉幕府は、後宇多天皇の皇太子に後深草上皇の皇子熙仁《ひろひと》親王を立てた。弘安《こうあん》十年（一二八七）十月には後宇多天皇は熙仁親王に譲位（伏見天皇）し、以降、後深草上皇による院政が開始された。

ところが、永仁六年（一二九八）七月に伏見天皇は自らの皇子胤仁親王に譲位（後伏見天皇）。その後、伏見天皇の皇太子に立てられたのが後宇多天皇の皇子（邦治親王）で、正安三年（一三〇一）正月に後伏見天皇の譲位を承けて邦治親王が践祚する（後二条天皇）と、後宇多天皇が院政を開始した。

**【後宇多天皇陵】**

後宇多天皇は、正中《しょうちゅう》元年（一三二四）六月に大覚寺で亡くなり、広沢池の北の蓮華峰寺《れんげぶじ》の傍の山地で火葬された。遺骨は蓮華峰寺の五輪塔に納められ、以後大覚寺が陵の祭祀にあたり、

文久の修陵でも同所が後宇多天皇陵として修補された。

『文久山陵図』の「荒蕪」図／法華堂のなかに五輪塔があるという。

『文久山陵図』の「成功」図／陵域の周囲に新たに石垣が築かれ、拝所が整備された。

# 第92代 伏見《ふしみ》天皇陵

**陵　名**＝深草北陵（ふかくさのきたのみささぎ）
**陵　形**＝方形堂
**所在地**＝京都府京都市伏見区深草坊町
**生没年**＝文永2年（1265）～文保元年（1317）

## 【伏見天皇の系譜と事績】

父は後深草天皇、母は藤原愔子である。

弘安《こうあん》十年（一二八七）十月、後宇多天皇の譲位を承けて熙仁《ひろひと》親王が践祚（伏見天皇）。

正応《しょうおう》二年（一二八九）四月に自らの皇子である胤仁《たねひと》親王（後の後伏見天皇）を皇太子としたため、大覚寺統とはなお対立が続いた。その翌年の三月、甲斐源氏の浅原為頼父子が天皇・皇太子を殺害しようとして宮中に侵入し、果たせず自害する事件が起きた。

永仁《えいにん》六年（一二九八）七月、伏見天皇は胤仁親王に譲位して（後伏見天皇）自らは院政を行った。

## 【伏見天皇陵】

伏見天皇は文保《ぶんぽう》元年（一三一七）九月に亡くなり、深草において火葬された後に、遺骨は深草法華堂に納められた。

（204ページの「後深草天皇陵」の項を参照）

第93代

# 後伏見天皇陵《ごふしみてんのうりょう》

**陵　名**＝深草北陵（ふかくさのきたのみささぎ）
**陵　形**＝方形堂
**所在地**＝京都府京都市伏見区深草坊町
**生没年**＝弘安11年（1288）～建武3年（1336）

**【後伏見天皇の系譜と事績】**

父は伏見天皇。母は藤原経子、養母は藤原鐔子である。花園天皇の異母兄にあたる。

永仁《えいにん》六年（一二九八）七月、伏見天皇の譲位を承けて胤仁親王が践祚（後伏見天皇）。伏見上皇による院政が始まるが、正安《しょうあん》三年（一三〇一）正月には後伏見天皇は大覚寺統の邦治《くにはる》親王に譲位（後二条天皇）した。在位は二年半に過ぎなかった。

延慶《えんきょう》元年（一三〇八）八月、後二条天皇が病で亡くなると伏見天皇皇子の富仁《とみひと》親王が践祚（花園天皇）し、再び伏見上皇の院政が行なわれた。

正和《しょうわ》二年（一三一三）十月に伏見上皇の出家に先立って後伏見上皇による院政が始められた。

その後、文保二年（一三一八）二月に大覚寺統の尊治親王が践祚する（後醍醐天皇）と、後宇多上皇の院政が開始された。

**【後伏見天皇陵】**

後伏見天皇は建武《けんむ》三年（一三三六）四月に持明院で亡くなると、嵯峨野で火葬され遺骨は深草法華堂に納められた。

（204ページの「後深草天皇陵」の項を参照）

第94代

# 後《ご》二《に》条《じょう》天皇陵

**陵名**＝北白河陵（きたしらかわのみささぎ）
**陵形**＝円丘
**所在地**＝京都府京都市左京区北白川追分町
**生没年**＝弘安８年（１２８５）～徳治３年（１３０８）

**【後二条天皇の系譜と事績】**

父は後宇多天皇、母は源基子である。後醍醐天皇の異母兄にあたる。

伏見・後伏見天皇と持明院統の天皇が続いたことについて、大覚寺統では後嵯峨上皇の遺詔に反すると鎌倉幕府に申し立てた。

正安《しょうあん》三年（一三〇一）正月、邦治《くにはる》親王は後伏見天皇の譲位を承けて践祚（後二条天皇）。在位中は後宇多上皇の院政によるが、延慶《えんきょう》元年（一三〇八）八月に後二条天皇は亡くなった。

大正期の後二条天皇陵の拝所
（『山陵遥拝帖』）

**【後二条天皇陵】**

後二条天皇は高倉殿で亡くなった後、北白川殿で火葬されてその跡に墳丘が造られて陵所とされた。その後陵所は荒廃したが、里俗に「福《ふく》塚（泓《ふく》塚）」とされ、元禄の修陵では後二条天皇陵とされ、文久の修陵でもこれが踏襲された。

その西南に接して、後二条天皇皇子邦良親王墓がある。

第95代

# 花園《はなぞの》天皇陵

**陵　名**＝十楽院上陵（じゅうらくいんのうえのみささぎ）
**陵　形**＝円丘
**所在地**＝京都府京都市東山区粟田口三条坊町
**生没年**＝永仁5年（1297）～正平3年（1348）

**【花園天皇の系譜と事績】**

父は伏見天皇、母は藤原季子である。後伏見天皇の異母弟にあたる。

延慶《えんきょう》元年（一三〇八）八月、後二条天皇が亡くなったあとを承けて富仁《とみひと》親王が践祚（花園天皇）。在位中は伏見上皇・後伏見上皇が院政をおこなった。

鎌倉幕府による大覚寺統と持明院統が交互に皇位に就く（両統迭《てつ》立）という案（文保の和談）は紛糾したが、文保二年（一三一八）二月、花園天皇は尊治《たかはる》親王に譲位した（後醍醐天皇）。

大正期の花園天皇陵の拝所（『山陵遥拝帖』）

**【花園天皇陵】**

花園天皇は貞和《じょうわ》四年（一三四八）十一月に亡くなった。十楽院の上の山で火葬された。その後所在不明となり、元禄の修陵では妙心寺境内の開山堂とされ、蒲生君平著『山陵志』（文化五年〈一八〇八〉）は十楽院の所在地を黒谷として花園天皇陵もそこにあるとしたが、文久の修陵では現在の地を花園天皇陵として修補した。

第96代

# 後醍醐《ごだいご》天皇陵

**陵　名**＝塔尾陵（とうのおのみささぎ）
**陵　形**＝円丘
**所在地**＝奈良県吉野郡吉野町大字吉野山字塔ノ尾／如意輪寺内
**生没年**＝正応元年（1288）〜延元4年（1339）

**【後醍醐天皇の系譜と事績】**

父は後宇多天皇、母は藤原忠子である。後二条天皇の異母弟にあたる。

文保《ぶんぽう》二年（一三一八）二月、尊治《たかはる》親王は花園天皇の譲位を承けて践祚（後醍醐天皇）。元亨《げんこう》元年（一三二一）十二月に後宇多上皇の院政を廃して親政を開始した。

後醍醐天皇は倒幕を計画したが事前に漏洩して、正中《しょうちゅう》元年（一三二四）九月に六波羅探題《ろくはらたんだい》に襲われた（正中の変）。

しかし後醍醐天皇は討幕を断念せず、元弘《げんこう》二年（一三三二）三月、後醍醐天皇は幕府に捕らえられ隠岐に配流となった（元弘の乱）。

新田義貞《にったよしさだ》らの挙兵によって鎌倉幕府が滅亡すると、後醍醐天皇は幕府の擁立した持明院統の光厳天皇を廃し、建武《けんむ》の新政《しんせい》を開始した。

後醍醐天皇は、記録所・雑訴決断所《ざつそけつだんじょ》・武者所《むしゃどころ》などを置いたが、論功行賞の不公平などにより武士や公家の間に新政に対する批判が起こった。

建武二年（一三三五）七月に北条時行《ときゆき》が蜂起し（中先代《なかせんだい》の乱）、続いて足利尊氏も反旗をひるがえした。このため後醍醐天皇は同三年十二月、吉野に潜幸して吉野朝廷（南朝）を樹立した。

後醍醐天皇は自らの皇子たちを各地に遣して

態勢の挽回と京都の奪還をはかったが、戦局は好転せず南朝方の勢力は衰退した。

延元《えんげん》四年（一三三九）八月十五日、後醍醐天皇は義良《のりよし》親王に譲位（後村上天皇）し、翌日に亡くなった。

現在の後醍醐天皇陵の拝所

『安政山陵図』に描かれた後醍醐天皇陵

**【後醍醐天皇陵】**


後醍醐天皇陵は、如意輪寺《にょいりんじ》の後山の北面する円墳である。多くの天皇陵が南面するなかで後醍醐天皇陵が北面するのは、『太平記』が「玉骨《ぎょくこつ》ハ縦《たとい》南山《なんざん》ノ苔《こけ》ニ埋《うず》ルトモ、魂魄《こんぱく》ハ常《つね》ニ北闕《ほくけつ》ノ天《てん》ヲ望《のぞ》マント思フ」とした上で、「円丘《えんきゅう》ヲ高《たか》ク築《きずき》テ、北向《きたむき》ニ葬《ほうむ》リ奉《たてまつ》ル」とすることからよく察することができる。

当陵は吉野山の御陵守護人によって守護され、文久の修陵でも塔尾陵として修補された。

# 第97代 後村上天皇陵《ごむらかみ》

**陵　名**＝檜尾陵（ひのおのみささぎ）
**陵　形**＝円丘
**所在地**＝大阪府河内長野市寺元／観心寺内
**生没年**＝嘉暦３年（１３２８）〜正平23年（１３６８）

## 【後村上天皇の系譜と事績】

父は後醍醐天皇、母は阿野廉子である。

南朝方が戦力において劣勢のなか、義良《のりよし》親王は延元《えんげん》四年（一三三九）八月十五日に後醍醐天皇の譲位を承けて践祚（後村上天皇）。後醍醐天皇は翌日に亡くなった。

正平《しょうへい》三年（一三四八）正月、北朝方の高師直《こうのもろなお》の軍によって吉野行宮《よしのあんぐう》が焼き払われ、後村上天皇は紀伊に逃れ大和賀名生《やまとあのう》に行宮を遷した。

そのころ、足利尊氏《たかうじ》とその弟の直義《ただよし》との対立が激しくなり（観応の擾乱）、正平六＝観応《かんのう》二年（一三五一）十一月には後村上天皇によって崇光天皇が廃され、北朝の年号（観応）も停められた（正平の一統）。しかし翌年三月、南朝方が鎌倉・京都の奪還のため攻撃を開始し一統は破れた。後村上天皇が北朝の光厳・光明・崇光上皇を賀名生に連れ去ったことによって、幕府は同年八月に弥仁《いやひと》親王を即位させた（後光厳天皇）。

その後、後村上天皇は、河内の金剛寺、観心寺、また摂津住吉に行宮を移し抗戦を続けた。

## 【後村上天皇陵】

後村上天皇は、正平二十三年（一三六八）三月に住吉で亡くなり観心寺の後山に葬られた。観心寺は行宮でもあったため陵を崇敬し守護してきた。

近世においても当所が後村上天皇陵であると

され、文久の修陵でも後村上天皇陵として修補された。

現在の後村上天皇陵の拝所

## 第98代 長慶天皇陵《ちょうけい》

**陵　名**＝嵯峨東陵（さがのひがしのみささぎ）
**陵　形**＝円丘
**所在地**＝京都府京都市右京区嵯峨天龍寺角倉町
**生没年**＝興国４年（１３４３）～応永元年（１３９４）

### 【長慶天皇の系譜と事績】

父は後村上天皇、母は嘉喜門院と考えられる。名は寛成《ゆたなり》。

後村上天皇が亡くなった正平《しょうへい》二十三年（一三六八）の前後の践祚と考えられる。

在位中、摂津住吉、大和吉野、河内天野山金剛寺、大和栄山寺と行宮《あんぐう》を遷した。

もっとも長慶天皇については、近世から在位・非在位の議論が闘わされており、明治期にもその決着はつかなかった。大正に入って、花山院長親著『畊雲千首《こううんせんしゅ》』の古写本が発見されその奥書によって皇位にあったことが明らかとなり、大正十五年（一九二六）十月に皇統加列についての詔書が発布された。

現在の長慶天皇陵の拝所

## 【長慶天皇陵】

長慶天皇が応永元年（一三九四）八月に亡くなったことは知られるが、その陵がどこにあるかについては史料がない。しかし、その在位が詔書によって認められた以上、その陵が問題となるのは当然である。

そこで宮内省では宮内大臣の諮問機関として臨時陵墓調査委員会を置き、長慶天皇の晩年における動向とその側近の動向を調査するとともに、全国各地の長慶天皇陵伝承について実地調査を含めた審議を行ない、長慶天皇陵の所在地の確認につとめた。

しかし、長慶天皇陵を見出すことはできなかった。そこで臨時陵墓調査委員会は、長慶天皇皇子の海門《かいもん》承朝《じょうちょう》が居住し、かつ長慶天皇の終焉の地でその後は供養所となったと推定される天龍寺（京都市右京区）の塔頭《たっちゅう》慶寿院を長慶天皇陵として宮内大臣に答申し、これに基づいて昭和十九年（一九四四）二月十一日（紀元節）、慶寿院址が長慶天皇陵とされた。

## 第99代 後亀山《ごかめやま》天皇陵

**陵　名**＝嵯峨小倉陵（さがのおぐらのみささぎ）
**陵　形**＝五輪塔
**所在地**＝京都府京都市右京区嵯峨鳥居本小坂町
**生没年**＝　～応永31年（1424）

**【後亀山天皇の系譜と事績】**

父は後村上天皇、母は嘉喜門院と考えられる。弘和《こうわ》三年（一三八三）頃、熙成《ひろなり》親王は長慶天皇の譲位を承けて践祚した（後亀山天皇）と考えられる。

『聖蹟図志』に描かれた後亀山天皇陵

元中《げんちゅう》九年（一三九二）閏十月に、足利義満から南北朝合一についての条件提示があり、後亀山天皇はこれを受諾し京都にもどった。三種の神器は後小松天皇に渡され、ここに南北朝合一が成った。

応永《おうえい》元年（一三九四）二月、後亀山天皇は足利義満と天龍寺ではじめて対面した。同月中には後亀山天皇に太上天皇の尊号が奉られたが、応永四年（一三九七）十一月に尊号を辞退し、その後出家した。

**【後亀山天皇陵】**

蒲生君平著『山陵志』（文化五年〈一八〇八〉）は、「愛宕に登る其の途に僧院あり、福田寺陵と号す、後亀山陵在る所なり」とし、福田寺址の石塔が後亀山天皇陵とされ、文久の修陵でもこれが踏襲された。

北朝初代

# 光厳《こうごん》天皇陵

**陵　名**＝山国陵（やまくにのみささぎ）
**陵　形**＝円丘
**所在地**＝京都府京都市右京区京北井戸町丸山（常照皇寺内）
**生没年**＝正和２年（１３１３）～貞治３年（１３６４）

**【光厳天皇の系譜と事績】**

父は後伏見天皇、母は藤原寧子（広義門院）である。光明天皇の同母兄にあたる。

元徳《げんとく》三年（一三三一）九月に幕府に擁立されて、神器がないまま量仁《かずひと》親王が践祚（光厳天皇）。二年後に鎌倉幕府が滅亡して後醍醐天皇による建武《けんむ》の新政《しんせい》が始まると、光厳天皇は廃され上皇となった。

しかし建武の新政が失敗して足利尊氏が勢力を挽回すると、光厳上皇は同母弟の豊仁《とよひと》親王を践祚させ（光明天皇）院政をしいた。上皇の院政は崇光天皇の代におよんだ。

正平《しょうへい》七＝文和《ぶんわ》元年（一三五二）六月、南朝方が光厳・光明・崇光上皇を賀名生へ連れ去り、以降南朝の拠点を転々とした。光厳上皇は同年八月に出家した。

『文久山陵図』の光厳天皇陵・後花園天皇陵「成功」図／巨石が石垣と木柵で囲まれ、拝所と参道が整備された。

**【光厳天皇陵】**

光厳天皇は晩年を丹波国山国常照寺（後に常照皇寺）で過ごし貞治三年（一三六四）七月に同寺で亡くなり、その翌日に常照寺の後山で火葬されてその地が陵とされ、常照寺によって祭祀されてきた。遺命により、陵は石塔を置かずに楓・柏・椿などが植樹された。文久の修陵でも同地が後花園天皇陵とあわせて「光厳帝後花園帝山国陵」として修補された。

（227ページの「後花園天皇陵」の項を参照）

北朝2代

# 光明天皇陵《こうみょうてんのうりょう》

**陵　名**＝大光明寺陵（だいこうみょうじのみささぎ）
**陵　形**＝円丘
**所在地**＝京都府京都市伏見区桃山町泰長老
**生没年**＝元亨元年（1321）〜康暦2年（1380）

## 【光明天皇の系譜と事績】

父は後伏見天皇、母は藤原寧子（広義門院《こうぎもんいん》）である。光厳天皇の同母弟にあたる。

建武《けんむ》三年（一三三六）五月、足利尊氏《たかうじ》は湊川《みなとがわ》合戦で楠木正成《くすのきまさしげ》らを破り、光厳上皇に奏請し、同年八月に豊仁《とよひと》親王は光厳上皇の猶子として践祚（光明天皇）。同年十二月に後醍醐天皇は京都を脱して吉野に移り、ここに南北朝は対立した。光明天皇は貞和《じょうわ》四年（一三四八）十月、光厳天皇皇子興仁《おきひと》親王に譲位（崇光天皇）した。

## 【光明・崇光天皇陵】

光明天皇は康暦二年（一三八〇）六月、大和長谷寺で亡くなり、母広義門院の御願寺である伏見大光明寺に遺骨が納められた。崇光天皇は応永五年（一三九八）正月に伏見殿で亡くなり、大光明寺で火葬され遺骨は同寺に納められた。

その後陵所は荒廃し、豊臣秀吉の伏見城築城によって大光明寺は移転され、光明天皇陵・崇光天皇陵も所在地不明となった。

元禄の修陵では、光明天皇は摂津勝尾寺で亡くなったとの説が採用されて、光明天皇陵も勝尾寺に存するとされた。文久の修陵では『文久山陵図』には図は収められていないものの、多額の費用がかけられ、勝尾寺に守戸（現地の管理人）も置かれたが、明治二十二年（一八八九）六月に現在の地、つまり崇光天皇陵の東に光明

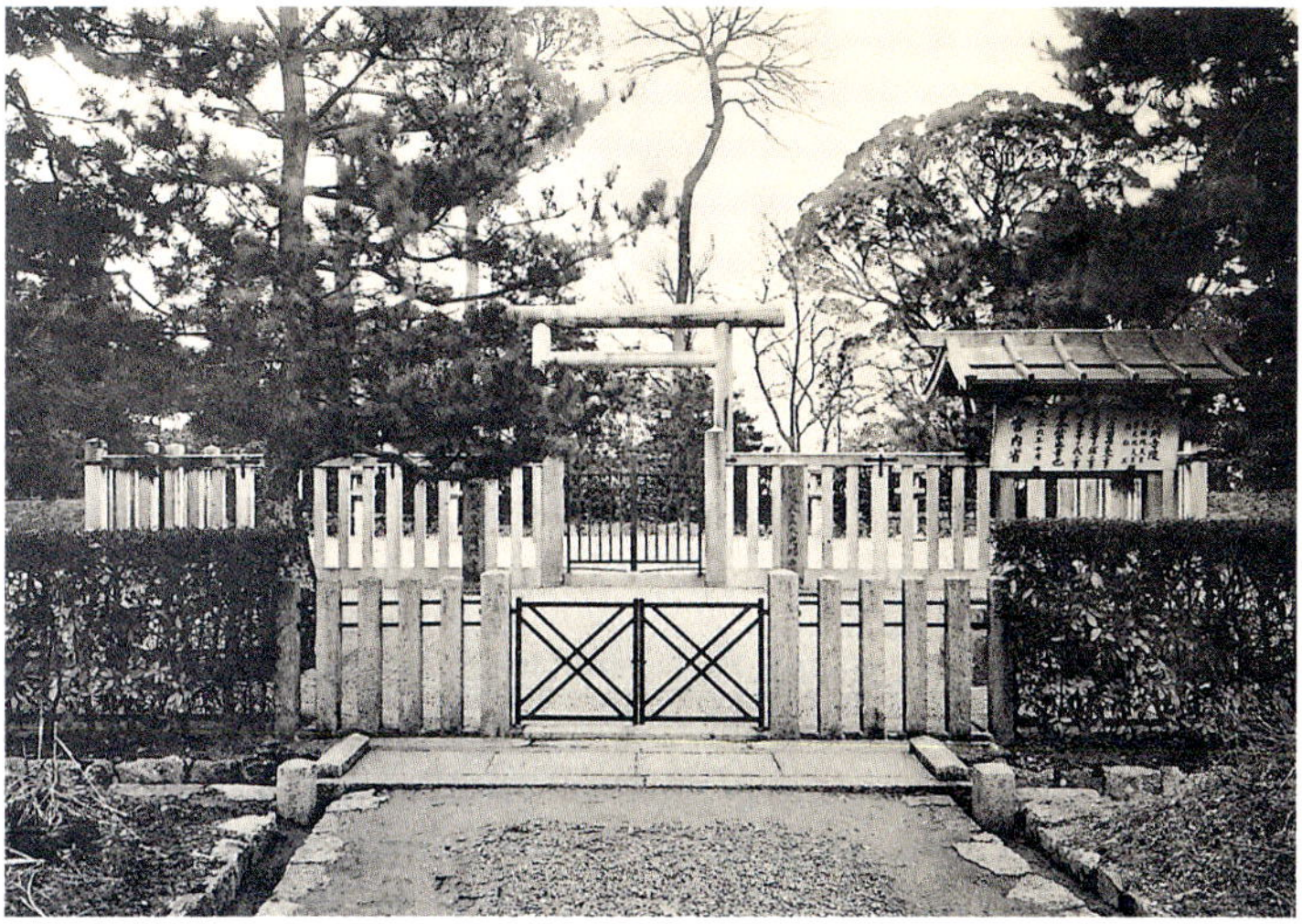

大正期の光明・崇光天皇陵の拝所（『山陵遥拝帖』）

天皇陵が決定された。

今日では光明天皇陵と崇光天皇陵は同域で東西に並び、東が光明天皇陵、西が崇光天皇陵であり、ともに北面する。

## 北朝3代 崇《す》光《こう》天皇陵

**陵　名**＝大光明寺陵（だいこうみょうじのみささぎ）
**陵　形**＝円丘
**所在地**＝京都府京都市伏見区桃山町泰長老
**生没年**＝建武元年（1334）〜応永5年（1398）

**【崇光天皇の系譜と事績】**

父は光厳天皇、母は藤原秀子である。後光厳天皇の同母兄にあたる。

光明天皇の譲位を承けて、興仁《おきひと》親王は貞和《じょうわ》四年（一三四八）十月に践祚（崇光天皇）。しかし、足利尊氏《あしかがたかうじ》と直義《ただよし》兄弟の抗争が激化（観応《かんのう》の擾乱《じょうらん》）して尊氏が一時的に南朝と和睦したため、崇光天皇は観応二年（一三五一）十一月に後村上天皇によって廃された。

**【崇光天皇陵】**

崇光天皇は応永五年（一三九八）正月に伏見殿で亡くなり、遺骸は大光明寺に移されて火葬された。元禄の修陵では所在地不明であったが、文久の修陵では現在の地が崇光天皇陵として修補された。

（222・223ページの「光明・崇光天皇陵」の項を参照）

北朝4代

## 後光厳《ごこうごん》天皇陵

**陵　名**＝深草北陵（ふかくさのきたのみささぎ）
**陵　形**＝方形堂
**所在地**＝京都府京都市伏見区深草坊町
**生没年**＝建武5年（1338）～応安7年（1374）

**【後光厳天皇の系譜と事績】**

父は光厳天皇、母は藤原秀子である。

文和《ぶんな》元年（一三五二）六月、後村上天皇は京都の奪回に失敗したため、光厳・光明・崇光上皇を連れて大和賀名生《やまとあのう》に遷った。そのため室町幕府は、広義門院の命によって同年八月に十五歳の弥仁《いやひと》を親王宣下も経ずに践祚させた（後光厳天皇）。

その後、応安《おうあん》元年（一三六八）十二月に、足利《あしかが》義満《よしみつ》が征夷大将軍とされ、応安四年（一三七一）

三月、緒仁《おひと》親王に譲位した（後円融天皇）。

**【後光厳天皇陵】**

後光厳天皇は亡くなった後に泉涌寺で火葬され、遺骨は深草十二帝陵とされる法華堂に納められた。

（204ページの「後深草天皇陵」の項参照）

北朝5代

# 後円融《ごえんゆう》天皇陵

**陵　名**＝深草北陵（ふかくさのきたのみささぎ）
**陵　形**＝方形堂
**所在地**＝京都府京都市伏見区深草坊町
**生没年**＝延文3年（1358）～明徳4年（1393）

**【後円融天皇の系譜と事績】**

父は後光厳天皇、母は藤原仲子である。

応安《おうあん》四年（一三七一）年三月、緒仁《おひと》親王は後光厳天皇の譲位を承けて践祚（後円融天皇）。

後円融天皇は永徳《えいとく》二年（一三八二）四月に、幹仁《もとひと》親王に譲位（後小松天皇）し院政をしいた。しかし、その実は足利義満が実権を握ったものであった。

**【後円融天皇陵】**

後円融天皇は亡くなった後に泉涌寺で火葬され、遺骨は深草十二帝陵とされる法華堂に納められた。

（204ページの「後深草天皇陵」の項参照）

第100代

# 後小松《ごこまつ》天皇陵

**陵　名**＝深草北陵（ふかくさのきたのみささぎ）
**陵　形**＝方形堂
**所在地**＝京都府京都市伏見区深草坊町
**生没年**＝永和３年（１３７７）～永享５年（１４３３）

## 【後小松天皇の系譜と事績】

父は後円融天皇、母は藤原厳子である。

永徳《えいとく》二年（一三八二）四月、幹仁《もとひと》親王は後円融天皇の譲位を承けて践祚（後小松天皇）。六歳であった。

元中《げんちゅう》九＝明徳《めいとく》三年（一三九二）閏十月、義満の南北朝合一の条件を後亀山天皇は受諾した。三種の神器は北朝の後小松天皇に渡され、ここに両朝は合一した。

後円融上皇が亡くなった後は後小松天皇の親政が開始されたが、皇室の実権は足利義満《あしかがよしみつ》が握っていた。

応永《おうえい》十五年（一四〇八）五月の義満の没後は天皇の権威は回復され、同十九年（一四一二）八月に、後小松天皇は躬仁《みひと》親王に譲位した（称光天皇）。

## 【後小松天皇陵】

後小松天皇は亡くなった後に泉涌寺で火葬され、遺骨は深草十二帝陵とされる法華堂に納められた。

（２０４ページの「後深草天皇陵」の項参照）

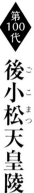

第101代

# 称光《しょうこう》天皇陵

**陵　名**＝深草北陵（ふかくさのきたのみささぎ）
**陵　形**＝方形堂
**所在地**＝京都府京都市伏見区深草坊町
**生没年**＝応永８年（１４０１）～正長元年（１４２８）

**【称光天皇の系譜と事績】**

父は後小松天皇、母は藤原資子である。応永《おうえい》十九年（一四一二）八月、躬仁《みひと》親王は後小松天皇の譲位を承けて践祚（称光天皇）。母方の日野一族との関係で足利将軍家との結びつきが強かった。

在位中は後小松上皇の院政であった。称光天皇には嗣子がなかったので、崇光天皇皇子栄仁親王の皇子の貞成親王（後崇光院）の皇子彦仁王が後小松上皇の猶子となっていた。正長《しょうちょう》元年（一四二八）七月に称光天皇は亡くなった。二十八歳であった。これを承けて彦仁王は、親王宣下も立太子の儀もないまま同月のうちに践祚（後花園天皇）。

**【称光天皇陵】**

称光天皇は亡くなった後に泉涌寺で火葬され、遺骨は深草十二帝陵とされる法華堂に納められた。

（２０４ページの「後深草天皇陵」の項参照）

第102代

# 後花園《ごはなぞの》天皇陵

**陵　名**＝後山国陵（のちのやまくにのみささぎ）
**陵　形**＝宝篋印塔
**所在地**＝京都府京都市右京区京北井戸町丸山／常照皇寺内
**生没年**＝応永26年（１４１９）～文明２年（１４７０）

【後花園天皇の系譜と事績】

父は伏見宮第三代貞成《さだふさ》親王（後崇光院）、母は源幸子である。

彦仁《ひこひと》王は後小松上皇の猶子となっており、皇嗣がないまま称光天皇が亡くなったため、正長元年（一四二八）七月に践祚（後花園天皇）。

寛正《かんしょう》五年（一四六四）七月、成仁《ふさひと》親王に譲位（後土御門天皇）し院政をしき、応仁元年（一四六七）九月に出家した。

【後花園天皇陵】

後花園天皇は文明二年（一四七〇）十二月に亡くなり、翌年の正月に上京の悲田院《ひでんいん》で火葬された。遺命によって遺骨は常照寺《じょうしょうじ》後山の光厳天皇陵の側に納められ、宝篋印塔《ほうきょういんとう》が建立された光厳天皇陵とともに常照寺によって祭祀された。文久の修陵でも現在の場所が後花園天皇陵として修補された。

（220ページの「光厳天皇陵」の項を参照）

第103代

# 後土御門《ごつちみかど》天皇陵

陵名＝深草北陵（ふかくさのきたのみささぎ）
陵形＝方形堂
所在地＝京都府京都市伏見区深草坊町
生没年＝嘉吉2年（1442）～明応9年（1500）

【後土御門天皇の系譜と事績】

父は後花園天皇、母は藤原信子である。

寛正《かんしょう》五年（一四六四）七月に、成仁《ふさひと》親王は後花園天皇の譲位を承けて践祚（後土御門天皇）。

応仁《おうにん》元年（一四六七）正月に応仁の乱の戦端が開かれると、後土御門天皇と後花園上皇は足利義政の室町第に移り、また、京都市街の過半が兵火で灰燼に帰し、皇室や公家の所領も地方武士によって多くが侵された。

後土御門天皇は、応仁の乱のために中断を余儀なくされていた朝儀の再興に努めた。

【後土御門天皇陵】

後土御門天皇は明応九年（一五〇〇）九月に亡くなると四十四日の間黒戸御所に遺骸が安置され、その後泉涌寺で火葬されて、遺骨は深草十二帝陵とされる法華堂に納められた。

（204ページの「後深草天皇陵」の項参照）

## 第104代 後柏原《ごかしわばら》天皇陵

**陵　名**＝深草北陵（ふかくさのきたのみささぎ）
**陵　形**＝方形堂
**所在地**＝京都府京都市伏見区深草坊町
**生没年**＝寛正5年（1464）〜大永6年（1526）

【後柏原天皇の系譜と事績】

父は後土御門天皇、母は源朝子である。明応《めいおう》九年（一五〇〇）十月に、勝仁《かつひと》親王は後土御門天皇が亡くなったのを承けて践祚（後柏原天皇）。即位礼のための費用の調達が困難を極め、管領細川政元は「即位礼無益なり」とまで述べた。将軍足利義植や本願寺光兼らの献金で、践祚後二十二年を経た大永《だいえい》元年（一五二一）四月になってようやく即位礼が行われた。

後柏原天皇は大永六年（一五二六）四月に亡くなった。

**【後柏原天皇陵】**

後柏原天皇は亡くなった後に泉涌寺で火葬され、遺骨は深草十二帝陵とされる法華堂に納められた。

（204ページの「後深草天皇陵」の項参照）

## 第105代 後奈良《ごなら》天皇陵

**陵　名**＝深草北陵（ふかくさのきたのみささぎ）
**陵　形**＝方形堂
**所在地**＝京都府京都市伏見区深草坊町
**生没年**＝明応5年（1496）～弘治3年（1557）

**【後奈良天皇の系譜と事績】**

父は後柏原天皇、母は藤原藤子である。

大永《だいえい》六年（一五二六）四月、知仁《ともひと》親王は後柏原天皇が亡くなった後を承けて践祚（後奈良天皇）。

後奈良天皇は後柏原天皇の大喪と自らの践祚をともに挙行する必要があったが、費用の欠乏に悩んだ。践祚は大永六年四月二十九日、大喪は五月三日、即位礼は天文五年（一五三六）二月であった。即位礼は周防の大内氏、越前の朝倉氏の献上に拠ったが、践祚から十年も後のことであった。

後奈良天皇は、弘治三年（一五五七）九月に亡くなった。

**【後奈良天皇陵】**

後奈良天皇は亡くなった後に泉涌寺で火葬され、遺骨は深草十二帝陵とされる法華堂に納められた。

（204ページの「後深草天皇陵」の項参照）

## 第106代 正親町《おおぎまち》天皇陵

陵　名＝深草北陵（ふかくさのきたのみささぎ）
陵　形＝方形堂
所在地＝京都府京都市伏見区深草坊町
生没年＝永正14年（1517）～文禄2年（1593）

【正親町天皇の系譜と事績】

父は後奈良天皇、母は藤原栄子である。

弘治《こうじ》三年（一五五七）十月、方仁《みちひと》親王は後奈良天皇が亡くなった後を承けて践祚（正親町天皇）。

在位期間のはじめ頃、皇室経済は引き続き逼迫していたが、織田信長《おだのぶなが》の入京後は武家との関係は改善し、内裏の修理や朝儀の復興が進んだ。

正親町天皇は天正十四年（一五八六）十一月に和仁《かずひと》親王に譲位（後陽成天皇）し、文禄二年（一五九三）正月に亡くなった。

【正親町天皇陵】

正親町天皇は亡くなった後に泉涌寺で火葬され、遺骨は深草十二帝陵とされる法華堂に納められた。

（２０４ページの「後深草天皇陵」の項参照）

## 第107代 後陽成《ごようぜい》天皇陵

陵　名＝深草北陵（ふかくさのきたのみささぎ）
陵　形＝方形堂
所在地＝京都府京都市伏見区深草坊町
生没年＝元亀2年（1571）～元和3年（1617）

【後陽成天皇の系譜と事績】

父は誠仁《さねひと》親王（正親町天皇皇子）、母は藤原晴子である。

正親町天皇はその皇子誠仁親王に譲位の意思

があったが、天正十四年（一五八六）七月に誠仁親王が亡くなったため、その子の周仁《かたひと》親王が正親町天皇の譲位を承けて践祚（後陽成天皇）。

在位中は、豊臣秀吉《とよとみひでよし》の邸宅聚楽第《じゅらくだい》への行幸、秀吉による天下統一、関ヶ原《せきがはら》の戦での徳川家康《とくがわいえやす》の勝利等といった大変革期にあたった。

慶長《けいちょう》年間に起きた猪熊教利《いのくまのりとし》による宮中密通事件について、朝廷はその処罰を徳川家康に委ねた。これ以降、幕府による朝廷への介入が強化されることとなる。

慶長十六年（一六一一）三月に政仁《ことひと》親王へ譲位（後水尾天皇）し、院政をしいた。

**【後陽成天皇陵】**

後陽成天皇は元和三年（一六一七）八月に亡くなった。その後に泉涌寺で火葬され、遺骨は深草十二帝陵とされる法華堂に納められた。

（204ページの「後深草天皇陵」の項参照）

## 第108代 後水尾《ごみずのお》天皇陵

**陵　名**＝月輪陵（つきのわのみささぎ）
**陵　形**＝九重塔
**所在地**＝京都府京都市東山区今熊野泉山町／泉涌寺内
**生没年**＝文禄5年（1596）～延宝8年（1680）

**【後水尾天皇の系譜と事績】**

父は後陽成天皇、母は藤原前子である。

慶長《けいちょう》十六年（一六一一）三月、政仁《ことひと》親王は後陽成天皇の譲位を承けて践祚（後水尾天皇）。

元和《げんな》六年（一六二〇）六月、将軍徳川秀忠《とくがわひでただ》の女和子《かずこ》（東福門院《とうふくもんいん》）を女御《にょうご》とし（後に中宮）、女一宮をもうけた。

後水尾天皇は寛永《かんえい》六年(一六二九)十一月に、突然女一宮興子《おきこ》内親王へ譲位した(明正天皇)。

後水尾天皇の在位中は、「禁中《きんちゅう》並《ならびに》公家《くげ》諸法度《しょはっと》」が制定されるなど、幕府による朝廷支配が強化された時期であった。

以降後水尾上皇は、明正・後光明・後西・霊元天皇の四代にわたって院政をしいた。

後水尾天皇は、延宝八年(一六八〇)八月に亡くなった。

**【後水尾天皇陵】**

後水尾天皇は亡くなった後、泉涌寺内の月輪陵に葬られた。

(199ページの「四条天皇陵」の項を参照)

第109代

# 明正《めいしょう》天皇陵

**陵　名**＝月輪陵(つきのわのみささぎ)
**陵　形**＝九重塔
**所在地**＝京都府京都市東山区今熊野泉山町／泉涌寺内
**生没年**＝元和9年(1623)～元禄9年(1696)

**【明正天皇の系譜と事績】**

父は後水尾天皇、母は徳川和子である。後光明・後西・霊元天皇の異母姉にあたる。

興子《おきこ》内親王は、寛永《かんえい》六年(一六二九)十一月に後水尾天皇の譲位を承けて践祚(明正天皇)。七歳であった。奈良時代の称徳天皇以来の女帝である。

かくて徳川家は皇室の外戚となった。在位中は後水尾上皇の院政下にあった。

寛永二十年(一六四三)十月、紹仁《つぐひと》親王に譲位(後光明天皇)。以後、五十四年間を仙洞御所《せんとうごしょ》で過ごした。

明正天皇は元禄九年（一六九六）十一月に亡くなった。

**【明正天皇陵】**

明正天皇は亡くなった後、泉涌寺内の月輪陵に葬られた。

（199ページの「四条天皇陵」の項を参照）

## 第110代 後《ご》光《こう》明《みょう》天皇陵

**陵　名**＝月輪陵（つきのわのみささぎ）
**陵　形**＝九重塔
**所在地**＝京都府京都市東山区今熊野泉山町／泉涌寺内
**生没年**＝寛永10年（1633）〜承応3年（1654）

**【後光明天皇の系譜と事績】**

父は後水尾天皇、母は藤原光子（壬生院）である。明正天皇の異母弟、後西天皇・霊元天皇の異母兄にあたる。

紹仁《つぐひと》親王は、寛永《かんえい》二十年（一六四三）十月、明正天皇の譲位を承けて践祚（後光明天皇）。在位中は後水尾上皇の院政下にあった。

後光明天皇は、承応三年（一六五四）九月に亡くなった。

**【後光明天皇陵】**

後光明天皇は亡くなった後、泉涌寺内の月輪陵に葬られた。火葬に擬された荼毘の作法が用いられたものの、実質は土葬であった。後光明天皇の大喪は後陽成天皇の大喪以来のことであったが、以降、近世を通じて天皇の遺骸は火葬に擬された荼毘の儀を経て九重塔の下に土葬されるのが例となった。これが改められたのは孝明天皇の大喪からである。
（１９９ページの「四条天皇陵」の項を参照）

## 第111代 後西《ごさい》天皇陵

**陵　名**＝月輪陵（つきのわのみささぎ）
**陵　形**＝九重塔
**所在地**＝京都府京都市東山区今熊野泉山町／泉涌寺内
**生没年**＝寛永14年（１６３７）～貞享２年（１６８５）

### 【後西天皇の系譜と事績】

父は後水尾天皇、母は藤原隆子である。明正・後光明天皇の異母弟、霊元天皇の異母兄にあたる。

承応《じょうおう》三年（一六五四）九月に、後光明天皇が亡くなった。後光明天皇の養子となっていた識仁《さとひと》（後の霊元天皇）による皇位継承を推す意見もあったが、まだ生後間もなかった（生後四箇月）ため、中継ぎとして同年十一月に良仁《ながひと》親王が践祚した（後西天皇）。

在位中は後水尾上皇の院政下にあり、明暦の大火、大地震、禁裏炎上などが続いた。

寛文《かんぶん》三年（一六六三）正月、識仁《さとひと》親王に譲位（霊元天皇）した。

### 【後西天皇陵】

後西天皇は貞享二年（一六八五）二月に亡くなった後、泉涌寺内の月輪陵に葬られた。
（１９９ページの「四条天皇陵」の項を参照）

## 第112代 霊元《れいげん》天皇陵

**陵　名**＝月輪陵（つきのわのみささぎ）
**陵　形**＝九重塔
**所在地**＝京都府京都市東山区今熊野泉山町／泉涌寺内
**生没年**＝承応３年（１６５４）〜享保17年（１７３２）

**【霊元天皇の系譜と事績】**

父は後水尾天皇、母は藤原国子である。明正・後光明・後西天皇の異母弟にあたる。

識仁《さとひと》親王は寛文《かんぶん》三年（一六六三）正月に、後西天皇の譲位を承けて践祚（霊元天皇）。十歳であった。

在位期間の大半は後水尾上皇の院政によったが、後水尾天皇が亡くなってからは親政を行うとともに、貞享《じょうきょう》四年（一六八七）三月に皇子朝《あさ》仁《ひと》親王に譲位（東山天皇）し、院政をしき、その後出家した。

霊元天皇は享保十七年（一七三二）八月に亡くなった。

**【霊元天皇陵】**

霊元天皇は亡くなった後、泉涌寺内の月輪陵に葬られた。

（１９９ページの「四条天皇陵」の項を参照）

## 第113代 東山《ひがしやま》天皇陵

**陵　名**＝月輪陵（つきのわのみささぎ）
**陵　形**＝九重塔
**所在地**＝京都府京都市東山区今熊野泉山町／泉涌寺内
**生没年**＝延宝３年（１６７５）〜宝永６年（１７０９）

**【東山天皇の系譜と事績】**

父は霊元天皇、母は藤原宗子である。

朝仁《あさひと》親王は、貞享《じょうきょう》四年（一六八七）三月に霊元天皇の譲位を承けて践祚（東山天皇）。同年四月には即位礼、十一月には大嘗祭が行われたが、大嘗祭は長い間絶えており、霊元天皇が幕府と交渉し再興された。

在位期間は霊元上皇の院政によった。

東山天皇は、宝永六年（一七〇九）六月に慶《やす》仁《ひと》親王に譲位し（中御門天皇）、同十二月に亡くなった。

**【東山天皇陵】**

東山天皇は亡くなった後、泉涌寺内の月輪陵に葬られた。

（199ページの「四条天皇陵」の項を参照）

## 第114代 中御門《なかみかど》天皇陵

**陵　名**＝月輪陵（つきのわのみささぎ）
**陵　形**＝九重塔
**所在地**＝京都府京都市東山区今熊野泉山町／泉涌寺内
**生没年**＝元禄14年（1701）～元文2年（1737）

**【中御門天皇の系譜と事績】**

父は東山天皇、母は藤原賀子である。

慶仁《やすひと》親王は、宝永《ほうえい》六年（一七〇九）六月に東山天皇の譲位を承けて践祚（中御門天皇）。九歳であった。

宝永七年（一七一〇）八月には、東山天皇皇子秀宮が直仁親王として独立した（閑院宮家）が、これは後年、皇位継承に大きな意味をもつことになる。

享保《きょうほう》二十年（一七三五）三月に昭仁《てるひと》親王に譲位（桜町天皇）し、元文二年（一七三七）四月に亡くなった。

**【中御門天皇陵】**

中御門天皇は亡くなった後、泉涌寺内の月輪陵に葬られた。

（199ページの「四条天皇陵」の項を参照）

## 第115代　桜町《さくらまち》天皇陵

**陵　名**＝月輪陵（つきのわのみささぎ）
**陵　形**＝九重塔
**所在地**＝京都府京都市東山区今熊野泉山町／泉涌寺内
**生没年**＝享保５年（１７２０）～寛延３年（１７５０）

**【桜町天皇の系譜と事績】**

父は中御門天皇、母は藤原尚子である。

昭仁《てるひと》親王は、享保《きょうほう》二十年（一七三五）三月に中御門天皇の譲位を承けて践祚（桜町天皇）。

桜町天皇は、延享《えんきょう》四年（一七四七）五月に皇子遐仁《とおひと》親王に譲位（桃園天皇）し、寛延三年（一七五〇）四月に亡くなった。

**【桜町天皇陵】**

桜町天皇は亡くなった後、泉涌寺内の月輪陵に葬られた。

（199ページの「四条天皇陵」の項を参照）

## 第116代　桃園《ももぞの》天皇陵

**陵　名**＝月輪陵（つきのわのみささぎ）
**陵　形**＝九重塔
**所在地**＝京都府京都市東山区今熊野泉山町／泉涌寺内
**生没年**＝寛保元年（１７４１）～宝暦12年（１７６２）

【桃園天皇の系譜と事績】

父は桜町天皇、母は藤原定子である。後桜町天皇の異母弟にあたる。

遐仁《とおひと》親王は、延享《えんきょう》四年（一七四七）五月に桜町天皇の譲位を承けて践祚（桃園天皇）。七歳であった。

桃園天皇は、宝暦十二年（一七六二）七月に亡くなった。

【桃園天皇陵】

桃園天皇は亡くなった後、泉涌寺内の月輪陵に葬られた。

（199ページの「四条天皇陵」の項を参照）

## 第117代 後桜町《ごさくらまち》天皇陵

**陵　名**＝月輪陵（つきのわのみささぎ）
**陵　形**＝九重塔
**所在地**＝京都府京都市東山区今熊野泉山町／泉涌寺内
**生没年**＝元文5年（1740）～文化10年（1813）

【後桜町天皇の系譜と事績】

父は桜町天皇、母は藤原舎子である。桃園天皇の異母姉にあたる。

桃園天皇が亡くなった際、皇嗣《こうし》たるべき英仁《ひでひと》親王がなお五歳にすぎなかったため、英仁親王が成長するまでの中継ぎとして智子内親王が皇位に就くこととなり、宝暦《ほうりゃく》十二年（一七六二）七月に践祚（後桜町天皇）。

明和七年（一七七〇）十一月に十三歳の英仁親王に譲位（後桃園天皇）し、文化十年（一八一三）閏十一月に亡くなった。

**【後桜町天皇陵】**

後桜町天皇は亡くなった後、泉涌寺内の月輪陵に葬られた。

（199ページの「四条天皇陵」の項を参照）

## 第118代 後桃園《ごももぞの》天皇陵

**陵　名**＝月輪陵（つきのわのみささぎ）
**陵　形**＝九重塔
**所在地**＝京都府京都市東山区今熊野泉山町／泉涌寺内
**生没年**＝宝暦８年（１７５８）～安永８年（１７７９）

**【後桃園天皇の系譜と事績】**

父は桃園天皇、母は藤原富子である。

宝暦十二年（一七六二）七月に桃園天皇は亡くなるが、皇位を嗣ぐべき英仁《ひでひと》親王が未だ幼少であり、伯母の智子《としこ》内親王が中継ぎとして践祚（後桜町天皇）。その後に後桜町天皇の譲位を承けて、英仁親王は明和《めいわ》七年（一七七〇）十一月に践祚（後桃園天皇）。

後桃園天皇は安永八年（一七七九）十月に亡くなった。生まれたばかりの皇女のみで皇子はいなかったため、閑院宮家の兼仁《ともひと》親王が皇位を継ぐこととなった。

**【後桃園天皇陵】**

後桃園天皇は亡くなった後、泉涌寺内の月輪陵に葬られた。

（199ページの「四条天皇陵」の項を参照）

# 第119代 光格《こうかく》天皇陵

**陵　名**＝後月輪陵（のちのつきのわのみささぎ）
**陵　形**＝九重塔
**所在地**＝京都府京都市東山区今熊野泉山町／泉涌寺内
**生没年**＝明和８年（１７７１）〜天保11年（１８４０）

## 【光格天皇の系譜と事績】

父は閑院宮典仁《かんいんのみやすけひと》親王、母は岩室磐代である。

後桃園天皇が皇嗣なく亡くなったため、閑院宮兼仁《ともひと》親王は皇位を継承することとなった。すなわち、閑院宮家とは、東山天皇皇子直仁親王が閑院宮号を宣下されたのにはじまる。第二代が直仁親王の子典仁親王で、兼仁親王は典仁親王の子である。安永《あんえい》八年（一七七九）十月に後桃園天皇が亡くなると、兼仁親王はその養子として践祚（光格天皇）した。九歳であった。

光格天皇は、父の典仁親王に太上天皇の尊号を奉ろうとしたが、老中の松平定信《まつだいらさだのぶ》の反対にあい断念するに至った（尊号事件）。典仁親王に太上天皇の尊号と慶光天皇との諡号が贈られたのは、明治十七年（一八八四）三月になってのことである。

光格天皇は文化十四年（一八一七）三月に皇子の恵仁《あやひと》親王に譲位（仁孝天皇）し、以降院政をしいた。

## 【光格天皇陵】

光格天皇は天保十一年（一八四〇）十一月に亡くなると、泉涌寺内に葬られ、陵号は後月輪山陵とされた。

（１９９ページの「四条天皇陵」の項を参照）

## 第120代 仁孝《にんこう》天皇陵

**陵　名**＝後月輪陵（のちのつきのわのみささぎ）
**陵　形**＝九重塔
**所在地**＝京都府京都市東山区今熊野泉山町／泉涌寺内
**生没年**＝寛政12年（1800）～弘化3年（1846）

**【仁孝天皇の系譜と事績】**

父は光格天皇、母は藤原婧子である。

恵仁《あやひと》親王は、文化《ぶんか》十四年（一八一七）三月に光格天皇の譲位を承けて践祚（仁孝天皇）。

在位期間の大半は光格上皇の院政によった。

仁孝天皇は、弘化三年（一八四六）正月に亡くなった。

**【仁孝天皇陵】**

仁孝天皇は亡くなった後、泉涌寺内の後月輪陵に葬られた。仁孝天皇陵は、時の年号によって弘化廟とされたが、明治十二年（一八七九）三月に後月輪陵と改められた。

（199ページの「四条天皇陵」の項を参照）

## 第121代 孝明《こうめい》天皇陵

**陵　名**＝後月輪東山陵（のちのつきのわのひがしのみささぎ）
**陵　形**＝円丘
**所在地**＝京都府京都市東山区今熊野泉山町／泉涌寺内
**生没年**＝天保2年（1831）～慶応2年（1867）

**【孝明天皇の系譜と事績】**

父は仁孝天皇、母は藤原雅子である。

弘化三年（一八四六）二月、統仁《おさひと》親王は仁孝天皇が亡くなったのを承けて践祚（孝明天皇）。

孝明天皇の在位期間は、まさに幕末の政局の動乱期と重なっていた。孝明天皇の幕府に対する姿勢は、最終的には幕府による公武合体策を認めるに至り、万延《まんえん》元年（一八六〇）八月には異母妹の和宮《かずのみや》の徳川家茂《とくがわいえもち》への降嫁の勅許を幕府に内達した。

『文久山陵図』の「孝明天皇御陵」／巨石の周囲が石垣と木柵で囲まれ、拝所と参道が整備された。

孝明天皇は、慶応《けいおう》二年（一八六六）十二月に亡くなった。

**【孝明天皇陵】**

孝明天皇が亡くなった後、文久の修陵を主導した山陵奉行戸《と》田《だ》忠至《ただゆき》は上書して、先帝までの大喪でなされてきた火葬に擬する荼毘の作法の廃止と、それまでの九重塔ではなく山陵の築造を建言し、これが用いられた。円丘の陵が築造され、そこに孝明天皇の遺骸が納められた。陵号は後月輪東山陵とされた。

第122代

# 明治《めいじ》天皇陵

陵　名＝伏見桃山陵（ふしみのももやまのみささぎ）
陵　形＝上円下方
所在地＝京都府京都市伏見区桃山町古城山
生没年＝嘉永5年（1852）～明治45年（1912）

**【明治天皇の系譜と事績】**

父は孝明天皇、母は中山慶子である。

孝明天皇が亡くなったのを承けて、睦仁《むつひと》親王は慶応《けいおう》三年（一八六七）正月に践祚（明治天皇）。

同年十月、十五代将軍徳川慶喜《とくがわよしのぶ》が大政奉還《たいせいほうかん》を上表するとそれに勅許を与え、同年十二月、王《おう》政復古《せいふっこ》の大号令を発し新政府を樹立した。

明治元年（一八六八）正月から翌年にかけて、新政府軍は戊辰《ぼしん》戦争に勝利し旧幕府勢力を一掃した。それに並行して、五箇条の御誓文の発布、明治改元と一世一元の制の制定、東京遷都などが行われ、明治天皇を中心とした新政府による中央集権体制の基盤が築かれた。

その後、自由民権運動の高まりに対しては、明治十四年（一八八一）に国会開設の勅諭を発し、明治二十二年（一八八九）に大日本帝国憲法を公布して広汎な天皇大権が規定された。

対外的には、明治二十七年（一八九四）の日清戦争、明治三十七年（一九〇四）の日露戦争に勝利し、日英同盟の締結、条約改正問題の解決を進めた。

明治天皇は明治四十五年（一九一二）七月三十日（公式発表による。実際は二十九日）に亡くなった。一世一元制に基づいて同日に嘉仁

明治天皇陵の拝所

親王が践祚（大正天皇）し、大正と改元された。

**【明治天皇陵】**

大正元年（一九一二）九月十三日に東京青山の練兵場（現在の神宮外苑）で大喪の祭儀が挙行されてから遺骸は列車で京都に向かい、翌十四日に京都の伏見桃山陵に葬られた。

『明治天皇紀』によれば、明治天皇陵が京都に営まれたのは、明治天皇の遺命によるとする。豊臣秀吉の築いた伏見城の本丸跡のやや南の地である。

陵形は上円下方の墳丘で一見して独特の形状であるが、これは、歴代の天皇陵から適宜要素を取り込んで特に形造られたものであった。

第123代

# 大正天皇陵《たいしょうてんのうりょう》

陵　名＝多摩陵（たまのみささぎ）
陵　形＝上円下方
所在地＝東京都八王子市長房町／武蔵陵墓地
生没年＝明治12年（1879）～大正15年（1926）

## 【大正天皇の系譜と事績】

父は明治天皇、母は柳原愛子である。明治天皇が亡くなったのを承けて、嘉仁《よしひと》親王は大正元年（一九一二）七月に践祚（大正天皇）。明治三十三年（一九〇〇）五月十日に嘉仁親王は九条節子《くじょうさだこ》と結婚。側室を置かなかった。皇子としては裕仁《ひろひと》親王（昭和天皇）、雍仁《やすひと》親王（秩父宮《ちちぶのみや》）、宣仁《のぶひと》親王（高松宮《たかまつのみや》）、崇仁《たかひと》親王（三笠宮）がいる。

健康がすぐれず、大正十年（一九二一）十一月には裕仁親王が摂政となった。大正十五年（一九二六）十二月二十五日に神奈川の葉山御用邸で亡くなった。

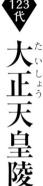

## 【大正天皇陵】

昭和二年（一九二七）二月七日に新宿御苑で大喪儀が行なわれ、翌八日に八王子市の多摩陵に葬られた。

「皇室陵墓令」は大正十年（一九二一）十月にすでに皇室令として公布されており、大正天皇陵はこれに則って営まれた。すなわち、大正天皇陵が東京府下に営まれたのも、上円下方の陵の形状も、「皇室陵墓令」の定めるところによるものであった。少なくとも外形をみると明治天皇

絵葉書にみる大正天皇御大葬儀(大正天皇陵)

大正天皇陵の拝所

陵と大正天皇陵は似ているが、その法的な根拠ということで言えば、明治天皇陵と大正天皇陵はおよそ異なるものである。

第124代

# 昭和天皇陵《しょうわ》

**陵　名**＝武蔵野陵（むさしののみささぎ）
**陵　形**＝上円下方
**所在地**＝東京都八王子市長房町／武蔵陵墓地
**生没年**＝明治34年（1901）〜昭和64年（1989）

## 【昭和天皇の系譜と事績】

父は大正天皇、母は九条節子（貞明皇后）である。

大正十年（一九二一）十一月、裕仁《ひろひと》親王は摂政《せっしょう》とされ、大正十三年（一九二四）一月に久邇宮良子《くにのみやながこ》と結婚した。皇子として明仁《あきひと》親王（今上天皇）、正仁《まさひと》親王（常陸宮《ひたちのみや》）がいる。

裕仁親王は大正天皇が亡くなったのを承けて、昭和元年（一九二六）十二月二十五日に践祚（昭和天皇）。一世一元制によって同日、昭和と改元された。

昭和天皇の在位期間は、昭和初期から顕著になった政治の混迷と軍部の台頭、さらに満洲事変に始まる日中戦争とそれに続く太平洋戦争といった史上稀な動乱の渦中にあった前半生と、昭和二十年（一九四五）八月十五日に自ら「終戦」の詔書放送を行い、昭和二十一年（一九四六）一月に「人間宣言」を発し、同二十二年（一九四七）五月三日に施行された日本国憲法では天皇は「国民統合の象徴」とされた象徴天皇としての後半生に区分される。

昭和天皇は昭和六十四年（一九八九）一月七日に亡くなり、一世一元制に基づいて同日に明仁親王が践祚（今上天皇）し、平成と改元され

昭和天皇陵の拝所

た（翌日施行）。

【昭和天皇陵】

平成元年（一九八九）二月二十四日に新宿御苑で大喪の礼が行なわれ、同日に八王子市の武蔵野陵に葬られた。

昭和天皇の陵は、大正天皇陵の北東にある。形状等は大正天皇陵と同様であるが、大正天皇陵が営まれた際の法的根拠であった「皇室陵墓令」は昭和二十二年（一九四七）五月三日の日本国憲法施行の前日を限りに失効しており、大正天皇陵と昭和天皇陵は形状等が類似しているといっても、その法的な根拠についてみればおよそ異なったものである。

# 第二章

# 天皇陵をめぐる新しい視座

# 古代天皇陵の決定法と命名法

## 古墳には埋葬された人物の墓碑がない

ここでは、応神天皇陵・仁徳天皇陵を例にして、古代の天皇陵の決定法について考察したい。どの古墳がどの天皇の陵であるのかということを決める方法は、実は決して一筋縄ではいかない複雑な作業なのである。

そもそも天皇陵が所在不明となる場合がしばしばあるということであればこそ、なおさらこのような天皇陵の決定法は重要であるといえる。しかし、いわゆる古墳が天皇陵とされる場合には、特有の事情もある。

たとえば、天皇陵と考えられる古墳に古来からの石標等があって、そこに埋葬されている人物の名が刻まれていればよいのであるが、そのようなことはない。つまり、我われの身近にある墓地の墓石にそこに葬られている人の名が刻まれているのとはおよそ事情が異なるのである。我が国の古墳には、葬られた人の名が刻まれた墓誌が残されることはないのである。

古墳にみられる文字資料は、副葬品として納められた鉄剣や銅鏡に刻された銘文等に限られる。どのような理由で古墳に碑がないのかを実証的に説明することは難しい。

全体に古墳というものは極めて謎が多い。形式も複数ある。古墳の形としては前方後円墳が一般によく知られているが、なぜそのような形をしているのか、どのようにして古墳を築造したのか、古墳ではどのような祭祀が行なわれていたのか等々について、それらを明らかにするような文献史料は皆無である。

そう考えると、例えば「応神天皇陵」や「仁徳天皇陵」等というような古墳の名称をとってみても、そこに葬られているとされる天皇名を冠して称するということは、極めて不自然なことに思われる。いつ、誰が、どのようにして、その古墳に「応神天皇」なり「仁徳天皇」が葬られているということを決めたのであろうか、さらに、その根拠として、どのような資料が用いられているのであろうか。

## 『古事記』『日本書紀』や『延喜式』の記載から考える

しかし、ある古墳に「応神天皇」や「仁徳天皇」が葬られているとされる場合、全く根拠がないとも思えない。ただしその場合根拠となる文献史料とは、古墳時代のものではなくはるか後世に成立した文献史料である。具体的には、和銅《わどう》五年（七一二）の『古事記』、養老《ようろう》四年（七二〇）の『日本書紀』、康保《こうほう》四年（九六七）の『延喜式《えんぎしき》』「諸陵寮《しょりょうりょう》」である。それならば、『古事記』や『日本書紀』、または『延喜式』「諸陵寮」に記された天皇陵についての記述と、現実に存する古墳とを照らし合わせれば、どの古墳が「○○天皇の陵」であるということがはっきりとわかるのであろうか。

まず、応神天皇陵についてみる。

『古事記』には、「御陵は川内《かふち》の恵賀《えが》の裳伏《もふし》の岡《おか》に在《あ》り」とあり、『延喜式』「諸陵寮」は「恵賀裳《えがのも》伏岡陵《ふしのおかのみささぎ》軽嶋明宮《かるしまのあきらのみや》御宇応神天皇。河内《かわち》国志紀《しき》郡に在り。兆域《ちょういき》東西五町。南北五町。陵戸《りょうこ》二烟。守戸《しゅこ》二烟」とある。『日本書紀』にはどのように記されているかというと、なぜか何も書かれていない。

この記述を根拠として、どの古墳が応神天皇陵かを考えてみる。

まず、場所について考えてみると、「川内」（『古事記』）、「河内国志紀郡」（『延喜式』「諸陵寮」）とあるのが手掛かりとなる。つまり、『古事記』編纂の頃に「川内」、『延喜式』編纂の頃に「河内国志紀郡」とされた地域に、「東西五町。南北五町」という規模の古墳を探せばよいことになる。

「川内」「河内国志紀郡」は、今日の大阪府東南部にあたり、そこには古市《ふるいち》古墳群がある。そして、「東西五町。南北五町」といえば、「河内国」にある天皇陵のなかでも最大であるから、古市古墳群で最大の古墳が該当する。すると、誉田御廟山古墳（大阪府羽曳野《はびきの》市誉田）が応神天皇陵ということになる。

この結論は、現在、宮内庁が応神天皇陵として管理している古墳と同じである。

次に、仁徳天皇陵についてはどうだろうか。

『古事記』は「毛受之耳原《もずのみみはら》」としている。『日本書紀』は「百舌鳥野陵《もずののみささぎ》」として、仁徳天皇が生前、河内の石津原《いしづはら》に行き自らの陵地を作り始めたという説話を併せて記載している。そして、『延喜式』「諸陵寮」には「百舌鳥耳原中陵《もずのみみはらのなかのみささぎ》 難波高津宮《なにわのたかつのみや》御宇仁徳天皇。和泉《いずみ》国大鳥《おおとり》郡に在り。兆域東西八町。南北八町。陵戸五烟」とある。

これを具体的に考えてみる。この場合、『古事記』『日本書紀』にみえる「毛受之耳原」「百舌鳥野陵」の記述もさることながら、『延喜式』「諸陵寮」の「百舌鳥耳原中陵」、また「和泉国大鳥郡」「兆域東西八町。南北八町」という記述が有効な手掛かりとなる。「和泉国大鳥郡」とされるのは今日の大阪府南部にあたるので、その地域にある百舌鳥《もず》古墳群から「東西八町。南北八町」に相応する古墳を探せばよい。

この「東西八町。南北八町」は、「和泉国大鳥郡」のみならず『延喜式』「諸陵寮」の示す天皇陵の規模のうちで最大である。それに加えて「百舌鳥耳原中陵」に注目すれば、何基か並んだ古墳の中央部に位置する古墳ということになる。以上を考え合わせると大山《だいせん》古墳（大阪府堺市堺区大仙町）ということになる。これも、今日宮内庁によって「仁徳天皇陵」とされているとおりである。

## 古墳の呼称と天皇陵の呼称

以上のように、この方法で考察すれば、誉田御廟山古墳と大山古墳が、それぞれ応神天皇陵と仁徳天皇陵とされることについては、一見、合理的な説明が可能であるかのように思える。しかも、応神天皇陵についていえば、そこに接して鎮座する誉田八幡宮の主祭神は応神天皇であるから、さきの結果を補強する根拠となろうというものである。

このように、古墳に葬られた人の名を刻する墓誌がなくとも、後世の文献史料を根拠にして、どの古墳がどの天皇の陵なのかを、正しく確定できるのではないかと考えられることになる。

しかし、一般に「応神天皇」や「仁徳天皇」いう名称は、『古事記』『日本書紀』、または『延喜式』「諸陵寮」に記された天皇の諡号《しごう》（亡くなってから贈られる名）であって、古墳そのものから得られた情報ではなく、古墳が造営された時代の資料などから得られたものでもないのである。

古墳時代のピークは五世紀とされるので、『古事記』『日本書紀』の成立した八世紀や『延喜式』の成立した十世紀と比較して考えれば、この間に流れた年月は何百年という単位となる。はたして『古事記』や『日本書紀』、そして『延喜式』の編纂者は、何を根拠として応神天皇陵や仁徳天皇陵について記述したのであろうか。さらにいえば、何のために『古事記』『日本書紀』『延喜式』には、応神天皇陵・仁徳天皇陵について記されているのであろうか。

この疑問について解明できなければ、これらの文献史料に拠って応神天皇陵や仁徳天皇陵がどの古墳に相当するのかが、学問の上で解明されたということにはならないのである。

それに加えて、ことに応神天皇や仁徳天皇については大きな問題がある。この頃の歴史については、中国の歴史書にも記述されているのである。その歴史書とは『宋書《そうじょ》』「倭国伝《わこくでん》」である。『宋書』と『古事記』『日本書紀』『延喜式』の記載内容を比較すると、そもそも、その呼称からして異なるのである。

『宋書』「倭国伝」では「天皇」とはせず、「王」と記述されている。また系譜も違う。「倭の五王の系譜」「天皇の系譜」のとおりである。代数も七代と五代である。さらに、『宋書』「倭国伝」は、倭王「珍」と「済」

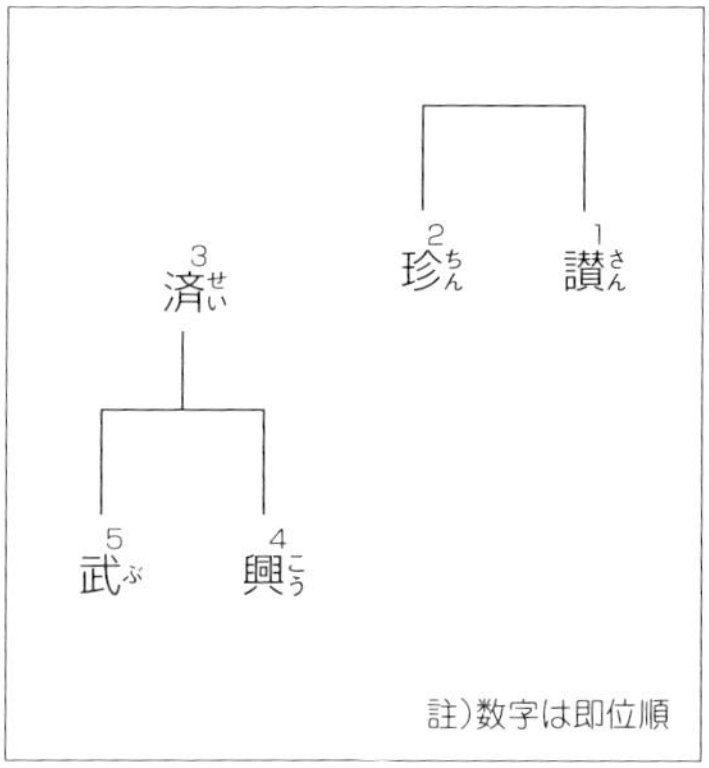

図　倭の五王の系譜

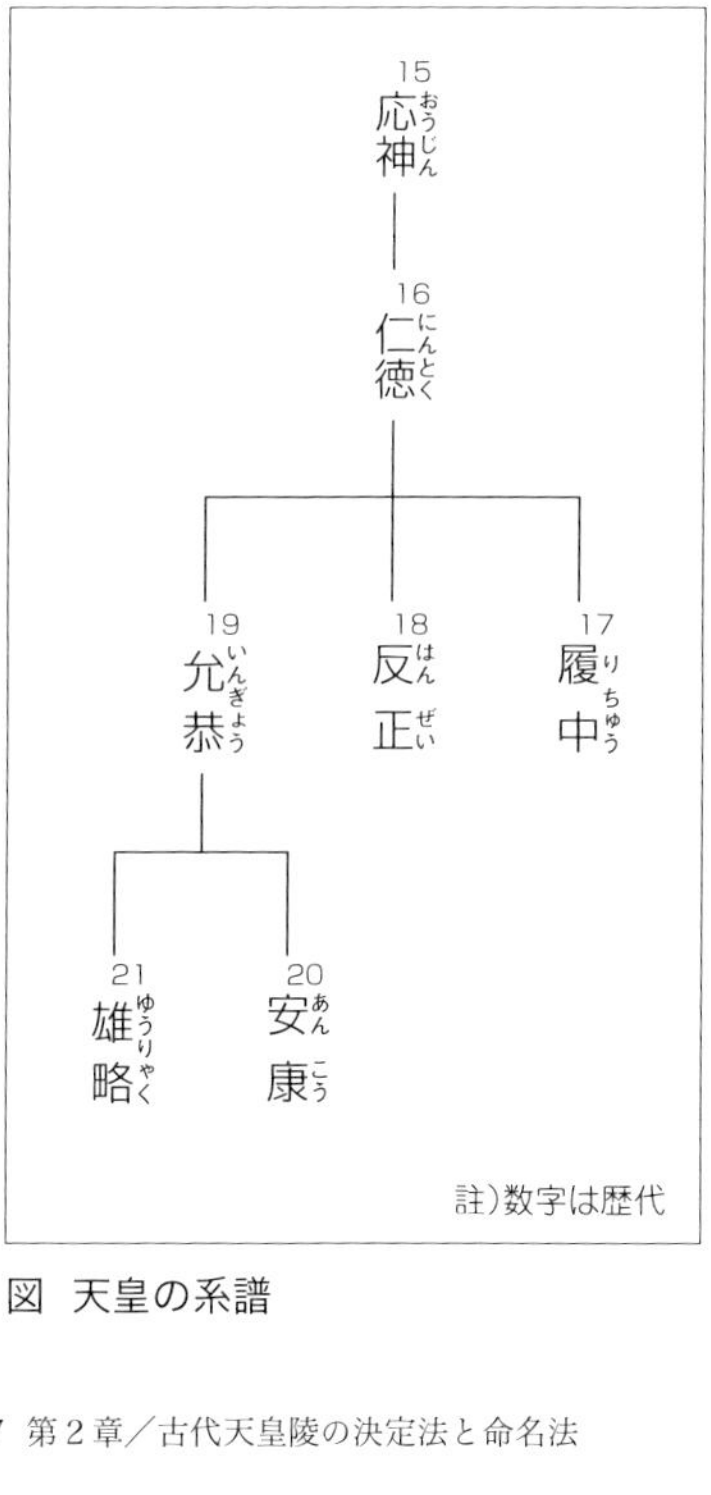

図　天皇の系譜

との血縁に関してなにも記していない。『古事記』『日本書紀』では、それぞれの天皇が血縁で結ばれていてそのことに例外はない。著しい相違と言わざるを得ない。これらの矛盾や相違点をひとつひとつ解きほぐしていかなければ、どの古墳がどの天皇陵かなどとは決して軽々に言えるものではない。

それでは『宋書』はいつ成立したのか。西暦四八八年である。まさに、古墳時代最中の同時代になった文献史料である。歴史的に物事を考える際に、できるだけ近い時期に著された文献史料に信を置くことについては、およそ異論のないところであろう。

こうしてみると、先にみた誉田御廟山古墳や大山古墳が、応神天皇陵と仁徳天皇陵に相応するという考察、および宮内庁の治定は、再度考え直してみる必要があるのではなかろうか。

古墳には誰が葬られているのか。謎は尽きないが、ある古墳のことを応神天皇陵や仁徳天皇陵と呼ぶことは、少なくとも学問的な正確さを欠く可能性が含まれるものである。

その代案として、古墳が所在する地元に伝わる文献史料や古い地名等によって、「誉田御廟山古墳」あるいは「大山古墳」等と呼ぶことが、唯一正確で妥当であるという考え方がある。また、「伝・応神天皇陵古墳」や「伝・仁徳天皇陵古墳」という呼称もあるが、これらの古墳に「応神天皇」や「仁徳天皇」が葬られていることを合理的に証明する手立てがない以上、天皇名を付した呼称は、決して正確なものということはできない。

このように、古墳に誰が葬られているかということはそもそも確定できないことであり、従ってそこに葬られた人物を前提とした古墳の名称は決して学問の上からは根拠のあるものとは言えない。そこで、地名等による古墳の名称を用いるのが学問的に最も適当であるということになるのではあるが、このように、名称の問題ひとつを取ってみても、古墳というものは立場によってその姿を異にするものなのである。

宮内庁にとっては天皇による祭祀の対象としてそこを「応神天皇陵」「仁徳天皇陵」と称する他はないであろうし、学問の立場からはまさに「誉田御廟山古墳」「大山古墳」等と呼ぶ以外にはない。その間にあるさまざまな問題をも含めて、天皇陵をめぐる問題に取り組むほかはない。天皇陵の決定法の問題から名称の問題まで話題がふくらんでしまったが、この二つの問題は、表裏一体のものである。

# 皇室祭祀の体系化と天皇陵

## 天皇陵に「御穢」があるか否か

今日の天皇陵のあり方は、基本的には幕末期の文久の修陵で形づくられたものであるといえる。それはどういうことかといえば、歴代天皇の陵の所在地を考証したうえで決定し、そこに天皇陵に相応しく普請を行い、さらにはその天皇陵は天皇による祭祀の体系に組み込まれたのである。

つまり文久の修陵によって、天皇陵はまさに聖域とされたのである。

ここでは、天皇陵に関する事柄を管掌する官庁の変遷も視野に入れて、皇室祭祀の体系化と天皇陵の問題について考えることにしたい。

ところが、文久の修陵を経て天皇陵が聖域とされるのとおよそ時を同じくして、天皇陵に「穢」があるかどうかという議論がなされたのである。官撰の歴史書である『復古記《ふっこき》』には、次のようにある。

（明治元年閏四月七日条）
○制度事務局に令して、山陵《さんりょう》御穢《おんけがれ》の事を議せしむ。
嵯峨実愛《さがさねなる》手記に云、閏《うるう》四月七日制度局原註、鷹司《たかつかさ》へ山陵御穢有無の事、定め申し入れ置かるべく候。

「山陵」つまり天皇陵に「穢」があるかどうかを決めようというのである。これから決めようというのであるから、「穢」がないことになるかもしれないが、場合によっては「穢」があると決まる可能性もある。もちろん「穢」とされてしまうわけもなく、手順の上でのことであったのであろうけれども、このような手順を踏まなければならなかったことは大いに興味深い。

しかし、万が一にも天皇陵に「穢」があるということにでもなれば、文久の修陵によって聖域として相応しく整えられた天皇陵の根幹があらゆる面で否定されてしまうことになる。いったいこれはどういうことなのであろうか。

『復古記』の先をみよう。この問題をめぐる二つの考え方が記されている。次のとおりである。

〔天皇陵に「穢」はないとする谷森善臣《たにもりよしおみ》の説〕
皇国《こうこく》の古典を通考仕《つかまつり》候に、上代には　天皇を現津御神《あきつみかみ》と称《たたえ》奉《たてまつ》り候て、現在に神と在らせられ候御儀に御座候へば、幽界に在らせられ候ても又神と在らせられ候事、更に疑《うたがい》なき御事に御座候、然《しか》るに中世以来、仏徒の巧説に拘泥《こうでい》せられ候て、御大切なる御葬祭を一切僧徒に委任遊ばれ候のみならす、其《そ》の御陵処をも専《もっぱ》ら仏寺の境内に在らせられ候故に、懸まくも　畏き　天皇の山陵をば、穢処の様に心得候人も之れ在り候は、余りに嘆げか敷御事に御座候

〔天皇陵の「穢」についての勢多周甫《せたのりみ》の説〕

山陵を以《もっ》て神社に擬せられ旧証之義、顧問を蒙り候処、一向覚悟仕らず候、年中行事秘抄荷前条に、似神事に似たりと雖《いえ》ども頗《すこぶ》る不浄に渉《わた》り仍《よっ》て他の神事と行わず、又斎月諸陵官人参内すべからずと之れ有り、

両者の見解の相違は明らかである。

天皇陵には「穢」がないとする谷森善臣は、天皇の葬送儀礼に仏教の影響が大きかった時代に天皇陵に「穢」があるとする考え方があったことを指摘してこれを非難した。いっぽう、天皇陵の「穢」について述べる勢多周甫は、『年中行事秘抄《ねんじゅうぎょうじひしょう》』「荷前《のさき》」の条を根拠に、天皇陵を神社に擬することができないという説を述べているが、正確にいえば勢多周甫も天皇陵に「穢」があるとまではいっていない。神社と天皇陵を同一視することはできないとするに過ぎない。

さらに『復古記』の続きの部分によれば、この条の締め括りとして「御穢の事、廟議《びょうぎ》遂に之れなきに決せりと云」とある。天皇陵の「穢」は明確に否定されたのである。「廟議」とあるのでこのことは明治天皇の裁可によるものである。

ここに、文久の修陵以来の天皇陵の考証・決定・整備は、少なくとも「穢」ではないという点において、さらに加えれば天皇による祭祀の対象として相応しいという点において、その正統性を確認することができたといえよう。

## 天皇陵の所管官庁の変遷にみる「清穢」

しかし、天皇陵の「穢」をめぐる動向はまだ終息をみたのではない。

明治二年九月の「神祇官《じんぎかん》上申」(『公文録神祇官之部』国立公文書館所蔵)には、以下のようにある。

山陵の儀当官(引用註、神祇官)に仰出《おおせいだ》され候処、職員打ち混り候ては清穢《せいえ》の別相立《あいたた》ず議論沸騰致すべきに付、山陵事務は別局に仕《つかまつ》り、神祇官事務と混雑相成らざる様仕り度《た》く、就《つい》ては職号取り定め之《こ》れ有り候様然《しか》るべく御評議給うべく候也

巳九月日缺

神祇官

弁官御中

ここでは「清穢ノ別」とはっきりと言い切っている。同じ神祇官のなかであっても、「山陵事務」つまり天皇陵に関する事柄は別だ、陵墓に関する事柄は「穢」だ、「別局」にして貰わなくては神祇官の仕事ができない、というのである。事実、同じ明治二年九月のうちには、神祇官のなかに

「諸陵寮《しょりょうりょう》」が新たに設けられた。「諸陵寮」というのは『延喜式《えんぎしき》』にもみられる名称であるが、その設置にいたる経緯からしてみれば、これではじめに逆戻りである。

その後、天皇陵を所管する役所は実にめまぐるしくかわる。

明治四年（一八七一）四月には神祇官に置かれた諸陵寮が廃されるとともに神祇官が神祇省《じんぎしょう》とされ、明治五年三月には神祇省が教部省《きょうぶしょう》となり同年五月には陵墓事務が教部省の所管となり、明治七年八月には教部省に諸陵掛《しょりょうがかり》が置かれ、明治十年一月には教部省が廃され陵墓事務が内務省社寺局の管轄とされ、明治十一年二月には内務省の陵墓事務が宮内省に移され、翌三月には宮内省に御陵墓掛が置かれ、明治十六年一月には御陵墓掛が御陵墓課となり、明治十九年二月には宮内省に諸陵寮が置かれたのである。

どのように天皇陵を位置づけることができるのか。それがどれだけ難題であったかということが、この所管官庁の変遷からうかがうことができる。

宮内省御陵墓掛時代の明治十六年一月に同掛の足立正声《あだちまさな》による『諸陵寮被為復度儀ニ付建言』（宮内庁書陵部所蔵）は御陵墓掛を改めて諸陵寮とするべきとの主張を述べたものであるが、そこにみられる理由は、先にみた明治二年段階のものとは、およそ異なったものになっている。

> 祖を重んじ親を厚うし遠を追ひ祀を慎み給ふは、恐れ乍《なが》ら我　皇上御孝道の第一と存じ奉り候、中古　王綱解紐《おうこうかいちゅう》の御世は何とも申上げ難く、御一新の逮《およ》んで神祇官を建て諸陵寮を置き大《おおい》に復

古の御模様在らせられ候処、

つまり、この度諸陵寮が復されるべきであることの理由は、天皇の「御孝道」のためであるという。陵墓を「穢」として、その「清穢ノ別」のための「別局」としての諸陵寮をもうけるべしとした明治二年の「神祇官上申」とは何という違いであろう。その結果、明治十九年二月に宮内省に諸陵寮が置かれたのであるから、ここに至って天皇陵を「穢」とする考え方は払拭されたものとみてよいのであろう。

## 明治三年「御追祭定則」

さて次には、天皇陵がどのようにして天皇による祭祀の体系に組み込まれるに至ったのかを考えてみたい。その動向は明治のごく初年の頃から始まる。つまり、右にみた天皇陵を「穢」とする考え方が完全に払拭されてから始まったわけではない。

その動向の始めは、明治三年十一月「御追祭定則《ごついさいていそく》」(『公文録庚午十一月神祇官伺』〈国立公文書館所蔵〉)である。重要な点を抜粋すれば以下のとおりである。

御追祭定則

御正辰御追祭　御歴代皇霊御鎮座に付　崩日於本官(神祇官)御追祭執行、但し　神武天皇三月十一日の御祭御別段の事　(神武天皇御儀は御正辰の祭の外別段御祭日篤と取り調べ申上げ

るべき事）

仁孝天皇　孝明天皇御祭典是れ又御格別の事　右典故は国忌を祖述し仏事を廃して祭式を定めらる、今春より月々行われ、以後御闕怠之れ無き事

春秋御追祭　二月八月御歴代皇霊御追祭被行、（略）これは二月十一月の春日祭四月十一月の平野祭の如きを云、又漢国に春秋其廟を修すなど云るをも見合専御追遠の典を興され春秋両度行わる

式年御追祭　小祥（一周忌）　大祥（三周忌）　五年　十年　二十年　三十年　四十年　五十年　百年　百五十年以後五十年を一期とす、右往古の定式無しと雖ども既に　孝明天皇三年の御祭典仁孝天皇二十五年の御祭典あり、これ又御追遠の厚き廃す可からず、今天下の年忌其期一同ならず、此度更に右の如く相定め以《もっ》て天下に示し万民をして又各追孝《ついこう》の義を励ましむ

これによると、初代の神武天皇や、明治天皇の祖父にあたる仁孝天皇、父にあたる孝明天皇は自ずと別としても、天皇一般の祭祀は「御正辰御追祭」「春秋御追祭」「式年御追祭」として祭典が挙行され、「御正辰御追祭」はいわば祥月命日として、「春秋御追祭」はいわば彼岸に相当するものとして、「式年御追祭」は周年の祭祀として考えることができる。このうち周年の年限は後に改められるのではあるが、注目するべきなのは、このような周年における祭祀を「以て天下に示し万民をして又各追孝の義を励ましむ」としたことである。これは、天皇による祖先祭祀を「天下」へのい

わば模範として位置づけたことのわかりやすい表現とみることができるであろう。

しかし、「御正辰御追祭」と「式年御追祭」は明治十一年六月に廃止されてしまう（ただし明治十一年においては「御追祭」から「祭」に改められている）。明治十一年六月の「宮内省伺」（『単行書・行政決裁録九』（太政官）国立公文書館所蔵）には次のようにある。


宮内省伺、綏靖天皇以下後桜町院天皇迄御歴代御式年御正辰祭共に廃され、更に春秋二季祭を置かれ候儀

つまり、「春秋御追祭」（ここでも「御追祭」は「祭」に改められ、「春秋」は「春秋二季」とされている）を残して、初代の神武天皇と明治天皇の四代前までを除く歴代天皇の「御正辰祭」と「御式年祭」は廃止したいと宮内省は太政官に伺っているのである。そしてこの「伺」は聞き届けられている。

天皇による祭祀に天皇陵を組み込もうとする動向を考えれば、これはいかにも唐突であるように思われる。「春秋二季祭」のみを残して「御正辰祭」と「御式年祭」を廃止しようというその理由はいったい何なのであろうか。ここにその理由は明確に書かれていないが、『明治天皇紀』明治十年一月三日条には「一々御歴代より皇親に至るまで其の崩薨日に追祭を行はるゝ時は、年中虚日なくして其の煩に堪へたまわざるべし、且《かつ》年忌の制は古制にあらざるを以て、従前の忌日年忌の追祭を廃し、春秋或《あるい》は四季に霊祭を行はるべしと」とある。「其の煩に堪へたまわざるべし」とは、何とも印象

的な表現であるが、それにしても、この問題の深刻さをよく窺うことができよう。

## 明治四十一年「皇室祭祀令」

その、廃されたはずの「御正辰祭」「御式年祭」ではあったが、明治四十一年九月に「皇室令」として公布された「皇室祭祀令」では復活された。「御正辰祭」は「先帝祭」「先帝以前三代ノ例祭」「先后ノ例祭」「皇妣（皇太后）タル皇后ノ例祭」として、「御式年祭」は「先帝以前三代ノ式年祭」「先后ノ式年祭」「皇妣タル皇后ノ式年祭」「綏靖天皇以下先帝以前四代ニ至ル歴代天皇ノ式年祭」として復活したのである。

ただし、式年祭の周年は崩御の日から三年・五年・十年・二十年・三十年・四十年・五十年・百年、以降百年毎である。なお「春秋二季祭」は、「皇室祭祀令」では「春季皇霊祭」「秋季皇霊祭」としてみえる。これは、今日でいう「春分の日」「秋分の日」であり、いわゆる春・秋の彼岸である。

この「皇室祭祀令」によって、天皇による祭祀の体系は「皇室令」の一環として明文化されたことになる。そして同時に、天皇陵には天皇による祭祀の体系の重要な一部分を構成する要素としての揺るぎない位置が与えられたということになる。

## 終戦後の皇室祭祀

ところが、昭和二十年八月の敗戦とそれに続くＧＨＱ（連合国総司令部）による占領は、それまで築き上げられてきた我が国の皇室制度の根幹を揺るがすにいたった。「皇室祭祀令」もその例外ではありえず、他の「皇室令」と同様に昭和二十二年五月二日、つまり「日本国憲法」施行の前日を限りにすべての「皇室令」は廃止されたのである。したがって同日以降今日に至るまで、天皇による祭祀の体系には成文法による根拠を欠く状態が続いているのである。

とはいえ、その後も天皇に拠る祭祀が行われなくなったのではない。また、天皇陵が天皇による祭祀の対象から外れたのでもない。それは、法的にいえば、天皇陵を対象とするものをも含めて、天皇の私事として祭祀は続けられているのである。その内容も、昭和二十二年五月二日を限りに廃止された「皇室祭祀令」の内容が実質上およそ踏襲されているのである。

今日では天皇による祭祀を所管する掌典職《しょうてんしょく》は宮内庁とは別に内廷の組織として置かれている。これは、日本国憲法が示す政教分離の原則によるものである。

歴代の天皇について百年毎に行われる式年祭が近づくと、天皇・皇后はその歴代天皇の事蹟等について学者の講義を聴き、当日は宮中三殿の皇霊殿《こうれいでん》と天皇陵の現地で祭祀がなされ、天皇陵には皇族が差遣されるのが通例である。

本年（平成二十八年）は四月三日に神武天皇二千六百年祭が挙行されたが、これには天皇・皇后両陛下が神武天皇陵（奈良県橿原市）を拝礼された。

なお、正辰祭・式年祭は歴代の天皇が崩御した日を当日とするが、明治六年（一八七三）以降は、太陽暦に換算された日が当日となっている。たとえば、神武天皇の崩御は『日本書紀』によれば三月十一日であるが、今日ではこれを太陽暦に換算した四月三日が当日となっており、また孝明天皇の崩御は正月三十日であるが、今日では太陽暦に換算して前年の十二月二十五日が当日とされている。

# 神武天皇陵に憑かれた男、奥野陣七

## 神武天皇陵の候補地

神武天皇が『古事記《こじき》』『日本書紀《にほんしょき》』が伝える初代天皇であることはよく知られている。それは何も、戦前の皇国史観による歴史教育を受けた世代に限ったことではない。今日でも高等学校の日本史の教科書に神武天皇はみえる。しかし、初代の天皇として教科書に記載されているのではない。明治六年（一八七三）にそれまでの旧暦（陰暦）を新暦（太陽暦）に改めるのに際して、神武天皇が即位した日（「辛酉年正月朔《かのとのとりのとししょうがつついたち》」）を新暦に換算した二月十一日が「紀元節《きげんせつ》」として祭日とされた。教科書はその改暦をわが国の文明開化のひとつのあらわれとして記述しているのである。

神武天皇が即位したことの記念日である紀元節といっても、今日の社会と無縁ではない。終戦後に、紀元節は廃止されたが、紀元節は昭和四十一年に国民の祝日と制定され、「建国記念の日」と名称をかえて翌年から適用されたのである。

建国記念の日の制定をめぐっては、国会で猛烈な論戦が繰り広げられ、まさに国論を二分する賛成・反対の議論が繰り広げられたのである。

神武天皇は確かに『古事記』『日本書紀』では初代の天皇とされているが、今日では伝承上の人物とみなされ、実在はしなかったとする見解が歴史学界の定説である。しかし、宮内庁が管理する天皇陵のなかには、確かに神武天皇陵はある。奈良県橿原《かしはら》市に神武天皇畝傍山《うねびやまの》東北陵《うしとらのすみのみささぎ》とあるのがそれである。いったい、実在しなかった伝説上の人物に墓などあるのであろうか。

いわゆる古代の天皇陵は『古事記』『日本書紀』、および『延喜式《えんぎしき》』諸陵寮《しょりょうりょう》を主な根拠として決められる。逆にいえば、『古事記』『日本書紀』や『延喜式』諸陵寮式に載ってさえいれば天皇陵は決定されることになる。それに神武天皇陵の場合でいえばなにしろ初代天皇の陵である。注目されないわけがない。

神武天皇の陵がどこにあるのかについては、幕末期の文久《ぶんきゅう》の修陵において、実は三箇所もの候補地があった。もちろんいずれも『古事記』『日本書紀』『延喜式』諸陵寮の記述に従って考証したうえでの候補地である。「丸山《まるやま》」「塚山《つかやま》」「神武田《じぶでん》（ミサンザイ）」の三箇所である。

そのなかから結局は「神武田（ミサンザイ）」が文久三年（一八六三）二月に孝明《こうめい》天皇の「御沙《ごさ》汰《た》」によって神武天皇陵とされ、同年五月から十二月にかけて大規模な普請が施されて完成したのが今日の神武天皇陵ということになる。それでも、決定から漏れた「塚山」は明治十一年二月に第二代綏靖《すいぜい》天皇陵とされ、「丸山」も決して粗末に扱わないようにと「御沙汰」には述べられたのである。天皇の「御沙汰」によらなければとても決定に至ることは極めて困難であったというのが、神武天皇陵決定までの経過の実際であった。

## 草莽・奥野陣七

さて、神武天皇陵は初代天皇の陵であるから、天皇陵に対する祭祀においても格別の扱いであった。

しかし天皇陵というものは、そこが○○天皇陵であると決定されさえすれば、人びとがそこを聖域として認識し尊崇の対象とするというものでもない。たとえば神武天皇陵の場合をみれば、文久三年二月に孝明天皇の「御沙汰」があるまでは、そこは耕作地のなかに存する小さな二つの丘に過ぎなかったのであり、いくらここが実は初代神武天皇の陵であるとされても、それは一般の多くの人びとに対して大きな説得力を持つような言辞では決してあり得なかったのである。

しかし実際には、神武天皇陵が尊崇の対象として人びとの間に知られるようになるまでに、あまり永い年月は必要としなかった。それはどういうことかというと、神武天皇陵の周りにさまざまな結社が居を構えて神武天皇陵への参拝者を募る活動を盛んに展開するようになったことの結果なのである。

さまざまな結社は、宣伝のため各地に出張して自らの結社の会員となるように熱心な勧誘活動を行った。入会した会員のためには神武天皇陵の姿を描いた刷物や神武天皇の生涯や事績を綴った書籍を発行するなど、参拝者の便宜を図るとともに自らの収入ともしたのである。

ここでその代表格として、奥野陣七《おくのじんしち》なる人物の主宰する報国社《ほうこくしゃ》・畝傍橿原教会《うねびかしはらきょうかい》に焦点を当てて、当時の神武天皇陵周辺の有り様を描いてみようと思う。

奥野陣七は天保《てんぽう》十三年（一八四二）に大和《やまと》国北葛城《きたかつらぎ》郡楢原《ならはら》村（現奈良県御所市）に生まれた。奥野家がどのような生業を営んでいたのか、また陣七が奥野家にあってどのように位置づけられていたのかはわからないが、自伝的な記述を有する奥野陣七自らによる『富貴長寿の枝折』（明治四十二年八月）から、その半生をひも解いてみたい。

幕末の動乱期、奥野陣七は勤王方の下役としてまさに命がけで働いたという。曰《いわ》く、文久三年の天誅組《てんちゅうぐみ》の乱に関わった、慶応《けいおう》元年の冬から太宰府に閑居中の三条実美《さんじょうさねとみ》に内応するためかの地に赴き長崎にも出て医師松本順《まつもとじゅん》にも面会した、慶応三年に鷲尾隆聚《わしおたかつむ》とともに高野山に登り明治元年には鷲尾隆聚から賞状を貰った、明治二年には参与横井小楠《よこいしょうなん》暗殺事件の犯人と間違われて囚われた、同年東海道で暗殺される直前の大村益次郎《おおむらますじろう》と同宿した、明治四年には愛宕《あたご》・外山《とやま》事件（二卿事件）の犯人と間違われて拷問を受けた、明治九年には西南戦争直前の鹿児島に遊んだ云々。

以上のような奥野陣七の述懐がすべて事実かどうかは今ここで証明することはできない。しかし、当時の混迷した世相の中で多く輩出した、いわゆる草莽《そうもう》の一人として奥野陣七を数えることはできるのではないかと思われる。ところが奥野陣七は、このような幕末から明治初頭の動乱期を経て、言いようのない寂寥感におそわれたという。『富貴長寿の枝折』で次のように述べる。

然《しか》るに失敬ながら不肖の同志諸君は何《いず》れも勅任官《ちょくにんかん》以上に用ひられて居る御方が多くござりまして馬鹿の鏡と云《い》ふは不肖唯一人でござります

周りの人びとの栄達と較べて、自らの不遇を嘆く奥野陣七の心情が行間から読み取ることができる。しかし奥野陣七はただ絶望の淵に沈むだけではなく、次のようにも述べている。

中途より奉職も好ましからずと存じまして、相成《あいな》るべくは国民の本分として歴代の御陵墓を始め奉《たてまつ》り全国神社仏閣名所旧蹟等にても取調べまして間接に皇恩《こうおん》に報ひ又国家に尽すべしと考へましたる為《た》め殆ど三十年間前述の御古蹟を調査致しましたる次第でござります故に学識なく経験なく資産なき老野人でござりますれ共《ども》実地を云ふ事だけは略《ほ》ぼ承知致します

ここに、奥野陣七と神武天皇陵との接点が明らかとなる。これ以降、奥野陣七は神武天皇陵に焦点をしぼり、かつ神武天皇陵の周囲に居を定めて報国社と称する結社を営みつつ、神武天皇陵への参拝者を誘引したのである。

ここに『皇朝歴代史』という書籍がある。奥野陣七編輯で報国社によって明治十九年十二月に発行されたものである。同書は歴代の天皇陵ごとに項目を立てたうえで、それぞれの天皇の簡単な履

歴とともに崩御の年月日と陵の所在地と、新暦に換算し直した祭日を記すものである。たとえば神武天皇陵の条についてみれば、「奥野陣七著『皇朝歴代史』より神武天皇畝傍山東北陵条」のとおりである。これは明らかに歴代の各天皇陵への参拝者への案内書を意識した構成といってよいであろう。「実地を云ふ事だけは略ぼ承知致します」との奥野陣七の言が、そのまま同書に体現されているのである。

刷物としては、神武天皇陵を描写した「神武天皇御陵図」の類が何種類か知られている。その一例を挙げれば図「神武天皇御陵真景（奥野陣七）」のとおりである。一見して明らかなように極めて緻密な筆致が何よりの特徴である。当時の神武天皇陵の兆域内がどの程度実見が許されたのかは不明というほかはないが、このような図柄を全くの想像で描けるとも思われない。よく見ると、「報国社」の旗がたなびく建物がある。これ

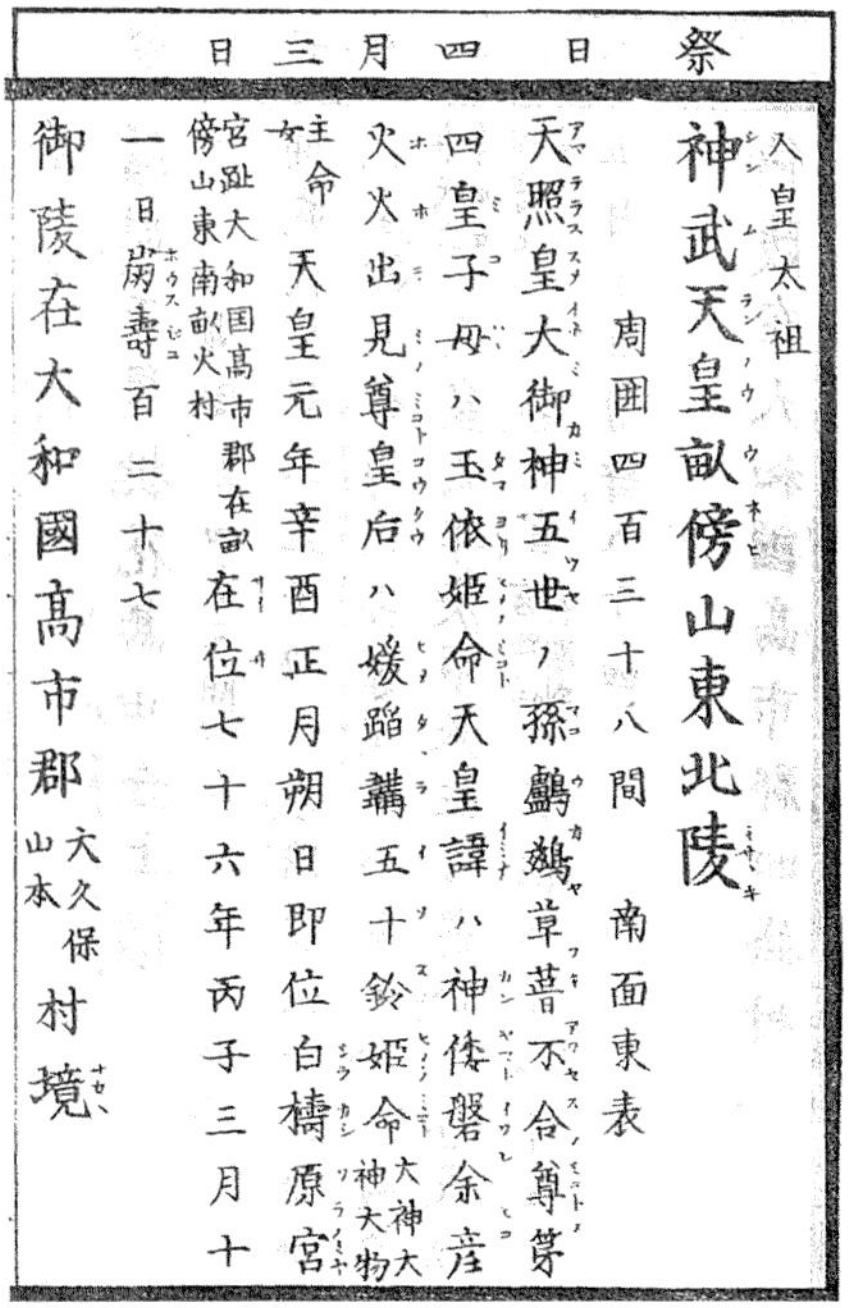
祭日　四月三日

人皇太祖
神武天皇《ジンムテンノウ》畝傍《ウネビ》山東北陵《ミサヽキ》
周囲四百三十八間　南面東表
天照皇大御神《アマテラススメオホミカミ》五世《イツヤ》ノ孫《マコ》鸕鷀草葺不合尊《ウカヤフキアワセズノミコトノ》第
四皇子《ミコ》母ハ玉依姫命《タマヨリヒメノミコト》天皇諱ハ神倭磐余彦《カンヤマトイワレヒコ》
火火出見尊《ホホデミノミコト》皇后《コウクウ》ハ媛蹈韛五十鈴姫命《ヒメタタライスズヒメノミコト》大神大物
主命女天皇元年辛酉正月朔日即位白檮原宮《カシハラノミヤ》
宮趾大和国高市郡在畝傍山東南畝火村在位七十六年丙子三月十
一日崩寿《ホウスジユ》百二十七
御陵在大和國高市郡大久保山本村境《サカヒ》

奥野陣七著『皇朝歴代史』より神武天皇畝傍山東北陵条

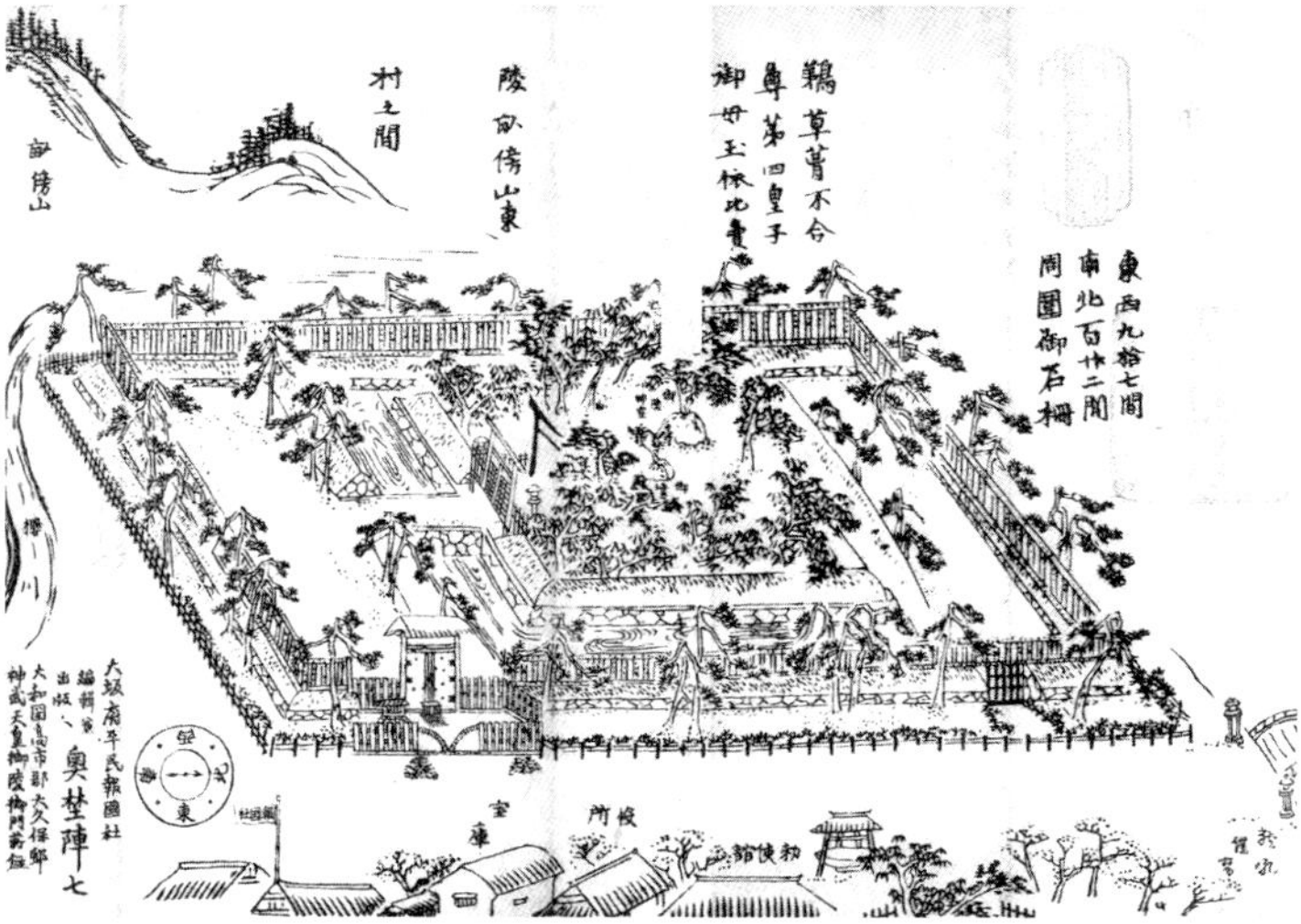

神武天皇御陵真景（奥野陣七）

が奥野陣七率いる報国社の本拠地である。

## 橿原神宮の創設と奥野陣七

時は移って明治二十三年四月三日。神武天皇陵に接して、橿原神宮《かしはらじんぐう》が官幣大社《かんぺいたいしゃ》として創建された。

祭神は神武天皇とその皇后の媛蹈鞴《ひめたたら》五十《い》鈴媛《すずひめの》命《みこと》である。ここに、いわゆる国家神道の立場で神武天皇を祀る体系が確立したのである。つまり、その墓所としての神武天皇陵と祭祀のための橿原神宮が揃ったこととなる。これを総じてみれば、これほど初代天皇のために相応しい環境はないということができるであろう。しかし、それが完成し尽くされた環境であればあるほど、かえってその環境から浮いてしまったのが神武天皇陵の周辺に結成されたさまざまな結社である。その代表格が奥野陣七であるが、そのほかには、新海梅麿による畝傍教会、また、松本弘道による太祖教会等を確認することができる。

それでは、橿原神宮とそれらの結社との間にはどのような協力関係、あるいは軋轢《あつれき》が存したというのであろうか。

橿原神宮の創建以降しばらくの間、橿原神宮と奥野陣七との関係は良好であったようである。どちらも神武天皇を顕彰し、神武天皇陵を尊崇することでは全く同じなのである。まして、自らは参拝客を積極的に誘引する機能を有さない橿原神宮にとっては、さまざまな結社の存在はむしろ頼もしい存在とみえたことがあったとしても別に不思議ではない。

奥野陣七は橿原神宮の創建後に報国社の名称を改めて畝傍橿原教会とした。規則も整備して教派《きょうは》神道《しんとう》の大成教《たいせいきょう》の傘下に入って積極的に会員を募り、神武天皇陵への参拝者の増加につとめた。また、書籍も多く刊行した。『神武天皇御記』は奥野陣七の代表的な著作といえるもので、報国社の時代から発刊されていたが、畝傍橿原教会を称するようになってから多くの版を重ねた。

神武天皇陵周辺に軒を連ねた結社によって刊行された神武天皇関連の書籍は決して少ない数ではない。たとえば、新海梅麿による『神武天皇御伝記略』(畝傍教会本部、明治二十年五月)、菊井惣鐵による『神武天皇御伝記』(皇恩社、明治三十一年八月)等である。いずれも神武天皇の生涯を主に『古事記』『日本書紀』の記述に拠りつつ述べたものであるが、奥野陣七による『神武天皇御記』

はこれら類書のなかでも抜きん出た特色がある。それは、畿内各地の神武天皇関連の史蹟や神武天皇陵そのものについて、実見にもとづく仔細な記述があることである。

ここで例を挙げれば、神武天皇陵内の埋碑、かつて神武天皇陵の候補とされた丸山、また明治十年二月十一日の明治天皇による神武天皇陵への参幸の際の祝詞についての詳細な記述は、特に眼を引くものである。「実地を云ふ事」を何よりも重視した奥野陣七の面目躍如といったところであろう。

その他、畝傍橿原教会による書籍・刷物はまさに枚挙に遑《いとま》がない。たとえば、書籍では右にみた『皇朝歴代史』や『神武天皇御記』があり、刷物でも「皇祖大神歴世皇霊略遥拝之巻」、「神武天皇御陵御修繕之際陵内埋碑文石摺全」、「神武天皇御陵真景御札」等というように、神武天皇あるいは神武天皇陵に焦点をあてた書籍・刷物は、神武天皇陵に接して営まれたさまざまな結社のなかにあっても奥野陣七、そして畝傍橿原教会によるものは質量ともに他を圧倒する存在であったと思われる。

しかし、そのような奥野陣七と橿原神宮との良好な関係も永く続くことはなかった。両者の関係に不幸が訪れたのである。『橿原神宮史』（昭和五十六年、橿原神宮庁）は橿原神宮創建以来の諸史料を原文のままに収めていて貴重である。その中に、奥野陣七と橿原神宮とのトラブルについての史料を見受けることができる。その概略を箇条書きに記せば次のとおりである。

・畝傍橿原教会は、会員募集に際して橿原神宮との特別な縁故のあることを述べ立てて、畝傍橿原教会に入会すれば橿原神宮内陣に参入できると言っているがそれは虚偽である。

・明治三十五年の橿原神宮大祭典会のために、畝傍橿原教会は橿原神宮境内に石灯籠を建設するといって寄附金を集めていたが、それも建設されておらず、寄附金を出した者には橿原神宮で家内安全の祈願祭典をすることになっていたが、それも実行されていない。
・奥野陣七は大祭典会のための寄附金を集めても会計台帳も作っていない。
・奥野陣七等は、橿原神宮大祭典会をまるで私物であるかのように扱い、しかも飲酒の費用も払わずしばしば苦情がある。

このような状態では、奥野陣七と橿原神宮との関係修復はとうてい困難であろう。しかも、明治三十六年二月十六日、奈良県知事は奥野陣七に「不正ノ所為アリ」として畝傍橿原教会の認可を取り消したのである。

その後、奥野陣七はついに神武天皇陵の地奈良を離れ、大阪府東区に居を移したのである。そこで奥野陣七は、「製剤本舗奥野報国社」を興して「長寿神武丸」「奥野防臭剤」を販売し、それとともに「家庭教育奨励会」を組織していわゆる通俗道徳の実践・普及につとめたのである。

もっとも、年月は不明であるがのちになって奥野陣七は居を奈良に戻した。しかし少なくとも史料にみる限り、奥野陣七はかつてのような活動の精彩を取り戻すことはなかった。

これまでの経緯をまとめてみると、神武天皇陵を機軸とした信仰・尊崇の諸相の中にあって、奥野陣七の主宰する報国社・畝傍橿原教会等といったいわゆる教派神道による動向と、明治天皇によって創建された橿原神宮といういわば国家神道による動向とでは、根本的に相容れることのできなかった部分があったということなのであろう。

## 今日の神武天皇陵

今日神武天皇陵を訪れると、その一帯は橿原神宮をはじめとして、橿原考古学研究所、同附属博物館、また、弓道場・体育館・陸上競技場・佐藤薬品スタジアム（野球場）等を含む橿原公苑となっており、さらにその周辺は、畝傍山や畝傍山口神社、また綏靖天皇陵・懿徳天皇陵が存在する。その整然とした景観・雰囲気は荘厳さを備えるもので、まさに初代神武天皇の陵が存し、神武天皇を祭神とする橿原神宮が鎮座する地として相応しいと思われる。

しかしそのように整備される前は、右にみたように、神武天皇陵への参拝者を目当てにしたいくつもの結社が軒を連ねる、いわば賑賑しい一帯であったのである。今、その面影は全くない。かつての賑賑しさ、そして今日の荘厳さ。これはいずれも、紛れもなくその時時の初代神武天皇のいわば表情ともいうべきものである。まことに天皇陵は、それぞれの時代の変化をよく反映するものである。

# 天武・持統天皇陵の改定と『阿不幾乃山陵記』

## 疑問の余地がない天武・持統天皇陵

今日、宮内庁が天武・持統天皇陵として管理しているのは、奈良県高市《たかいち》郡明日香《あすか》村にある野口王《のぐちおう》墓《ぼ》古墳である。一般に天皇陵は、それが確かにその天皇の陵であるかどうかについては、学問の上から否定的な見解が示される場合が多い。

しかし、天武・持統天皇陵については、宮内庁が治定し管理している野口王墓古墳であることを疑う考古学者はおよそ見当たらない。

このような天皇陵は、ことに古代の天皇陵の場合、まことに稀有といってよい。他には、天智天皇陵の場合がある位である。しかも、天武・持統天皇陵は、幕末から明治初頭に決定された所在地が、明治十四年（一八八一）二月になって改定されている。それならば、現在、天武・持統天皇陵の比定が、研究者の疑問を挟む余地がないほど学問的な確実性が高いというのは、この改定が考古学的な見地に基づいてなされたものであることによるものなのであろうか。

以下、天武・持統天皇陵がたどってきた足跡に注目しつつ考えることにしたい。

天武天皇と持統天皇が夫婦であり、持統天皇が史上はじめて火葬された天皇であることはよく知られている。持統天皇は天智天皇の皇女であり、壬申《じんしん》の乱に際しては夫である天武天皇と行軍をともにした。

この二方は同じ陵に合葬されたのであるが、夫婦であるから当然のように合葬されたのかというとそれは違う。天皇についていえば、夫婦といえども別に埋葬されるのがむしろ一般的であった。天武・持統天皇陵は、夫婦合葬の貴重な例である。また、天武天皇の遺骸は石棺に納められ、持統天皇は火葬された。つまり持統天皇の遺骨は、合葬陵の石室に存する骨壺に納められていたと考えることができる。

## 天武・持統天皇陵の比定地の変遷

まず、天武・持統天皇陵の所在地が不明になったことはなかったのか、ということである。まず、近世以降の動向をみることからはじめてみよう。

元禄《げんろく》十二年（一六九九）の林鵞峯《はやしがほう》著『御陵所考《ごりょうしょこう》』では野口王墓古墳を天武・持統天皇陵としている。しかし、享保《きょうほう》十九年（一七三四）の『日本輿地通志畿内部《にほんよちつうしきないぶ》』、文化《ぶんか》五年（一八〇八）の蒲生君平《がもうくんぺい》著『山陵志《さんりょうし》』、嘉永《かえい》元年（一八四八）の北浦定政《きたうらさだまさ》著『打墨縄《うちすみなわ》』は大和国高市郡五条野村・大軽村・見瀬村（奈良県高市郡明日香村）の丸山（見瀬丸山古墳《みせまるやま》）を天武・持統天皇陵としたのである。

そして、嘉永元年の平塚《ひらつか》瓢斎《ひょうさい》著『聖蹟図志《せいせきずし》』でも、見瀬丸山古墳を天武・持統天皇陵とし、かつ野口王墓古墳について「元禄天武持統合葬陵」として天武・持統天皇陵説を述べつつも、同時に見瀬丸山古墳について「里人武烈帝岩屋ト云或云倭彦命塚」ともしている。つまり、「里人」の説として、見瀬丸山古墳の武烈天皇「岩屋」説と崇神天皇皇子の倭彦命の「塚」説があることを併記しているのである。「里人」の説とは地元の伝承ということと考えられるが、そのような伝承が、天皇陵についての考証にあっては大きな部分を占めていたのである。

こうしてみると、天武・持統天皇陵については、こと近世における考証に関する限り、野口王墓古墳説が優勢のようにも思われるものの、おおむね、見瀬丸山古墳説と野口王墓古墳説が拮抗していたのであろうと考えられる。

それにしても、ここにみえる『聖蹟図志』のように、天皇陵の所在地について複数の説がまとめて併記されるということは、いかにも、天武・持統天皇陵の所在地についての考証の錯綜した状態をよく象徴するものと思われる。それは、別に述べた仲哀天皇陵の場合のように、所在地についてのひとつの説が否定されて、その次に別の新たな説が出てくるのとも違う。複数の説がまさに併存するということなのである。

このような状態では、天皇陵を決定しようとしても同じ天皇の陵が二箇所もあるというわけにはいかない。折しも文久二年（一八六二）閏八月には、宇都宮戸田藩によって「山陵修補の建白」が幕府に提出され、翌年には、歴代の天皇陵を対象とした大規模な普請が着手された。そこでは、天武・持統天皇陵も当然検討の対象となったのである。

文久の修陵の当初には、見瀬丸山古墳が仮に天武・持統天皇陵とされたのである。文久の修陵で普請がなされた天皇陵には、正式のものと仮のものとの二通りがあったのである。もちろん正式の普請がほとんどであったが、いくつかの天皇陵が仮の普請であった。仮の普請の例としては、天武・持統天皇陵の他に綏靖天皇陵・崇峻天皇陵・文武天皇陵・光明天皇陵などがあった。

## 『阿不幾乃山陵記』の発見

天武・持統天皇陵について、明治初年に若干わかりにくい動向があった。同四年（一八七一）十月には、天武・持統天皇陵が野口王墓古墳から見瀬丸山古墳に改定され、明治八年五月には仮定されたというのである（「畝傍陵墓参考地石室内現況調査報告」、『書陵部紀要所収陵墓関係論文集Ⅲ』〔一九九八年、学生社〕所収）。そうであるならば、少なくとも明治四年十月以前には、天武・持統天皇陵は見瀬丸山古墳から野口王墓古墳に改められていたはずであるが、その経緯をここで明らかにすることはできない。

しかし、より注目すべき動向は、明治十四年二月になされた天武・持統天皇陵の改定である。文献史料の新たな発見を契機にして、天武・持統天皇陵が見瀬丸山古墳から野口王墓古墳に改定されたのである。

その新発見の文献史料とは『阿不幾乃山陵記《あおきのさんりょうき》』である。『阿不幾乃山陵記』は、嘉禎《かてい》元年（一二三五）三月に野口王墓古墳が盗掘された際に記された同古墳石室内の実検の記録である。その記述は精緻を尽くすものであり、天皇陵の内部の観察が叶わない今日において、歴史学・考古学の上での貴重な知見を学界に提供する史料である。その『阿不幾乃山陵記』が、明治十三年六月十三日に栂尾《とがのお》の高山寺（京都市右京区梅ヶ畑栂尾町）において、古文書・古典籍の蒐集家である田中教忠《たなかのりただ》によって発見されたのである。

この野口王墓古墳の盗掘については、藤原定家《ていか》の日記『明月記《めいげつき》』の嘉禎元年四月二日条・六月六日条等にも記されており、当時、この事件はよく知られるところであったことがわかる。『明月記』には、盗人によって持統天皇の遺骨を納めた「銀筥」が持ち去られて、「御骨」が路頭に棄てられていたことなどが記されている。

それにしても、『阿不幾乃山陵記』の発見は衝撃的であった。これを根拠として宮内省官吏の大沢清臣《おおさわすがおみ》と大橋長憙《おおはしながおき》は早くも同年十二月に「天武天皇持統天皇檜隈大内陵所在考」を著し、宮内省による天武・持統天皇陵改定の直接の契機となった。

嘉禎元年の盗掘によって持統天皇の遺骨が納められた「銀筥」が持ち去られたとすれば、天武・

持統天皇陵の石室内には、天武天皇の遺骸を納めた石棺一基のみが存するはずである。『阿不幾乃山陵記』の描く野口王墓古墳の石室内の様子は確かにその通りのものであった。このことは、今日の考古学者のほとんどが野口王墓古墳を天武・持統天皇陵とすることに異を唱えることがないことの大きな根拠のひとつであることは確かである。

しかし、『阿不幾乃山陵記』に記された天武・持統天皇陵の石室内の詳しい様子そのものが、天武・持統天皇陵改定の根拠となったのではなかった。

それでは、何を根拠として天武・持統天皇陵の改定が行われたのかというと、次の通りの事柄によるのである。

当時すでに知られていた史料であるが、正治二年（一二〇〇）の『諸陵雑事註文』には「大和国青木《あおき》御陵天武天皇御陵」とあり、鏡恵比丘の『西大寺塔三宝田畠目録』には「高市郡三十一条二坪内御廟東辺字青木《あおき》」と記述されていた。そして、このたび発見された『阿不幾乃山陵記』には「阿《あ》不幾《おき》山陵里号野口」と記されていたことが確認されたのである。つまり、「阿不幾《あおき》」が「青木《あおき》」と同じ読みであり、その地に天武・持統天皇陵があるということはすでにわかっていたので、「阿不《あお》幾《き》山陵」が「里号野口」ということであれば、野口村にある野口王墓古墳こそが紛れもない天武・持統天皇陵であると証明されたのである。このことを根拠として天武・持統天皇陵を見瀬丸山古墳から野口王墓古墳へ改定するよう上申されたのである。

さらに注目されるべきなのは、見瀬丸山古墳のその後である。天武・持統天皇陵としての位置づけを失ったといっても、見瀬丸山古墳は巨大な前方後円墳である。ただ放置するわけにもいかないと考えられて当然である。天武・持統天皇陵ではなくなった見瀬丸山古墳がたどった途はどのようなものであったのであろうか。改定が行われた明治十四年二月のうちに、宮内省は見瀬丸山古墳について「当省見込みこれ有る場所」として「其《そ》の儘《まま》差し置く」ことを内務省に申し入れている。その後、明治三十年九月には見瀬丸山古墳の民有地が伝説地と定められたため、見瀬丸山古墳は御陵墓伝説地となり、さらに畝傍陵墓参考地と改められた。

さらに特筆するべきことは、昭和四十四年五月に見瀬丸山古墳は「丸山古墳」として国史跡に指定されている（昭和五十八年一月に追加指定）。陵墓参考地と国史跡の二重指定である。

陵墓参考地については別に述べているが、天武・持統天皇陵のたどった経緯は天皇陵、陵墓参考地を考えるにあたって、また、天皇陵の改定、さらには陵墓参考地と国史跡の二重指定について考えるに際して、まことに興味深い視点を提示するものといえる。

# 明治天皇陵は「過渡期の彌縫的処置」

## 明治天皇の崩御

これまでみてきたとおり天皇陵の歴史は長い。それは、初代の神武天皇陵から（あるいは神代の陵から）昭和天皇陵までという時間軸の捉え方としてではない。他の項でも述べたように、天皇陵はそれぞれの時代で常に認識し直され続けてきたという意味において、天皇陵の歴史は長いのである。つまり天皇陵という概念は、それぞれの時代にあって異なったものとして存在したのである。

ここでは、そのような観点をふまえて、明治天皇陵について考察したい。そこからは、現代に直結する天皇陵のあり方の原型について考えるための示唆が得られるであろうし、それと同時に、明治末年から大正初期の時代にあって、歴代天皇の陵に対してどのような認識があったかということについて考える見通しが得られることと思われる。

明治天皇その人の事績については、改めて述べる必要はないであろう。明治天皇の生誕、践祚・即位から崩御にいたる過程は、そのまま日本近代史の道程と重なる。

明治天皇は病に侵され、明治四十五年（一九一二）七月三十日に崩御する（公式発表による。実際には前日の二十九日）。『明治天皇紀』は次のように伝える。

御病終《つい》に癒《い》えさせられず、午前零時四十三分心臓麻痺に因《よ》り崩御したまふ、宝算《ほうさん》実に六十一歳なり、乃《すなわ》ち宮内大臣・内閣総理大臣連署して之《こ》れを告示す、一時内大臣剣璽《けんじ》及び御璽《ぎょじ》・国璽《こくじ》を奉じて正殿に至る、是《ここ》に於《おい》て剣璽《けんじ》渡御《とぎょ》の儀行はれ、新帝詔書を発して元を大正と改めたまふ、

ここにみえる「宝算」とは年齢、「剣璽」とは三種の神器のうち草薙剣《くさなぎのつるぎ》と八尺瓊曲玉《やさかにのまがたま》、「御璽」とは「天皇御璽」と刻した天皇の印、「国璽」とは「大日本國璽」と刻した日本国の印、「元」とは元号のことである。

次には、大喪《たいそう》（天皇の葬儀のことをとくに「大喪」という）の礼や陵陵についてのことが、喫緊の課題となったであろうことは想像に難くない。しかるべき立場の方が亡くなった場合は、葬儀や墓のことが実際には事前にあらかじめ定められていることも多い。しかし、明治天皇の場合はそのような形跡はみられない。

それどころか、『時事新報』大正元年七月三十日付によれば、「皇室陵墓令」の制定を目指して案文を明治天皇に見せて裁可を仰いだ宮内大臣に対し、明治天皇は「朕に適用さるる式令だの」と言って突き返したというエピソードも伝えられているくらいである。日の目をみなかった「皇室陵墓令」には、新たに営まれる陵墓の場所を「東京府下」と規定してあったのだが、後で述べるように、明

治天皇の崩御にあたっては、陵をいったいどこに営むかということも含めて、その後の段取り等あらかじめ定めて置くことができるような仕組みにはなっていなかったとみるのが妥当であろう。

## 『明治天皇紀』から

『明治天皇紀』明治四十五年八月六日条は、明治天皇陵がどこに営まれることになったのか、そしてそれにはどのような根拠があったのかについて次のとおり述べる。

抑々《そもそも》陵所を此処（今日の京都市伏見区）に選定せしは大行《たいこう》天皇（明治天皇のこと）の遺詔《いしょう》に原《もと》づくものにして、明治三十六年宸慮《しんりょ》已《すで》に決せり、其《そ》の年四月海軍大演習観艦式及び第五回内国勧業博覧会開会式に臨御《りんぎょ》したまはんがため、暫《しばら》く蹕《ひつ》を京都御所に駐《とど》めたまふ、一夕皇后と餞《せん》を倶《とも》にし、旧都の今昔を語りたまふの次、卒然として宣《のたま》はく、朕が百年の後は必ず陵を桃山《ももやま》に営むべしと、時に典侍千種任子《ちぐさことこ》、天皇の陪膳に候せしが、此の綸言《りんげん》を聴きて太《はなは》だ異《あや》しみ、旨《むね》を日乗《にちじょう》に誌《しる》す、

明治天皇陵は京都に営まれたのであった。それはなぜかというと、明治天皇は「百年の後」、つまり自らが亡くなった後は陵を桃山に営むようにと命じていたというのである。右の記述は、明治天皇が自らの意思をのべた年月も、場所も、その場の様子も事細かに説明するものであって、しかも、典侍千種任子（千種有任《ありとう》の子、明治天皇の皇女を二人〔韶子内親王・章子内親王〕出産。いず

れも早世）の「日乗」（日記）にはその旨が記されているという。

『明治天皇紀』の先をみよう。

大漸《たいぜん》のことあるや、皇太后《こうたいごう》遺詔《いしょう》を遵奉《じゅんぽう》し、陵を桃山に定めんことを命じたまへりと云ふ、桃山は所謂《いわゆる》伏見山にして眺望絶佳の地、豊臣秀吉形勝を利して堅城を築くに迨《およ》び、伏見城の名頓《とみ》に著はる、徳川氏の治世に至りて、城墟空しく寒烟茂草に委し、古城山の名僅かに存す、後墾《ひら》きて多く桃樹を栽ゑしを以《もっ》て、桃山の名起れり、桃山は文字語調共に佳なれども、元世俗の言より出て、陵名には古雅《こが》を缺《か》くの嫌《きらい》あり、因りて此の地の総名にして、古来歌枕《うたまくら》と為《な》れる伏見の二字を冠し、皇陵を伏見桃山と名づけ、九月十五日告示せらる。

昭憲《しょうけん》皇太后は、明治天皇の崩御の後、明治天皇の遺志のとおりに陵を桃山に営むことを命じたのである。天皇の遺志に基づいて天皇陵の場所を決めるということは、一見至極もっともなことであるともいえよう。しかし、生前に都を営んだ地とか、あるいはその出身地であるというような何らかの原則に基づくことなくして、その都度天皇の遺志によるということにでもなれば、天皇陵の場所は不定となり一貫性を欠くことになってしまう。

天皇陵に限らず、墓をどこに営むかということに何らかの原則を立てようとすることは、決して不自然なことではあるまい。

しかし、ともかくも明治天皇陵は京都の伏見桃山に営まれたのであった。確かに、京都の伏見桃山に営まれた明治天皇陵の立地は最高である。もし明治天皇陵に行って拝所の前に立つ機会に恵まれれば、陵に向かって拝礼するだけではなくそのまま後ろを振り返ってみていただきたい。宇治川の流れを中心とする豊かな平野を眼下に一望するその眺めは、まさに「眺望絶佳の地」というに相応しい。幽明境《ゆうめいさかい》を異《こと》にするに至った明治天皇に献じるに充分な景観がそこにはある。

しかし、明治天皇陵を伏見桃山に営もうとする動向とはまた異なった動向が、当時存したことも事実である。

東京にこそ明治天皇陵は営まれるべきだとする動向も確かにあったのである。それは決して歴史の本流からすれば無視できるというような小さな動向ではない。『明治天皇紀』に次のように記されているとおりである。

始め大漸《たいぜん》のことあるや、東京府民、近郊清浄の地を選びて陵域を定めたまはんことを建議哀願する者尠《すくな》からず、伯爵土方久元《ひじかたひさもと》之《こ》れを聴き斡旋するところあり、又東京市長以下市民有志、東京商工会議所に会し、神宮建立の事を議す、他日明治神宮造営の挙ある、全く此《こ》れに胚胎すと云ふ、

東京もしくはその近郊にこそ明治天皇陵は営まれるべきとするこの動向は、別段突飛なものとはいえない。天皇が在った都に隣接した地に天皇陵を営もうとすることは、むしろ歴史的かつ一般的

な傾向である。明治天皇とても、その生涯の大半を過ごしたのは東京においてであって決して京都においてではない。また、「往古以来、山陵は皆其帝都に就きて築造し奉りし事にて」（『東京朝日新聞』大正元年八月九日付）という論調も新聞の報ずるところであった。

むしろ、そのような歴史的・一般的な傾向に従って明治天皇陵が営まれることなく、天皇の遺志に従った皇太后の命に拠ったことの方が特殊な傾向とも言えるのである。

なお、東京には明治天皇陵こそ営まれなかったものの、明治天皇と昭憲皇太后を祭神とする明治神宮（東京都渋谷区代々木神園町）が創建された。ここに東京やその近郊に住まう人びとは、明治天皇を偲ぶよすがを得たのである。鎮座は大正九年（一九二〇）十一月一日であった。山口輝臣著『明治神宮の出現』（平成十七年一月、吉川弘文館歴史文化ライブラリー）は、この間の経緯を詳らかに説いていて貴重である。

**「（参照）伏見桃山陵陵制説明書」**

次に、明治天皇陵について批判があったことに注目したい。それは明治天皇陵が京都に営まれたことについてではなく、明治天皇陵の形状に対しての批判である。批判といっても新聞等で大々的に報じられたものではなかった。宮内大臣の諮問機関として設けられた帝室制度審議会が、将来営まれるであろう天皇陵について定める「皇室陵墓令」の案文を検討するに際して、当時すでに営まれていた明治天皇陵の形状についての批判的な議論が展開されたのであった。そこで提出された資料の一つに、「陵制に対する愚見を陳して大喪儀の制に及ふ」（「山口帝室制度審議会御用掛提出」）という書類があった。国立国会図書館憲政資料室の平沼騏一郎関係文書と牧野伸顕関係文書に収められている。ただし、これが帝室制度審議会にいつ提出されたのかは今のところ明らかにすることができない。以下、これについてみることにしたい。

これを著した「山口帝室制度審議会御用掛」というのは、山口鋭之助《やまぐちえいのすけ》（一八六二〜一九四五）のことで、山口は理学博士であり、京都帝国大学教授、学習院院長を歴任したあと、宮内省で図書頭・諸陵頭を務めた。この諸陵頭とは、まさに天皇陵の祭祀・管理の直接の責任者である。山口には『山陵の研究』（明治聖徳記念学会、大正十二年二月）の著書もある。

以下、「陵制に対する愚見を陳して大喪儀の制に及ふ」から、山口鋭之助による明治天皇陵批判についてみることにしたいが、その前に、そもそも明治天皇陵とは何なのかを理解するための具体的な情報が必要と思う。幸い、「陵制に対する愚見を陳して大喪儀の制に及ふ」には「（参照）伏見桃山陵陵制説明書」（大正元年十月二十五日）が含まれているので、先に「（参照）伏見桃山陵陵制説明書」の内容を検討して、明治天皇陵がどのような理念のもとに営まれ、またそこにはどのような意味が込められていたのかについて具体的に把握し、その後で「陵制に対する愚見を陳して大喪儀の制に及ふ」をみるという順序をとることにしたい。

明治天皇陵は、上円下方の形をしている。つまり、土饅頭に似た半円球が階段状に重ねられた立方体に乗っているという図である。上に乗っている半円球はもちろん土饅頭ではなく石で葺《ふ》いてある。この形状は、大正天皇陵や昭和天皇陵（いずれも東京都八王子市）でも踏襲されている。極めて特徴的な形であって、一目でもみれば永く記憶に残ることであろう。この形状には何かいわれがあるだろうか。それとも、天皇陵の形の伝統等とは関係のない新しい形なのであろうか。

そのような点に注目しつつ、「（参照）伏見桃山陵陵制説明書」をみてみよう。この「説明書」は、明治天皇が崩御してから間もない頃、より具体的にいえば、本文中にあるように「御埋棺」が済んだ時点で作成されたものである。つまり、どのような形の陵を営むのかという議論のための資料としてではなく、すでに工事がある程度進んだ時点で、どのような形になる予定であるのか、それはどのような理由によるものであるのか等々を説明するための資料として作成されたものと考えられる。

さて「（参照）伏見桃山陵陵制説明書」は、

・「御陵形は山科陵に則る理由」
・「山地に御埋棺して後、陵形を削成することは、後月輪東山陵《のちのつきのわのひがしやまのみささぎ》に則る理由」
・「御拝所及兆域《ちょういき》周囲の形状は、畝傍山東北陵《うねびやまのうしとらのすみのみささぎ》に則る理由」
・「礫石《れきいし》を以《もっ》て陵上を葺《ふ》く理由」

の各部分から成るものである。順を追ってみてゆくことにしたい。

## 「御陵形は山科陵に則る理由」

まず、「御陵形は山科陵に則る理由」の部分である。「山科陵」というのは天智天皇陵（京都市山科区）のことである。

明治天皇は、延喜《えんぎ》以後一千年来の外戚政治及武家政体を廃止せられ、王政を復古し始て欧米の制度を採用して、立憲の政体を立てられたり、而して復古の御主意は、直に神武創業に基くと宣らせ給へれは、御陵の如きも、亦《また》畝傍陵に則るへきなれとも、畝傍陵は早く滅ひて其《そ》の形を存せす、因て其の後王政の隆昌を極めし、応神天皇の恵我藻伏崗陵《えがもふしのをか》或は仁徳天皇の百舌鳥耳《もずみみ》原中陵《はらなか》に則るへきか、当時三韓を併合したる後にて、国威海外に輝きたる時なれは、其の御陵、実に雄大壮宏を極め、其の大蓋《けだ》し世界に冠たり、今日韓、台、樺、島、を合併したる御世に参照しては、真に好範たれとも、然《しか》れとも斯《かか》る雄大の御陵を営みては、明治天皇の御倹徳に背くの恐あるのみならす、既に伏見に御埋棺を了《おわ》りたれは、地勢上許ささる所あり、さらは先々帝孝明天皇の後月輪東山陵に則るへきかと云ふに、此の御陵は、天皇、国家多難の際、俄《にわか》の崩御にて、国用足らす、且《かつ》中世以後久しく行はれたる仏家の御式を廃して、遽《すみやか》に古制に復せられたれは、未《いま》た充分の研究施設を為《な》す能《あた》はす、僅に泉涌寺の山上に円陵を築きたるものなれは、其の制、一種特様にして、永世の模範と為すに足らす、然《しか》らは則更に何れの御陵に則るへきかと云ふに、中宗天智天皇の山科陵に則るを以《もっ》て、最《もっとも》其《その》宜《よろし》きを得たるものと思考す、天智天皇は皇子たる時に、大臣《おおおみ》蘇我《そが》氏を誅滅《ちゅうめつ》して、王政を回復し、皇太子として、孝徳《こうとく》天皇を輔佐し、隋唐の制を採りて、大化の改新を断行し、即位して都を東に遷し、近江の律令を発布して、百政を整備し、太祖神武天皇以来の政体を一変して、国家を文明の域に進め給へり、故に我国中興の祖として、十陵八墓の制あるや、山科陵は百世之を除かす、恰《あたか》も今日の畝傍陵の如し、山科陵は斯《かく》の如くにして、年々荷前の奉幣ありたれは、世の変乱を経ても、兆域こそ縮りたれ、御陵は厳然として、昔の随《ママ》(原文に「ママ」に存在せり、されは範を採るに最便なり、是れ伏見桃山陵の山科陵に則る所以《ゆえん》なり、

(読み易さを重視して、原文のカタカナをひらかなに改めるなどした。以下同じ)

これをみれば、明治天皇陵の形状(「御陵形」)は歴代天皇のなかから特に優れた事績を残した天皇の陵に範をとったものであるべしという前提があることが明らかである。それでは、どの天皇の陵がそれに相応しいかということになる。そうすると、神武天皇・応神天皇・仁徳天皇・孝明天皇の陵がその候補となって然るべきではあるが、それよりは、天智天皇の陵に範をとるべきであるとする。

その理由は、神武天皇陵は早く湮滅《いんめつ》して形状がなくなっており、応神・仁徳天皇陵は広大に過ぎ

て明治天皇の倹徳に背くものであり、孝明天皇陵は仏式を廃することには成功したものの永世の模範とはならないとする。では、天智天皇陵のどの点が優れているかというと、天智天皇は大化の改新を断行し律令を発布した中興の祖であると同時に、天智天皇陵は天皇陵に対する祭祀（「荷前《のさき》の奉幣」）でも重視されていると述べる。

要するに、実際に存する陵の形状とともに、歴史上のさまざまな事柄を勘案したうえで天智天皇陵に範をとったということがここにみえる議論の枠組みである。

## 「山地に御埋棺して後、陵形を削成することは、後月輪東山陵に則る理由」

次いで、「山地に御埋棺して後、陵形を削成することは、後月輪東山陵に則る理由」の部分である。これは少々わかりにくいが、まず棺を埋納してから周囲の地山（盛土等でないもともとの地面の部分）を削って、最終的に半円球の形状に整えるという工法が採用されたのであるがそれはなぜかという点についての説明である。図「絵葉書にみる明治天皇陵の構造」をあわせてみると、理解の助けとなると思われる。なお後月輪東山陵とは、孝明天皇陵のことである。

上代の法、天皇崩御すれは、先《ま》つ殯斂《ひんれん》して、而《しこう》して後に、更に地を択《えら》ひ、山陵を築営して之《これ》に改葬するなり、改葬の法は、霊棺をは、隧道より、石槨《せきかく》の内へ遷《うつ》し蔵むるにて、上より土を覆ふ等のことなし、恰《あたか》も神社の御遷座の如し、此《こ》の式は桓武天皇柏原山陵まで行はれたり、此の殯式《ひんしき》は、天皇、皇后、皇太子等に限り行はせられたり、大化改新の葬令に、凡《およそ》王以下、及レ至二庶民一、不レ得レ営レ殯、とあり、嵯峨天皇に至り、倹徳の余り、遺詔して薄葬せしむ、其の法、阬《うが》ちて棺を容《い》れ、封せすして地と平かならしむ、故に延喜諸陵式には、嵯峨天皇の陵を載せす、埋めて地と平かならしむるは、庶民の法なり、大化改新の葬令に、庶民亡時、収二埋於地一、とあり、天皇の遺詔は、実は当時財政漸く窮乏したるに依り、国用を傷けむことを恐れて、此の倹徳を行はれたるなり、天皇の皇子皇女、其の腹卑《はらいや》しき者には、悉《ことごと》く姓を賜ひて、臣籍《しんせき》に編入したるも、全く此の意に外ならす、爾来《じらい》天子代々薄葬して、多くは仏式に依りて火葬に従ふ、醍醐天皇の如きは火葬にあらされとも、地下に埋葬せり、後水尾天皇以後、泉涌寺の御式は、蓋《けだし》此の法なり、孝明天皇の崩御あらせらるるや、当時山陵奉行戸田大和守忠至《とだやまとのかみただゆき》、神武天皇以下歴代の山陵を修理せし折柄なれは、古制に復して、山陵を起さむとしたるに泉涌寺之を牽制して、目的を達する能《あた》はす、漸く寺内の山上に御埋棺し、山を削りて三段の円陵を築き成して、後月輪東山陵と称せられたり、此の陵は、上段直径十四間半、中段直径二十間、下段直径二十五間ありて高凡四間あり、さて後月輪東山陵は、斯《かか》る事情より出来たる山陵なれは、一種特様にはあれと、其の実は天然の山を削りて、御陵を立てたれは、堅牢無比にして、却《かえっ》て一の善法たりしを失はす、英照皇太后の後月輪東北陵は、之に遵《したが》へり、伏見桃山陵は、之に拠りて、伏見山上に御埋棺したれは、後月輪東山陵の例に従ひ、天然の山地を削りて前面を山科陵の型に造

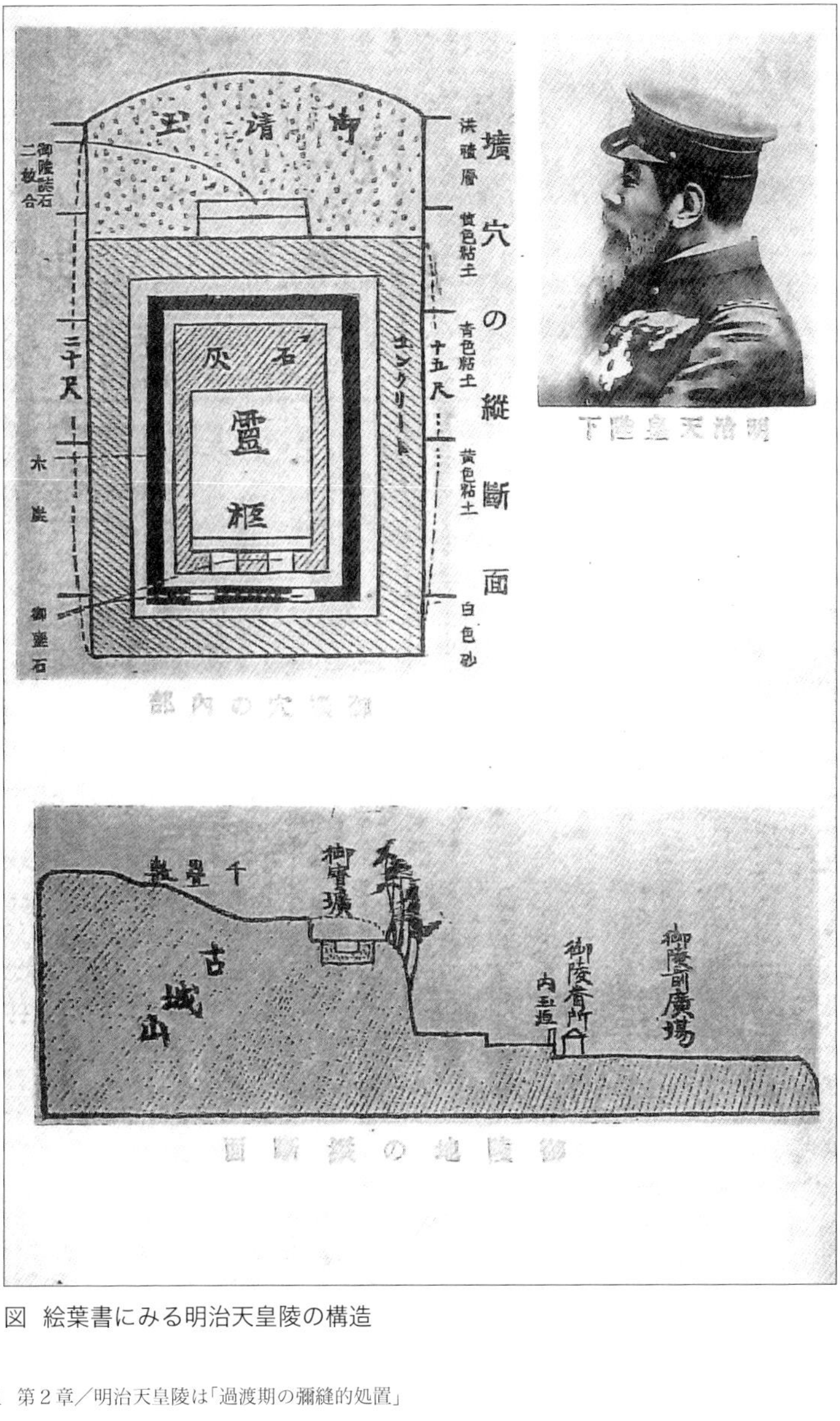


図　絵葉書にみる明治天皇陵の構造

り成すなり、是《こ》れ内実を後月輪東山陵に則りて、堅固を万世に期し、外形を山科陵に則りて、
古制を千載に伝へむとする所以なり

これを要約すると以下のとおりである。

古い時代には天皇が崩御すると、まず殯《もがり》（遺骸を仮に安置すること）をしてから陵を造りそこに納めていた。桓武天皇まではこのように行われた。嵯峨天皇は遺詔により陵を設けなかった。以降は天皇も薄葬となり仏式によって火葬されもした。醍醐天皇は火葬ではないが地面より下に埋葬された。後水尾天皇以降泉涌寺の陵はこの方式である。

孝明天皇陵は泉涌寺内の山の上に棺を埋めてから山を削って円陵を造った。これは特別な形式ではあるが、天然の山を削ったために頑丈にできていてよい。英照皇太后の陵も同様に造った。そこで明治天皇の陵も、伏見山の上に棺を埋めてから天然の山地を削って前面を山科陵の型に造ったのである。いかにも不自然な工法であることは仕方がないが、それでも「堅牢」な造りであることが重要であるし、孝明天皇陵や英照皇太后陵の前例もあるとする

## 「御拝所及兆域周囲の形状は、畝傍山東北陵に則る理由」

三番目は「御拝所及兆域周囲の形状は、畝傍山東北陵（神武天皇陵）に則る理由」で、次のとおりである。

上代の陵制、四方に隍《ほり》を一重、若《もし》くは二重、若は三重に設く、而《しこう》して前面は、唯《ただ》隍を隔つるのみにて、御拝所を設けす、天智天皇山科陵に至りては、兆域《ちょういき》入口南面に鳥居を立つ、是《これ》は蓋《けだし》十陵八墓の制ありて以来、毎年荷前の奉幣あるか為ならむ、徳川幕府の末、戸田忠至《とだただゆき》、山陵奉行となりて、歴代の山陵を修理するに及ひ、始て毎陵え御拝所を造る、而して皇祖畝傍陵の御拝所に至りては蓋《けだし》最意を致せり、故に伏見桃山陵の御拝所は、専ら神武天皇畝傍山東北陵に則り、其の他兆域周囲の形状も、亦《また》之に則ることとせり、

これは、幕末期の文久の修陵において歴代の天皇陵に拝所を設けたが、そのなかでも特に神武天皇陵について最も留意したという。そして、明治天皇陵においては拝所やその他の兆域（陵墓の域内）や周囲の形状については神武天皇陵に則ったというのである。

もちろん、ここで神武天皇陵というのは文久の修陵以降に整備が完成した後の様子についていっているのであって、それ以前のふたつの小丘の様子をいっているのではない。

## 「礫石を以て陵上を葺く理由」

四番目は、「礫石を以て陵上を葺く理由」である。これは、天皇陵の表面を小石で覆ったことの理由ということである。

上代の山陵は、皆礫石を以《もっ》て陵上を葺《ふ》けり、是《これ》は一は専ら其《そ》の堅牢を期し、一は草莽《そうもう》を生せしめさらむか為なり、嵯峨天皇薄葬の遺詔に不レ封不レ樹、土与レ地平、使三草生上、長絶二祭祀一、とあり、是《これ》は平民式の埋葬にせよ、との御旨意なれは、山陵の上には、草を生せしめさる反証、之に因て見るへし、日本紀推古天皇紀に、二十八年冬十月、以二砂礫一、葺二檜隈陵上一、とあり、檜隈《ヒノクマ》陵は、欽明天皇　御陵なり、礫石を以て陵上を葺くことは、普通なれと、特更《(殊)》に茲《ここ》に特書したるは、是《これ》より先き、欽明天皇の妃用明、推古二天皇の御腹、皇太夫人、蘇我堅塩媛《そがのきたしひめ》を、檜隈陵に改葬したり、故に御修理の為に、重《かさね》て礫石を以て、厚く葺かれしなるへし、後世、盗人此の御陵を発《あば》かむとしたるに、礫石厚くして其の非望を達する能《あた》はさりしと云ふ、押坂内陵は、小平石を以て之を葺けり、山科陵は、礫石を以って之を葺き、其の厚さ三尺以上もあるへしと云ふ、播州舞子と垂水との中間に在る、俗に仲哀天皇の殯陵と称する前方後円型の一大古墳、五色冢の礫石、最《もっとも》参考に資するに足る、抑々《そもそも》山陵は、御尊骸を万世に奉安する霊所なれは、神社とは自ら異なる所あり、故に石壁の如きは、自然石を用ゐ、木造の建造物は、成るへく之を避け、天然の景勝を利用して、森厳幽高、永く聖霊を鎮安し奉るへきなり、況《いわん》や明治天皇の盛徳大業は、実に空前にして、世界万民の斉《ひと》しく仰く所なれは、伏見桃山陵は、其の聖慮倹徳を体し、祖宗の先例に則り、質素堅固を旨として、築営するものなり、

これによると、明治天皇陵の表面は小石で覆われているが、それは、頑丈であることと、草が生い茂らないようにするためである。欽明天皇陵はそのよい例であるが、そのために盗人も陵を暴こうとして果せなかった。舒明天皇陵（押坂内陵）や天智天皇陵（山科陵）、また、「五色冢」といわれる仲哀天皇の殯陵（もがりを行なった場所）も「礫石」で覆われている。そもそも天皇陵は永く天皇の亡骸を奉安するところであるから、おのずから神社とは異なるものであって木造ではいけない、とする。

以上、長い引用となったが、これが明治天皇陵の構造についての説明である。もっとも説明といっても、明治天皇陵の様子など遠くから眺めただけではよくわかるものではない。しかし当時の宮内省の関係者にとっては、明治天皇陵の構造がどのようなものであり、そこにはどのような意味が込められているのかは、決して小さな問題ではなかった。

## 「陵制に対する愚見を陳して大喪儀の制に及ふ」

先にも述べたがこの「陵制に対する愚見を陳して大喪儀の制に及ふ」は、公表されたわけでも、どこかで評判になったというものでない。ただ、帝室制度審議会といういわば近代皇室制度の中枢

部にあって、資料として配布され、そこで明治天皇陵の構造についての批判が堂々と展開されていたことについては、充分留意されるべきではないか。

以下、この「陵制に対する愚見を陳して大喪儀の制に及ふ」についてみる。その「伏見桃山陵の形式は、永世不易の範とし難し」の部分から、まず「第一」として土地の形状に触れた箇所である。

第一　伏見桃山陵は、桃山の如き形勢の土地、即《すなわち》南方に平地を控へたる低き丘陵に就て、始て構築し得る形式なり。斯《かか》る特殊の地形は決して多く得易きものにあらさるなり、現に桃山の地に於《おい》ても、今後猶同型の山陵を造営せむと欲せは、非常なる大工事を施して、僅に一二陵を得へきに過きさるを以ても知られへきなり。

一見して論旨は明快である。「今後猶同型の山陵を造営せむと欲せは」とあることに尽きる。問題は明治天皇陵だけのことではない。明治天皇陵の在り方は、今後、永く続く皇室制度にあってその基礎となって然るべきものでなくてはならなかったというのである。明治天皇陵を皇室制度のなかに位置づけようとした際になされた明治天皇陵批判の前提が、この短い記述から読み取られなければならない。

次いで「第二」である。明治天皇陵の構造には思いもよらぬ問題点があったというのである。

第二　伏見桃山陵の築造は、初に予備工事を為《な》して後御棺を斂瘞《れんえい》し奉り、更に御所在の上に登《とう》攀《はん》して、作業に従事せさるを得さりしは。最《もっとも》恐懼《きょうく》に堪へさる次第なれとも是《こ》れ縦壙《たてあな》に伴ふ必然の欠点なり。唯《ただ》此の一事を以ても、良制に非すとして排除するに充分なり。

言われてみれば、実にもっともな指摘である。明治天皇の遺骸が納められた棺を埋葬した後に、その上によじ登って作業をしなければ完成しない天皇陵の形態など、天皇陵のあるべき姿とはおよそ隔絶したものであるというのである。

「第三」も続いて、構造上の大きな問題点を指摘する。

第三　御棺の位置は、平地より以上の高処に奉安すへきは、動すへからさる古制なり。若《も》し此《こ》の制を破らは、御月輪東山陵、伏見桃山陵に於《おい》て、苦心して復古せられたる本旨を滅却するものなり。而《しこう》して桃山の如き南面の丘陵地亦《また》多く得易からす、止むを得す平地に於て斯《かか》る形式の山陵を営まむと欲せは、大なる盛土を為《な》し、上に縦壙を穿《うが》ち、重量、大なる御棺を斂《おさ》めて後、更に多量の盛土を為ささるへからす。斯の如きは最不自然なる工事なれは工学上力めて忌避する所なり。此の点より見るも、此の築陵法は決して宜《よろし》きを得たる形式に非さるなり。

天皇の遺骸が納められた棺は必ず高所に安置されなければならないが、今後もし平地にこのような天皇陵を築造することになれば当然多量の盛土が必要であり、そのようにして完成した天皇陵は極めて不自然なものになるという。

これも、将来にわたっての皇室制度の在り方を熟慮したうえでの真摯な批判といえるものである。

「第四」は結論である。

第四　将来若《も》し陵地を平地に設け、兆域《ちょういき》を限定せらるる如きことありて、小墳を築くとせは、其《そ》の内に伏見桃山陵に於ける如き陵壙を設くることは、全く不可能の事に属すると云ふへきなり。

ここには何も付け加えて論じる必要はないであろう。どのような反論もこの山口鋭之助の主張の前には不可能である。

そして、「第一」から「第四」までを総じて山口鋭之助は次のように述べる。

要するに、伏見桃山陵の形式は、歴史上より観るも、其の山作の方法過渡期の彌縫的処置たるに過きすして、万世の定制と為さむには余りに不完全なり。

明治天皇陵の形状を「彌縫的処置」とは言いも言ったりというところであるが、本心の吐露というべきであろう。

しかし「陵制に対する愚見を陳して大喪儀の制に及ふ」は、ここで終わってはいない。単に批判にとどまらず、今後営まれるであろう天皇陵はどうあるべきかについて、具体的な展望を述べているのである。

それは、全体として「今後採用すへき陵制と大喪儀」と題された上で、「甲　今後採用すへき陵制」と「乙　殯宮の制」から成り、その「甲　今後採用すへき陵制」は「イ　帝陵は横壙の形式を用うへし」と「ロ　築陵の材料は石材を用うへし」から成り、「乙　殯宮の制」は「イ　古来大喪には殯宮を起すを本義とす」と「ロ 今後の殯宮と御大喪儀」から成る。

**「今後採用すへき陵制と大喪儀」**

まず、「今後採用すへき陵制と大喪儀」からみる。

> 伏見桃山陵の形式にして、以上の如き欠点ありとせは、今後如何なる陵制を採るへきか。之《これ》を古今の実例に徴し、和漢の陵制に照し、又伏見桃山陵築造に於ける欠点に鑑《かんが》みるときは、帝陵は須《すべから》く石材を以て構築したる、横壙を以て定制とすへきなり

「欠点」とは手厳しいが、今後採用されるべき天皇陵については「横壙」、つまり横穴式にせよというのである。以下の諸点についても、この横穴式の採用を前提としたものである。

**「甲 今後採用すへき陵制」――「イ 帝陵は横壙の形式を用うへし」**

次いで「甲 今後採用すへき陵制」の「イ 帝陵は横壙の形式を用うへし」である。

> 上来既に詳述したるか如く、縦壙は恐懼《きょうく》に堪へさる作業を避くる能《あた》はされは、陵壙は必横壙にすへきなり。暫《しばら》く漢土の事例を参照せは、横壙にして隧道を設くるは、古昔帝王斂葬の恒例特権なり。

これも横穴式の採用の主張であるが、この引用に続く部分には、『春秋左氏伝《しゅんじゅうさしでん》』「僖公《きこう》」、『礼記《らいき》』、

『周礼《しゅらい》』といった中国の典籍からの引用があり、さらにそれに続く部分が以下である。日本の事情についての言及である。

> 我邦本来の制度は、帝陵に縦壙を用ゐしや、将《ま》た横壙なりしや、未《いま》た確証を得されとも、漢土と交通開けて以来は、横壙を用ゐられしものと見ゆ。彼の阿不幾（乃脱）山陵記〔盗、天武天皇大内陵を発《あば》く、其の時実見の記録なり〕の記事を以て詳知し得へく且《かつ》当時の古墳を調査するに、皆以て横壙の制なれは、採りて以て後来の範と為すへきなり。

歴代の天皇陵が縦穴式であるか横穴式であるかは確証がないとしながらも、中国との交渉があった後は横穴式なのであろうと述べる。天皇陵の発掘調査はもちろん宮内省によってもなされないのであるから、棺が埋納されている部分が縦穴式なのか横穴式なのかはわからないとするのは実に正確である。

そこで参考として持ち出されるのが、別稿で触れた『阿不幾乃山陵記《あおきのさんりょうき》』である。その上で将来の見通しを次のように述べる。

> 将来採用すへき横壙の構造は、堅牢なる石を畳みて、玄室を構築し、殯宮より玄室内に御棺を奉遷《ほうせん》し了《おわ》りて、直《ただち》に石扉を閉鎖し、而して後適宜の材料を以て、其の隙罅を密閉して斂棺《れんかん》を完了するなり

この順序で棺を「横壙」に埋納すれば、その上によじ登って作業をする事態は全く起こり得ない

のである。

**「甲　今後採用すへき陵制」――「ロ　築陵の材料は石材を用うへし」**

次いで「ロ　築陵の材料は石材を用うへし」である。

帝陵は極めて尊厳崇高にして、美観を具するものならさるへからす。而《しか》も将来陵墓地を定め、兆域を限定せらるへしとせは、応神仁徳諸帝陵の如く、広大雄偉を以て荘厳と美観とを具備せしむる能《あた》はす。既に雄大なる能はすとせは、従前の如く土砂礫石を以て築陵の材料と為《な》すときは、単なる小土饅頭となり、庶民の墳墓と択む所なく、帝陵の尊厳を示す能はす。故に山陵構築の材料は、堅牢緻密なる石材を以てし、其の外形は、宜《よろし》く古来の陵制に参酌し、現時の技術を応用して、尊厳美観を具備せしむへきなり。

如上の工事は、急遽短時日の間に之を完成せしむること能はさるなり。而も築陵工事完了を待たすして、斂葬《れんそう》せむか、是れ横壙採用の本旨を没却して、陵上作業を為す事となるへけれは、斂棺《れんかん》は必す築陵工事完了後ならさるへからす。而も此の長時日間、御遺骸を宮中に留め置き給ふへきにあらす、是に於てか、築陵工事中御遺骸奉安所たる、殯宮《ひんきゅう》を起すへき必要を生す。

ここに述べられているのは、まず天皇陵は石材によって営まれるべきこと、そして天皇陵築造の工事は必然的に長い時日をかけて行われるのであるから、その間の天皇の遺骸は「殯宮」に安置されるべきであるというのである。

## 「乙　殯宮の制」――「イ　古来大喪には殯宮を起すを本義とす」

それではそもそも「殯宮」とは何か。次にみる「乙　殯宮の制」から、「イ　古来大喪には殯宮を起すを本義とす」ではこのことが主題となる。

殯宮は、御棺の槻殿《しんでん》より山陵に移御まします間の奉安所なり。

ここに、「殯宮」の定義が明らかである。ここに「槻殿」というのは、天皇が崩御してからしばらくの間遺骸を安置しておく場所のことである。そこからさらに遺骸を移す場所を「殯宮」という。本文では以下に、『古事記伝』「仲哀天皇」、『喪葬私論』、『日本書紀』、『類聚雑例』、また『北史』「倭国伝」を引きつつ、歴代の天皇の葬儀、すなわち大喪に際しては「殯宮」が設けられるのが通例であったことを指摘する。

## 「乙　殯宮の制」――「ロ　今後の殯宮と御大喪儀」

これに続くのが、「ロ　今後の殯宮と御大喪儀」である。

上来詳述せる如く、大喪には殯宮を設くるを本義とするは異論あるへからす。而《しこう》して其《そ》の殯宮なるものは、毎度新に建造すへきものなり。宮殿を充用する如きは、衰世の姑息策にして、正式に非《あら》さるなり。元来宮殿は各其の正当の目的あるものなり。殯斂所《ひんれんじょ》として触穢せしむる如きは、仮令《たとい》機宜の処置なりと雖《いえども》、清浄を旨とする我国民性に反せり。又殯宮より云ふも、毎度新造すへき性質のものなり、常時の宮殿を仮用するは本旨に背けり、今世匹夫匹婦も猶《なお》喪具には新鮮を貴ひ必す新調するを例とす、況《いわん》や玉体《ぎょくたい》を奉安すへき殯宮に於《おい》てをや。然《しか》れは将来の定制としては、必す殯宮を新造することに定むへきなり。

殯宮営造の場所は、古へ定制なし。或《あるい》は臨時適宜の地を選択せられしことあり、或は宮北南庭等に造営せられしことあり、蓋《けだし》交通不便なる古代に在りては、宮城内に建設せらるるは自然の理勢なりと云ふへし。現時に於ても、宮城内に恰適の場所ありて、必要に応して建造せらるるならは、決して不可なかるへしと雖、現宮城内には、恐くは殯宮建営の余地なかるへし。既に宮城内に其の余地なしとせは、東京市内に其の地を卜せむとするも、平時に於て斯《かか》る空地を保存し置かむは、策の得たるものにあらさるなり。依《よ》りて思ふに、東京附近に陵墓地を設けて、其の目的に供する空地を存し置く事、維新前に於ける山頭の如くならしめ、天皇崩御あらせらるるや、直《ただち》に該地に殯宮を営建すへし。是《ここ》に於てか彼の喪葬私論に云へる如く、殯宮は恰《あたか》も龕《がん》薦堂《せんどう》に比校すへきものとなるなり。

斯《か》くて一定の期日を櫬殿に奉安して後、殯宮移御の儀を行ふ。此の儀は明治天皇、昭憲皇太后の当時行はれしとは異にして、全く大喪儀の如くするを要す。宮城と殯宮との間には、市内便宜の地点に、臨時若《もしく》は常置の停車場を設け、該停車場より殯宮に到る間には、鉄路を敷設し、数分時毎に発車し得る設備を為《な》すへし。而して御行列及御儀式参列者は、汽車にて霊柩に随へは、一時間を出すして悉《ことごと》く皆陵墓地〔殯宮所在地〕に達するを得む、而して明治天皇崩御の際、葬場殿に於て行はれし如き、御儀式を執行せさせ給ふへきなり。御儀式終れは、直に殯宮の門扉を閉鎖して、殯宮移御の儀〔或は殯斂の儀と云ふも可也〕を完了すへきなり。

上代殯宮の構造設備は、栗田寛の葬礼私考に考説あれとも、要するに詳知すへからす。平安時代の殯斂に付ては、後一条院天皇崩御及大喪の記事、左経記に詳悉しあれは、略々其の御模様を窺ひ得へし。又近代士庶人殯斂の事は神道葬祭儀略に記載しあれとも、何れも皆採りて範と為すへからす。今後の殯宮としては、御須屋と葬場殿とを合同併建したる如きものとして、御棺を築陵工事期間、奉安し参らする御室と、其の前面に於て、御儀式を執行し得へき場所とを、具備する建物と為すへきなり。

ここにみられる山口鋭之助によるあるべき天皇陵の姿をめぐる指摘はまことに興味深く、単なる明治天皇陵の構造に対する批判をはるかに超えた展望を有するものであった。

天皇陵とはいったいどのようにあるべきか、さらには、大喪（天皇の葬儀）そのもののあるべき姿についても極めて具体的な提案を述べている。その提案が、大正天皇の大喪や陵で、あるいは昭和天皇の大喪と陵において採用されたのか、それとも採用されなかったのか。

そして、採用されたにせよ、不採用であったにしても、どのような理由で、あるいは何を根拠として、そのような選択となったのか、ひとつひとつ実証し、考えなければならない大きな課題であろう。臨時帝室制度審議会でなされた山口鋭之助による問題提起は、現在においてもなお有効である。

# 長慶天皇陵と「擬陵」

## 長慶天皇の「皇統加列」

長慶天皇はいわゆる南朝方の天皇で、後醍醐天皇の皇孫、後村上天皇の皇子にあたる。つまり南朝第三代ということになる。今日では、南朝方の天皇は初代が後醍醐天皇、第二代が後村上天皇、第三代が長慶天皇、そして第四代が後亀山天皇とされる。

しかし、長慶天皇の在位については近世以来その有無について議論があった。つまり、南朝の天皇は三代であって長慶天皇の在位は確認できないという説である。このような状態は明治に入ってもなお続いたが、大正になって八代国治《やしろくにじ》の研究によって、長慶天皇の在位が学問の上で証明され（八代『長慶天皇御在位の研究』大正九年十月）、これをうけて大正十三年（一九二四）三月に設置された御歴代史実考査委員会による審議を経て、大正十五年十月二十一日には正式にその在位が認められるに至ったのである。

このように新たに天皇の在位を認めることを「皇統加列」といった。なお同日には「皇室令」として「皇室陵墓令」も公布され、天皇・皇族の陵墓に関する法的根拠が確立されている。

## 「皇統加列」以前に指定された御陵墓伝説参考地と御陵墓伝説地

さて、長慶天皇の皇統加列が決定されると、次は長慶天皇の陵はどこにあるのかということが問題となる。たとえ、天皇陵であっても長い年月の間には所在地が不明となることは決して珍しいことではない。しかし明治政府は、天皇陵の中に所在地が不明のものがあることは解消されるべき事態であると考えていたようである。『明治天皇紀』明治二十二年六月三日条には、伊藤博文の言として「是れより先、条約改正の議起るに際し、伯爵伊藤博文以為らく、万世一系の皇統を奉戴する帝国にして、歴代山陵の所在の未だ明かならざるものあるが如きは、外交上信を列国に失ふの甚しきものなれば、速かに之を検覈し、以て国体の精華を中外に発揚せざるべからずと」とあり、安徳天皇陵等の不明であった天皇陵が、順次決定されることになるのである。とはいえ未だこの時点では長慶天皇の皇統加列はなされていなかったのである。それが皇統加列が決定された以上、長慶天皇陵の所在地が問題となるのはむしろ当然のことである。

それならば、大正十五年十月の長慶天皇の皇統加列の時点で、長慶天皇陵はどこにも存在しなかったのであろうと思われる。ところが、長慶天皇陵には、その皇統加列が認められるはるか以前から、伝承地が全国各地に散在していたのである。たとえば、宗教学者である堀一郎はその著『我が国民間信仰史の研究（一）』〈東京創元社、昭和三十年九月〉）において、安徳天皇陵に関する伝承とならべて、長慶天皇陵に関する伝承を取り上げている。

安徳天皇は寿永《じゅえい》四年（一一八五）三月に壇ノ浦の海戦において平氏とともに海中に没したとされるが、安徳天皇は落ち延びて居を構え陵も存するという伝説が西日本の各地に残されている。

それと同じように、長慶天皇陵の伝承地も全国各地に多くみられるのである。この安徳天皇陵・長慶天皇陵の伝承について堀は特段学問的な見通しを立てているわけではないが、宗教学や民俗学的な視点から天皇陵を考察する可能性を示唆した堀の問題提起は、今日なお有効である。

さらに驚かされるのは、宮内省においてすら、長慶天皇の皇統加列がなされるはるか以前の明治二十年から翌二十一年にかけて、青森県と和歌山県に長慶天皇陵を当て込んだ御陵墓伝説参考地と御陵墓伝説地を指定していたのである（拙著『事典陵墓参考地』〈吉川弘文館、平成十七年七月〉）。

天皇であるかどうかがまだわからない人物の墓を二ヵ所も御陵墓伝説参考地・御陵墓伝説地として指定するというのは、およそあり得ないことのようにも思われるが、正式の陵ではない御陵墓伝説参考地や御陵墓伝説地等の場合には、実際にはこのようなケースもあり得たのであり、またこのことは、長慶天皇あるいは長慶天皇陵に関する極めて錯綜した状態を、よく象徴していると思われる。

## 全国に散在する長慶天皇陵の伝承地

昭和十年（一九三五）六月には、宮内大臣の諮問機関として臨時陵墓調査委員会が設置された。その諮問事項は極めて多岐にわたるものであるが、ここでは臨時陵墓調査委員会の第一回総会において宮内大臣湯浅倉平《ゆあさくらへい》によってなされた「挨拶」からみることにしたい。

御承知の通り現在宮内省に於《お》きまして御守りを致し管理を申上げて居りまする御陵墓は、御方の数から申上げますと八百十三あるので御座いまするが、今尚御陵墓の御治定になって居りませぬ御方々が、長慶天皇を始め奉りまして凡《およ》そ一千五百にも及んで居る有様で御座います。長慶天皇は大正十五年大統に列せられ給ふたので御座いますが、其《そ》の御陵は未《いま》だ御治定の運びに至りませぬのみならず、長慶天皇の御陵と伝へて居ります箇所でありまして今日迄宮内省の関知致して居りまする所は、殆《ほとん》と七十箇所にも達せんとする有様で御座います、然《しか》るに未だ御陵の所在に付て確たる手懸《てがかり》も発見せられませぬ。誠に恐懼《きょうく》に堪へぬ次第で御座います。之《これ》は一日も速《すみやか》に御陵の御治定を仰ぎ得る様になりまして長慶天皇の御皇霊を安んじ奉り宸衷《しんちゅう》に報ひ奉りますと共に、赤子の冀望《きぼう》を満たさねばならぬので御座います。

（※読みやすくするために濁点・句読点等を付す等した。以下同じ）

ここには、皇統加列された長慶天皇の陵を決定できていないことについての焦燥の念が色濃く滲み出ている。それでは長慶天皇陵を見つけることが全くできないのかというと、それは違う。そうではなくて、長慶天皇陵が多すぎるというのである。「挨拶」に「殆と七十箇所にも達せんとする有様」というとおりである。

しかし、考えてみれば宮内省にしても、二ヵ所も長慶天皇陵を見込んだ場所を指定していたのであるから、この「挨拶」は、宮内省自身の自省の念をも包摂していたものと見なくてはならない。臨時陵墓調査委員会の委員等は、この宮内大臣の諮問に答えるべく、一つには全国に散在する長慶天皇陵伝承地を精査してその真偽を見極め、一つには長慶天皇やその側近の晩年の動向に注目して長慶天皇陵の所在地を尋ねたのである。そのために、全国各地へ調査に出張もし会議も重ねて議論に議論を重ねた。

しかしそれでも、長慶天皇陵の所在地は明らかにできなかったのである。長慶天皇の崩御は応永《おうえい》元年（一三九四）なので、およそ五世紀以上も前のことである。そのような陵を見出すことは、極めて困難であることは当然であった。

とはいうもののすでに皇統加列をみた以上、「長慶天皇陵はついに発見できませんでした」などという答申を、はたして臨時陵墓調査委員会は宮内大臣に提出することができたのであろうか。臨時陵墓調査委員会の苦悩はまさにこの点にあったというべきである。「発見できませんでした」などと答申できるわけは到底なかったのである。

## 「擬陵」の提案

そこで提起されたのが「擬陵《ぎりょう》」という考え方である。

つまり、天皇陵になぞらえるということである。より具体的に説明すると、一般に天皇陵は崩御した天皇の遺骸を納めた所をいうのであるが、「擬陵」とは、遺骸を納めてはいないけれども、その天皇に縁の深い所を天皇陵とすることによって、尊崇の象徴としての天皇陵の代替とするものである。この考え方を臨時陵墓調査委員会で提唱したのは委員の辻善之助《つじぜんのすけ》である。

いかにも突然に出現してきたようにもみえる「擬陵」との考え方であるが、実は決して突飛な考え方ではない。歴代の天皇陵のうち所在地が不明となった例が多かったことは先にもみたとおりであるが、そのなかから、「擬陵」について考えるため参考になる例を次に挙げてみることにしたい。

崇峻天皇はその五年（五九二）に暗殺され、即日埋葬され陵の所在地は不明であった。明治九年には一旦、倉橋村雀塚が陵とされたが、そもそも『延喜式』にみえない陵の捜索はできないとされ、明治二十二年に天皇の縁の地として、皇居柴垣宮《しばがきのみや》伝承地と天皇の位牌を安置する観音堂のある天皇屋舗《てんのうやしき》を陵とした。

二条天皇は永万《えいまん》元年（一一六五）七月に崩御し、火葬された後、香隆寺境内に三昧堂が建立されてここに納骨されたものの、その後、香隆寺は消滅して陵は痕跡を失い、以降、発見されなかった。そのため明治二十二年に付近の良地を卜定《ぼくじょう》（うらなって決めること）して陵が営まれた。

仲恭天皇は文暦《ぶんりゃく》元年（一二三四）五月に崩御したが、葬地を示す史料は全くなく、明治二十二年に崩御の地である九条通りにちなんで所在地を定めて陵を営んだ。これとは別に、安政《あんせい》元年（一八五四）の津久井清影著『陵《りょう》墓《ぼ》一隅抄《いちぐうしょう》』が示す仲恭天皇陵とする「廃帝塚」は陵墓参考地に指定されている。

また、右にみた安徳天皇の場合は壇ノ浦（山口県下関市）で崩御したとされていて事情が異なるが、遺骸が見出されないという点では共通するものである。

このように、天皇陵の所在地を求めても、ついにわからなかったという事例はそれまでにも何例もあったのである。その場合にとられた方法はさまざまであるが、どうしても陵を決定しなければならないという前提に立てば、たとえ遺骸を納めた場所ではなくても、縁の深い場所を陵としたことの前例はあったのである。長慶天皇陵決定へ向けての動向の中であらわれた「擬陵」という考え方の背景として、このような前例があったことは良い参考になる。

「擬陵」という考え方を採用して、晩年の長慶天皇に最も縁の深い地を長慶天皇陵としたのが、臨時陵墓調査委員会の宮内大臣への「答申」であった。

その地は、京都市右京区嵯峨《さが》天龍寺角倉《てんりゅうじすみのくら》町慶寿院《けいじゅいん》址である。天龍寺の塔頭《たっちゅう》である慶寿院は、長慶天皇の皇子海門承朝《かいもんじょうちょう》の住んだ寺院で、長慶天皇が弟の後亀山天皇に譲位してから洛西の地で最期を迎えたとすれば、この慶寿院で亡くなったのであろうというのが、臨時陵墓調査委員会が慶寿院址を長慶天皇陵としたことの理由である。

最終的には宮内大臣と臨時陵墓調査委員会委員の辻善之助の昭和天皇への御進講を経た後、昭和十九年二月十一日の紀元節の日に慶寿院址が長慶天皇陵に治定された。この年は長慶天皇崩御五百五十年にも当たっていた。

こうしてみると、長慶天皇陵に関する動向のなかで、臨時陵墓調査委員会の果した役割は極めて大きい。そして、臨時陵墓調査委員が取り上げた陵墓は、何も長慶天皇陵に限ったものではない。その臨時陵墓調査委員会の活動の全てを記録した史料が、宮内庁書陵部宮内公文書館にある『臨時陵墓調査委員会録』である。『臨時陵墓調査委員会録』の解明作業によって、この長慶天皇陵をめぐる問題に限らず、この時期における陵墓をめぐるさまざまな動向についての研究が進展することであろうことが大いに期待される。

# 豊城入彦命墓を求めた群馬県令楫取素彦

## 豊城入彦命墓伝承

明治政府は天皇による祭祀の体系の完成を目指して、天皇陵のみならず、皇后陵、皇妃墓、また皇子・皇女墓等の決定についても積極的に取り組んだ。天皇陵のなかにも明治に入ってなお未定のものが多く残されていたことはすでにみた通りであるが、幕末期における天皇陵の決定・修補に比較して、明治期における皇子・皇女墓の決定は、この時代の陵墓をめぐる動向の大きな特徴である。

さて皇子・皇女墓の決定は、明治期を通じて満遍なく行われたというよりは、おおむね明治八年（一八七五）をピークとするという大きな特徴があるが、崇神天皇の皇子である豊城入彦命《とよきいりひこのみこと》の墓をめぐる経緯は、そのような傾向からは外れるものの、数ある皇子・皇女墓の決定をめぐる動向のなかでも一際異彩を放つものである。

『日本書紀』によれば、崇神天皇はその四十八年正月に夢占いを行い、その結果、弟の活目命《いくめのみこと》を皇太子とした。崇神天皇の崩御の後に皇位を継いだのはこの活目命(後の垂仁天皇)である。そして、兄の豊城入彦命は東国を治めることになった。豊城入彦命は、上毛野君《かみつけののきみ》・下毛野君《しもつけののきみ》の祖とされる。もちろん、上毛野・下毛野とは、それぞれ上野・下野という地名そのものである。

また、弘仁《こうにん》六年（八一五）に編纂された『新撰姓氏録《しんせんしょうじろく》』には、豊城入彦命を祖とする氏が少なからず見られるが、そのなかには、群馬県内の地名と関係があるとされる氏の名称が多い。これについて佐伯有清《さえきありきよ》著『新撰姓氏録の研究　考証篇』（吉川弘文館、一九八一～三年）からみると、豊城入彦命を祖とする池田朝臣の氏名は上野国那波郡池田郷（群馬県伊勢崎市西南部）、上毛野坂本朝臣の氏名は上野国碓井郡坂本郷（群馬県碓井郡松井田町坂本辺り）、佐味朝臣の氏名は上野国緑野郡佐味郷（群馬県藤岡市平井一帯）、大野朝臣の氏名は上野国山田郡大野郷（群馬県山田郡大野郷）の地名によるものであるとする。

しかも、群馬県には古墳が多い。そうしてみれば、群馬県の古墳のなかに豊城入彦命の墓という伝承が残る古墳がいくつもあることの背景も、おのずと理解されようというものである。

『群馬県史蹟名勝天然記念物調査報告書　第五輯　上毛古墳綜覧』（群馬県、昭和十三年）によれば、このような古墳は十一基あるという。次のとおりである。

二子塚前方後円墳　　利根郡薄根村下沼田
御門古墳　　利根郡久呂保村森下
櫃石　　勢多郡宮城村赤城山御料地

総社二子山古墳

| | |
|---|---|
| 井之口円墳 | 勢多郡粕川村室沢 |
| 前二子山前方後円墳 | 勢多《せた》郡荒砥《あらと》村西大室《にしおおむろ》 |
| 朝日塚前方後円墳 | 群馬郡久留馬村十文字 |
| 桜塚円墳 | 群馬郡車郷村和田山 |
| 二子山前方後円墳 | 群馬郡総社《そうじゃ》村植野《うえの》 |
| 二子山前方後円墳 | 前橋市天川町 |
| 権現山円墳 | 佐波郡殖蓮寺八寸 |
| 八幡円墳 | 新田郡生品村市野井 |

以下この内、勢多郡荒砥村西大室の前二子山前方後円墳を「前二子山古墳」、群馬郡総社村植野の二子山前方後円墳を「総社二子山古墳」として、この二基の豊城入彦命墓決定へ向けての動向との関連において古墳をみることにしたい。

総社二子山古墳の豊城入彦命の墓碑

## 総社二子山古墳を巡る村の内紛

総社二子山古墳は近世以来よく知られていた。知られていたといっても、必ずしも豊城入彦命墓としてではない。文化《ぶんか》七年（一八一〇）に著された吉田芝渓《よしだしけい》著『上毛上野古墓記』は総社二子山古墳を豊城入彦命の葬具を埋納した塚とし、豊城入彦命墓には愛宕山《あたごやま》古墳（前橋市総社町）を充てている。そして、総社二子山古墳は文政《ぶんせい》二年（一八一九）に墳丘上の墓地への埋葬に際して開口されて遺品が発掘され、豊城入彦命墓として考えられるようになった。文政十年には「豊城入彦命　正三位刑部卿藤原朝臣貞直謹書」との石碑が建てられている。

さて、明治初年の動向に眼を移すと、明治二年（一八六九）三月には前橋藩主松平《まつだいら》大和守《やまとのかみ》（直《なお》克《かつ》）の公用人鎌田才吉が京都で弁事御役所に書類を差し出して、総社二子山古墳を豊城入彦命墓として「修陵」「祝典」することの「委任」を求めている。つまり、前橋藩としては総社二子山古墳を豊城入彦命墓として認め、この「神陵」に「柵門」を設けようと「懇願」したのである。

明治四年二月の「太政官布告」は、各府藩県に后妃・皇子・皇女等の墓があるかどうかを問い合わせたものであるが、同年六月に前橋藩は太政官に宛てて、「太政官布告」の要求する「図面」「石碑」「祭日」「古文書」等の要件を満たしつつ、総社二子山古墳を豊城入彦命墓と主張している。

さて明治六年五月には、博覧会事務局が群馬県に宛てて総社二子山古墳からの出土品の出品を依頼する文書を送っている。

これに応えて、群馬県は総社二子山古墳からの出土品として「環大小弐ツ」「矢ノ棺弐本」「勾玉之類四ツ」「剣之由朽析拾五」「古器八ツ」を出品している。ただし、博覧会事務局は出品を依頼する文書のなかで、総社二子山古墳のことを「上野国群馬郡植野惣社村古墳」としたうえで「土俗豊城入彦命ノ陵ト云伝」と述べており、必ずしも総社二子山古墳を豊城入彦命墓と断定しているのではない。このことは、これから述べる総社二子山古墳をめぐる動向との比較において注目される。

さて、翌明治七年に総社二子山古墳に「墓丁《ぼてい》」が置かれることとなった。「墓丁」というのは、現地における陵墓の管理人で、地元から選任され給料も支払われる。ちなみに、陵墓の管理人について概観すると、陵については「陵掌《りようしよう》」「陵丁」、墓については「墓掌」「墓丁」がある。陵と墓の差は、天皇・皇后の墓が陵、その他の皇族の墓が墓ということで、掌と丁の差は管理人としてのランクの差である。豊城入彦命墓の「墓丁」の辞令は次のとおりである。

福嶋友吉

上野国群馬郡植野村

豊城入彦命墓丁申

付候事

明治八年三月七日

熊谷県

ここに「熊谷県」とあるのは、群馬県は当時にあって熊谷県とされており、また当時は「陵掌」以下の陵墓の管理人は地方官とされていたことによっている。つまり、総社二子山古墳は豊城入彦命の正式な墓とされたのである。

総社二子山古墳を豊城入彦命墓と認めさせるための群馬県や熊谷県の努力は、ここに結実したことになる。当時の県知事（当時は県令《けんれい》・権令《ごんれい》）は楫取素彦《かとりもとひこ》（小田村伊之助）であるが、さぞ満足なことであったであろう。総社二子山古墳を豊城入彦命墓とすることの一連の動向はここに、終結したと思われた。

しかし、総社二子山古墳の豊城入彦命墓としての管理は間もなく解かれることになる。明治十五年三月に植野村村長の山田米造が群馬県編輯係に提出した「上野国祖豊城入彦命縁起西群馬郡植野村」には次のようにある。

一明治八年三月中墓掌墓丁二名役仰付《おおせつけ》罷在《まかりあり》候処、右墓掌年給七拾二円墓掌年給三拾六円也御《お》下《さ》ケ渡《わた》シニ相也《あいなり》候、明治九年連中上ニテ不都合ニテ相発□《ママ》ニ付、同年五月中辞職ニ相成候間《あいなりそうろうあいだ》当村吏《そんり》ヱ御預ヶニ相成候処、明治十四年十二月ニ至リ《ママ》迄当今更ニ手当等無之《これなき》御座候

つまり、明治九年五月に現地における陵墓の管理人は辞職し、その後、明治十四年十二月に至るまで管理人のための手当は支払われてはいない、というのである。

また、明治三十一年の八木奘三郎著「日本古剣考」（『東京人類学雑誌』）には、次のようにある。

最初尤《もっと》も熱心に奔走調査せるは当時同寺（註、元景寺）に住職たりし人にて一時官より賜金をさへ下されし程なりしも後寺僧漸次に代り、又年隔たりて右の古器物（註、文政三年五月に届出た総社二子山古墳の出土品）は売却され、一方には村民其《その》賜金を各自に得んと欲せしより遂に支途を止められ、今日の如き有様に至れるなりと云ふ

ここに、総社二子山古墳周辺の地元の人びとの内紛の様子が明らかである。「村民其賜金を各自に得んと欲せしより遂に支途を止められ」とは、いかにも刺激的な表現である。それにしても、このように地元の内紛を理由に墓としての管理が解かれるというのはどういうことなのであろうか。

## 前二子山古墳と楫取素彦の思惑

ところが、これには続きがある。

総社二子山古墳は豊城入彦命墓としての管理を解かれたが、先にもみたように、群馬県には豊城入彦命墓との伝承がある古墳は多い。そのなかから、総社二子山古墳が豊城入彦命墓としての管理を解かれた後に、群馬県が宮内省に豊城入彦命墓として上申した古墳がある。勢多郡荒砥村西大室の前二子山前方後円墳である。

ことの起こりは、明治十一年三月に前二子山古墳とそれに隣接する後二子山古墳が発掘されたことである。同月三十一日には地元の西大室村の戸長根岸重次郎が群馬県令楫取素彦に宛てて、前二

中央の池の手前にある前二子(山)古墳を含む大室古墳群(前橋市教育委員会提供)

子山古墳の石室の様子や出土品を描いた『室内出品書上簿』を提出している。

それだけなら、古墳をめぐる一般的な動向として捉えられる問題であるが、同年四月に群馬県令楫取素彦から宮内卿徳大寺《とくだいじ》実則《さねのり》に宛てた「管内古陵墓ニ付上申」の内容はいかにも特徴的である。

これには、発掘がされた契機を「村民」が「南北二陵」（後二子山古墳と前二子山古墳）で「狐狢《きつねむじな》之巣穴ヲ穿《うが》チ偶然石窟ヲ掘」ったことによるものと、「偶然」のことであることを強調したうえで、石室や出土品が並外れて優れていることを述べ立てている。さらに、「南陵（前二子山古墳）ハ豊城入彦尊之御葬壙ニシテ、中陵（中二子山古墳。前二子山古墳と後二子山古墳の間に所在）ハ土俗ノ称来候通果《はた》シテ御諸別

前二子（山）古墳（前橋市教育委員会提供）

王之葬壙ニモ可有之《これあるべく》候」とし、この二基の古墳がそれぞれ豊城入彦命と御諸別王《みもろわけおう》（豊城入彦命の孫彦狭《さ》島王《しまおう》の子）の墓であることを主張しているのである。

それにしても、総社二子山古墳の豊城入彦命墓としての管理が解除された直後に、「偶然」このような墓が発見されたとはいかにも出来過ぎなのではないかとも思われる。その疑念を裏づける史料がある。西大室村の井上真弓が菅政友に宛てた書簡には、前二子山古墳発掘のきっかけについて次のようにある。

> 然《しか》るに去ル二月下旬真弓帰国せし処、彼ノ二児山（前二子山古墳）に参集する者毎日数十人、皆いふ豊城入彦命御陵なりと、是《これ》より先県吏《けんり》出張の時此《この》山を見て是《これ》ハ第一等の墓陵なりといひしとて故に如是《かくのごとく》いひそめ

しか、村吏県の許可を得て二月下旬彼山を開発せむとす、時に参集するもの又増して毎日数百人、三月廿一日より四月一日まで三山（前二子山古墳・中前二子山古墳・後二子山古墳）を開発す（略）、其間参集するもの毎日数百人、これ実に豊城入彦命の御陵ならむも知るへからす

これは決して、「村民」が「狐狢之巣穴ヲ穿」ったところ「偶然石窟ヲ掘」ったなどといったものではない。それにしても、「毎日数十人」、そして「毎日数百人」とは殷賑《いんしん》の限りである。さらに、前橋市西大室町根岸孝一家文書の「明治十一年二月二子山日記」には「本県（群馬県）ヨリ御出張ニ付吉田嘉蔬様外ニ一名二子山丈量申付也」（二月一日条）とある。この発掘が群馬県による計画的なものであり、その目的が豊城入彦命なり御諸別王なりの墓であることの証明であることはここに明白である。

さてこうなると、群馬県令楫取素彦からの「上申」を受け取った宮内省も、これを放置することはできない。何しろ、明治十一年のいわゆる北陸・東海巡幸の途次の九月三日、明治天皇が前橋に着いた際に前二子山古墳からの出土品は天覧に供されているのである。翌月十月には宮内省官員の大沢清臣《おおさわすがおみ》と大久保忠保《おおくぼただやす》が群馬県に出張した。

大沢清臣と大久保忠保は前二子山古墳のみならず県内の主要古墳を巡検し、十一月には「群馬県下古墳巡回記」を作成した。いわば出張報告書である。これはもちろん、それぞれの古墳に誰が葬られているかということに関心の重点をおいたもので、そのなかでも焦眉の課題は前二子山古墳・

中二子山古墳・後二子山古墳が誰の墓かということであったことであろう。さて、その出張報告書の内容はどのようなものであったのか。結論からいうと、これらの古墳の主を豊城入彦命等とし ようとする群馬県の目論見はみごとに否定されてしまったのである。

長文にわたるので要旨をまとめてみよう。次のとおりである。

群馬県の上申は、中二子山古墳を御諸別王の墓とする伝承を根拠に前二子山古墳を豊城入彦命墓とするものであるが、三基の古墳がある場所の地勢をみると、北の後二子山古墳は少し高低のある地に、南の前二子山古墳はなお低い地にある。これに対して中央の中二子山古墳は平坦な地にある。そうしてみると、後二子山古墳と前二子山古墳は中二子山古墳に従っているようである。また、前二子山古墳の羨道《せんどう》（石室に至るまでの通路）の造りはとても簡単で豊城入彦命墓として相応しくない。もともと上野国と下野国はひとつの国であったので、両国の古墳・伝承・地名等を検討しなくては豊城入彦命墓の所在地はわからない。

この報告書の内容がどのような手順を経て群馬県や楫取素彦に伝えられたのか、あるいはそもそも伝えられなかったのかは明らかではないが、仮に伝えられたとしても、ここまで理を尽くして説明されれば有効な反論は不可能であったであろう。これをもって、群馬県における豊城入彦命墓をめぐる動向は一区切りとなった。

しかしそれにしても、楫取素彦は豊城入彦命墓をめぐって群馬県令としてどのような考えのもとに対応していったのであろうか。

この点に関して、楫取素彦の出身地である萩の歴史家である村田峰次郎によって昭和初期に執筆され長年草稿のまま楫取家に保存されていた楫取素彦の伝記を収録した『楫取素彦伝―耕堂楫取男爵伝記』（山口県萩市・群馬県前橋市、平成二十六年三月）からみることにしたい。

君（楫取素彦）嘗《かつ》て曰く、上代この上野国《こうずけのくに》は毛野国《けののくに》と称して、皇族の統治せられたる所なり、今おのれ畏《かしこ》くもその後を承《う》け、同国を統《す》ふ、洵《まこと》に光栄の至りとす、故に先《ま》つその遺蹟を鑑《かんが》み、切に御陵墓のありし所を弔はさるへからすと。さて群馬郡総社町大字植野に在る二子山の古墳（総社二子山古墳）は、豊城入彦命《とよきいりひこのみこと》の御陵《ごりょう》と云ひ、勢多郡荒砥《あらと》村大字大室なる中二子の古墳（中二子山古墳）は、御諸別王の御陵なりと云ひ、群馬郡京ヶ島村大字元島名の王山、或は将軍塚の古墳は、彦狭島王の御陵なりと云伝《いひつた》へしかは、君はこれ等古墳の保存に関し、有志と相謀り考慮するもの少からさりき。

ここには、楫取素彦の群馬県内の古墳に対する関心が実に明確に述べられている。これを『楫取素彦伝』は、古墳の「保存」とも、あるいは「弔」う、つまり祭祀とも述べる。その前提としてそれぞれの古墳は地元に由縁の深い歴史上の人物と結び付けられ、古墳に対する関心はそこが誰の墓所であるかという一点に絞られている。これがすなわち、県内の古墳の陵墓への決定を促す動向と一体のものであることは、言うまでもない。

## 北関東の豊城入彦命墓

さて、豊城入彦命墓をめぐる動向には続きがある。事がこれで、すべて終わったのではないのである。

先にも触れたように臨時陵墓調査委員会は、長慶《ちょうけい》天皇陵の治定にむけた「答申」を作成するための調査・審議を主な重要な任務としたが、その諮問第四号は「崇神天皇皇子豊城入彦命の墓の御治定を仰ぐべきや否や」というもので、豊城入彦命墓をめぐる事柄についても取り上げられていた。

『臨時陵墓調査委員会録』（宮内公文書館所蔵）は、臨時陵墓調査委員会の活動を余すところなく記録するものであるが、その昭和十年六月二十七日の第一回総会では、右にみた総社二子山古墳に一時、陵丁が置かれたことを述べたあとで、「昨昭和九年　天皇陛下（昭和天皇）群馬県に行幸ありし以来地方民に於て二子山を以て再度命（豊城入彦命）の御墓に御治定を仰がんとの運動漸く盛なり」とするとともに、「群馬県知事（金沢正雄）もさう云つて参ります」とも述べる。

明治九年五月に陵丁が廃されてから五十九年を経て、総社二子山古墳を豊城入彦命墓とする動向に再び火がつき、しかも県知事もそれに同調しているというのである。それに加えて、「宇都宮の二荒神社は豊城入彦命の御墓であるから此処を御墓と御治定を願ひたいと云ふ上申が参りました」ともする。状況はまさに混沌たるものであった。

豊城入彦命墓について臨時陵墓調査委員会が宮内大臣へ提出した「答申」は、総社二子山古墳を豊城入彦命墓として認めることはできないとするものであった。

まだ続きがある。ただし、群馬県や栃木県ではなく茨城県での動向である。考古学者で明治大学名誉教授の大塚初重氏が「時代の証言者」として平成二十七年十一月〜十二月に『読売新聞』に連載したなかに、以下の話がある。同紙平成二十七年十二月一日付には次のようにある。

昭和二十七年（一九五二）に明治大学の後藤守一教授が茨城県八郷町《やさと》（現、石岡市《いしおか》）の丸山古墳の発掘調査を手掛けたが、大塚氏もそれに参加した。すると、地元での講演会から帰ってきた後藤氏が「大塚君、学生諸君、帰り支度をしなさい。掘らない」と言った。講演の際に地元の人と後藤氏との間で、「掘れば、豊城入彦命の墓で決まりですか」「そんなことはない。掘ったからといって、軽々に断定できない」「それでは話が違う。掘っても分からないなら、やめていただく」とのやりとりがあったというのである。結局、発掘調査はなされたが、戦後においてもなお、「東国」においてはこのような豊城入彦命墓に対する何がしかの期待の念が、消すことのできない火種のようなものとしてある種の古墳に対して存し続けていたのである。度重なる宮内省の否定にも関わらずである。

ちなみに、ここで取り上げた古墳について付け加えれば、総社二子山古墳は「二子山古墳」として、前二子山古墳は「前二子古墳」として、中二子山古墳は「中二子古墳」として、後二子山古墳は「後二子古墳ならびに小古墳として、昭和二年（一九二七）四月に国史跡に指定されている。ちなみに、国史跡としての指定には、そこに誰が葬られているかについては問われない。つまり、古墳の名称にも指定理由にも豊城入彦命や御諸別王といった文言は記されないのである。これらの古墳がいくら国の史跡として指定されようとも、それは決して地元の期待を満足させるものではあり得なかったのである。

さて右にみた茨城県石岡市の丸山古墳は、後藤守一氏による発掘調査が行われた同じ昭和二十七年の十二月十八日には、早くも県指定文化財とされている。

古墳について語るにしても、陵墓について考えるにしても、時と場合によっては、ここでみたような地元の情念があることには、しっかりと眼が向けられなければならない。

# 「陵墓参考地」の誕生

## 「もうひとつ」の天皇陵

天皇陵には正式な陵と正式ではない陵があるというと、何と思われるであろうか。そもそも、一方の天皇に対して陵は一箇所ということが当たり前であろう。もちろん、分骨所等のような場合は別で、そのような例は、天皇に限らず一般でもみられることである。しかし、ここで述べようとすることはそういうことではない。

宮内庁が管理する天皇陵等のなかには、「陵墓参考地」という分類があり、それは天皇陵と類似するものでありながら、実は正式な天皇陵ではないということである。つまり、「もうひとつの天皇陵」とでもいうべきものである。

## 「御陵墓見込地」

陵墓参考地とは何かを考えるにあたっては、陵墓参考地の歴史をたどることが最も分かりやすいであろう。

陵墓参考地をめぐる事の発端を調べると、安徳《あんとく》天皇陵をどう考えるかという問題と関係が深いことに行き着く。

安徳天皇は、寿永《じゅえい》四年（一一八五）三月に平氏とともに壇ノ浦（山口県下関市）に入水《じゅすい》した天皇で、当時安徳天皇はわずか八歳にすぎない幼帝であった。この悲劇は『平家物語《へいけものがたり》』によって今日までよく伝えられている。しかし、海中に没したといってもその遺骸は確認された訳ではないのである。つまり安徳天皇の安否について、たとえば九条兼実《くじょうかねざね》の日記『玉葉《ぎょくよう》』には、安徳天皇を「行方知れざる人」としている。同時代の人びとにとっては、安徳天皇は崩御した天皇というよりは、「入水した天皇」ということが正確なところであった。

壇ノ浦での入水後、各地に散在する平家の落人集落に存する安徳天皇陵はどのような経過をたどったのであろうか。

その詳細をここで明らかにすることはできないが、安徳天皇陵をめぐるこのような事態は、明治期にあって天皇陵を管掌する宮内省にとっては頭の痛い問題であったと思われる。

現代的な視点からすれば、安徳天皇陵の場合は史上例外的な事情であったのは確かなことである。歴代の天皇陵のなかでもこの安徳天皇陵は特別である。そうであれば、安徳天皇陵の所在を決定することはできないという考え方に立つか、あるいは、安徳天皇陵は見出すことができなかったという考え方もあり得たと思われる。

しかし、当時の宮内省はそのようには考えなかった。全国に散在する安徳天皇陵の伝承地のなかの何箇所かが、宮内省によって安徳天皇陵の候補地として指定された。

明治十五年（一八八二）六月に、宮内卿徳大寺実則《とくだいじさねのり》から太政大臣三条実美《さんじょうさねとみ》に「御陵墓見込地につき上申」が提出された。そこには次のようにある。

御歴代に於《おい》ては顕宗《けんぞう》天皇山陵始め十三陵。皇后以下に至りては神武天皇皇后媛蹈鞴《ひめたたら》五十《い》鈴《すず》媛《ひめの》命《みこと》御陵を始め実に夥敷《はなはだしき》事にて、精々検覈《けんかく》し候へとも容易に其《そ》の徴証《ちょうしょう》を得難《えがた》く実に苦心罷《まか》り在《あ》り候

これによれば、天皇陵の所在が不明なのは何も安徳天皇に限ったことではなかったことがわかる。十三方もの天皇の陵が場所不明とある。皇后以下もまた同じことで、特に神武天皇皇后の媛蹈鞴五十鈴媛命を挙げてその陵が不明であることについて触れている。

歴代天皇陵のうちの十三陵に加えて、初代神武天皇の皇后の陵が不明というのでは、天皇による祭祀の体系の完成に大きな支障が生ずると考えたのであろう。ちなみに媛蹈鞴五十鈴媛命陵については、明治二十一年二月には西内成郷《にしうちなりさと》から奈良県知事に「建言」が提出されている（『橿原神宮史』）が、今日に至るまでその決定をみていない。

しかし、歴代天皇の陵の調査はそうそう悠長に構えてはいられない、早急に手を打たなければな

らないと判断したのであろう。右に引いた「御陵墓見込地につき上申」の続きの部分には次のようにある。

然《しか》る処《ところ》各所現存の古墳墓たる多くは民有に帰し居《おり》候より自然自儘《じまま》の処分致し候者少なからず、これ等の向《むき》に至りては他日御陵墓の明証を得候と雖《いえど》も既に其《そ》の陵墓の形状を毀損《きそん》し或《あるい》は田畠に開墾候上にては千悔《せんかい》及ざる儀に候条、粗々伝説等これ有る形状の制に称《かな》い（即今《すなわち》何某《なにがし》の御陵墓と確定致し難きも）行く末見込みこれ有り候古墳墓は御陵墓見込地と相定《あいさだ》め

つまり、これから探さなければならない陵墓があるのだから、その見込みがある「古墳墓」は「御陵墓見込地」として確保したいというのである。同年の八月になって、この「御陵墓見込地につき上申」は聞き届けられている。

ちなみに「御陵墓見込地につき上申」は、ほぼそのまま形で『明治天皇紀』明治十五年六月二十三日条に引かれている。しかし肝心の「御陵墓見込地」との文言は省かれており、天皇陵をめぐる事柄が明治期にどのような変遷をたどってきたかを研究するうえで大きな障害になっていた。

## 安徳天皇および安徳天皇陵の伝承地の分布

さてこの「上申」の翌年の明治十六年三月二十三日には、山口県下長門《ながと》国豊浦《とようら》郡地吉《じよし》村・高知県下土佐《とさ》国高岡《たかおか》郡越知《おち》村・長崎県下対馬《つしま》国下県《しもあがた》郡久根田舎《くねいなか》村の計三箇所に、安徳天皇の御陵墓見込地

が指定された。そこには安徳天皇が葬られているという見込みの地ということである。

ここで、今日の時点での平家伝承地、また、安徳天皇および安徳天皇陵についての伝承地の分布についてみることにしたい。安徳天皇を祀る赤間《あかま》神宮に事務所を置く全国平家会の編集になる『平家伝承地総覧』（新人物往来社、二〇〇五年五月）によると、平家伝承地が全国で三百四十箇所（東北地方二十一箇所・関東地方十箇所・中部地方五十四箇所・近畿地方四十七箇所・中国地方四十八箇所・四国地方四十八箇所・九州地方一〇二箇所）あるなかで、安徳天皇伝承地が全国で四十六箇所（青森県一箇所・東京都一箇所・石川県一箇所・大阪府一箇所・鳥取県三箇所・山口県二箇所・愛媛県一箇所・高知県六箇所・香川県一箇所・徳島県六箇所・福岡県八箇所・佐賀県三箇所・長崎県五箇所・熊本県三箇所・大分県一箇所・鹿児島県三箇所）あり、さらにそのなかで、安徳天皇陵に関する伝承を伴なう場所が十八箇所（鳥取県二箇所・山口県二箇所・愛媛県一箇所・高知県五箇所・福岡県二箇所・佐賀県一箇所・長崎県二箇所・熊本県二箇所・鹿児島県一箇所）あるという。

この数字がそのまま明治期にあってもその通りであったかどうかについてはにわかに判断がつかないが、全国各地に広く平家落人また安徳天皇・安徳天皇陵についての伝承が濃密に分布していることについては、よく了解されることであろう。

これが、すでにみた山口県・高知県・長崎県に計三箇所指定された安徳天皇御陵見込地の背景であるといえる。

また、安徳天皇御陵見込地の他にも、明治十八年三月には大阪府下大和国《やまと》添上郡《そえがみ》法華寺《ほっけじ》村字宇和《あざうわ》奈辺《なべ》・小奈辺《こなべ》(ウワナベ古墳・コナベ古墳)がやはり御陵墓見込地として指定されている。この古墳はかつて、元明天皇陵・元正天皇陵とされていたのであるが、その後元明天皇陵・元正天皇陵は他の所であるとされたものの、字宇和奈辺・小奈辺は他の陵墓の見込みがあるということで御陵墓見込地に指定されたのである。

安徳天皇陵、また元明天皇陵・元正天皇陵のいずれの場合も御陵墓見込地というものはただそれらしいから指定されたのではない。天皇陵と密接な繋がりが明らかに見込まれることを根拠に御陵墓見込地として指定されたものなのである。

**御陵墓伝説地と御陵墓伝説参考地**

明治十八年九月には御陵墓伝説地が定められる。これは、同年九月十八日に宮内卿伊藤博文《いとうひろぶみ》から太政大臣三条実美に宛てられた「安徳天皇御陵見込地名称の義の付御届」にみられるものである。

これは、右にみたように山口県・高知県・長崎県にある御陵墓見込地は、明治十六年三月に安徳天皇御陵見込地とされていたが、これからは御陵墓伝説地と名称を改めたいというものである。つまり、名称に冠せられていた「安徳天皇」を外すというのである。これを単なる名称の変更とみてはならない。「安徳天皇御陵見込地」から「御陵墓伝説地」への変更からは、そこが誰の御陵墓か判然としていないという含意を読み取ることができるのである。そのことによって御陵墓伝説地として指定されるものの範囲は格段と拡大したのである。

しかし、そのかわりに歴史のひとこまを形成する歴史上の人物の名前を伴った史跡としての価値は、大いに後退してしまったといわざるを得ないであろう。たとえば、「安徳天皇御陵見込地」というのと、単に「御陵墓伝説地」とでは、固有名詞と普通名詞というような根本的な違いがある。と同時に、この名称の変更は、右にみた元明天皇陵・元正天皇陵の場合のように、天皇陵としては否定されたが、その規模・形状等からして相応の措置が求められると判断された場合の受け皿として「御陵墓伝説地」を用いるという意味も込められていたと考えることができる。

そうであれば、この「御陵墓伝説地」には、本来「○○天皇御陵見込地」等として固有を伴って認識されるべき場合と、当初からただ「御陵墓伝説地」として固有名詞を伴なわずに認識されるべき場合との両方を含めたものとされたということができよう。

明治二十一年には、御陵墓伝説地について陵墓としての信憑性の程度によって名称の上でランクづけがなされた。すなわち、御陵墓伝説地と御陵墓伝説参考地である。御陵墓伝説地の方が信憑性は高く、それに較べて御陵墓伝説参考地は信憑性が低いという認識である。ここに御陵墓伝説参考地ないしは御陵墓参考地は、そこに葬られていると想定される歴史上の人物の固有名詞を外されたうえで、信憑性の程度を判断基準とした、陵墓に準じるカテゴリーとされたのであった。

## 法的根拠を失った陵墓参考地

そして、明治三十年には御陵墓伝説参考地が御陵墓参考地と改称された。つまり、御陵墓伝説地と御陵墓参考地ということである。これも、御陵墓伝説地の方が信憑性は高く、それに較べて御陵墓参考地は信憑性が低いという位置づけである。

その後しばらく御陵墓伝説地・御陵墓参考地との名称が用いられてきたが、大正十五年（一九二六）十月二十五日に「皇室令」として公布された「皇室陵墓令」の「施行規則」にみえる「陵墓参考地」との文言を拠り所として、御陵墓伝説地・御陵墓参考地はあわせて陵墓参考地として統一された。これが今日まで続いている名称である。つまり、誰がそこに葬られていると想定されているのかということとは関係なく、さらに、その信憑性の程度の高低にかかわらず、ひと括りに陵墓参考地とされて今日に至っているのである。

ところが戦後、「皇室陵墓令」を含む「皇室令」の存立に関わる事態がおとずれた。昭和二十三年（一九四八）五月二日、つまり「日本国憲法」施行前日を限りに、「皇室令」は廃止されたのである。当然、「皇室陵墓令」もその「施行規則」も同時に効力を失った。

その後それに代わる法的根拠が整備されなかったため、すでに昭和二十二年（一九四七）一月十六日に施行された「皇室典範」第二十七条「天皇、皇后、太皇太后及び皇太后を葬る所を陵、その他の皇族を葬る所を墓とし、陵及び墓に関する事項は、これを陵籍及び墓籍に登録する」のみが、宮内府（昭和二十二年五月三日から昭和二十四年五月三十一日まで）および宮内庁（昭和二十四年六月一日以降現在に至る）による、陵墓行政の法的根拠ということになった。

ここには「陵墓参考地」という文言はみえない。しかし実際には「陵墓参考地」とのカテゴリーも廃止されることなく今日に至っている。

## 昭和二十四年十月『陵墓参考地一覧』

以上が、陵墓参考地が明治以降今日に至るまでにたどってきた足跡である。右のようにそこに誰が葬られているのかという点についてみれば、現在の宮内庁は、陵墓参考地に葬られている人物については言及することはない。

しかし右にみたように、陵墓参考地の淵源は安徳天皇陵の見込地の混乱にあったのであり、それは、天皇陵のみならず皇后陵やさらには皇族墓にいたるまで、未定のものが多いということの裏返しでもあったのである。

ここに大きな矛盾が生じる。明治十五年の「御陵墓見込地」にはじまった陵墓参考地は、安徳天皇陵の場合でみたように、その当初においては具体的な歴史上の人物を明らかに想定したものであった。にもかかわらず、今日における陵墓参考地においては、そこに想定された人物の名前がその名称に明記されないのである。

しかし、これは不自然なことである。想定された人物が存在しない陵墓参考地も一部にあるのかも知れないが、少なくともそれ以外の場合には、その想定された人物との関係において陵墓参考地に指定されたのであって、そのこと自体決して否定することはできない。

また、陵墓参考地に指定はしたものの、そこに葬られている人物を想定できていない場合があったとしても、今後、調査が行き届けば葬られている人物が確定されることはあり得る。

そのことを如実に示す史料がある。昭和二十四年十月『陵墓参考地一覧』(宮内庁書陵部陵墓課保管歴史的資料)である。

これは、宮内庁書陵部陵墓課が部内資料として作成したもので、全ての陵墓参考地について、その該当する歴史上の人物(「該当御方」)と、その信憑性の程度をランク付けしたもの(「考証意見」)、そして、別に正式の陵墓があるかどうか(「既定/未定」)について一覧にしたものが、表「昭和二十四年十月『陵墓参考地一覧』にみる陵墓参考地」である。

これを見れば、宮内庁にとって陵墓参考地といえども、そこに葬られている歴史上の人物が想定されていたということと、そこに確かにその人物が葬られているのかどうかについては、その信憑性の程度によってランク付けがあるということが一見して明瞭である。

さらに興味深いのは、この『陵墓参考地一覧』にみえる陵墓参考地に葬られていると想定される歴史上の人物には、それとは別に正式の天皇陵が存するということである。そうなると、宮内庁は、自らが管理する天皇陵が確かにその天皇の陵であることを放棄してしまっていることになる。その点からも『陵墓参考地一覧』はまことに興味深い資料である。さらに言えば、陵墓参考地は明治以降の政府による陵墓についての施策の矛盾を内包した存在であり、それ自体大変興味深い。

## 陵墓参考地についての国会答弁

さてここで、陵墓参考地について宮内庁が国会でどのように答弁しているかを見ておこう。まずは、昭和四十六年二月十八日の参議院文教委員会における瓜生順三宮内庁次長の答弁である。

陵墓参考地と申しますのは、それぞれ陵につきましては、何々天皇のみささぎ、あるいは墓につきましては、何々親王の墓とかいうふうに、歴史上の考証をもとにしまして、それぞれきまっているのが大部分でありまするが、しかしながらそのいろいろの形その他から考えまして、あるいは陵墓であるかもしれない、まあ学説ではそういうような学説もあるというようなもので、そのものについてはどうも確定はしかねるというような場合にまあ参考地ということに指定をされまして、宮内庁の書陵部のほうでその保存に、またいろいろの整備に当たっているというものであります。

これをみると、陵墓参考地というのは、宮内庁としてはそこに誰が葬られているのかわかっていないものであると考えていることが知られる。しかし考えてもみれば、宮内庁書陵部が管理している陵墓は、天皇による祭祀の体系の一環を構成しているからこそ意味のあるものなのであるから、誰の遺骸が葬られているかわからないものを宮内庁書陵部が管理するいわれもないはずである。では、なぜ宮内庁書陵部は陵墓参考地を現実に管理し続けているのか。

その点でいうと、次の二つの答弁はよい参考になる。

まず、昭和五十二年四月二十六日の参議院内閣委員会での野本松彦宮内庁書陵部長の答弁である。

陵墓参考地として指定されておりますものは、天皇あるいは皇族の墳墓であったものではないかというようなものについて陵墓参考地として指定し、皇室用財産として宮内庁が管理しております。(略)参考地でありますから、確定的にどなたの墳墓かということがわかっているものではありませんから、礼拝とか、そういったものの対象にはなっておりません。正式のそういうものにはなっておりません。

次には、昭和六十三年三月九日の勝山亮宮内庁書陵部長の答弁である。

陵墓参考地についての法的根拠でございますが、陵墓参考地の制度といいますのは、沿革から申し上げますと、明治十五年に御陵墓見込地の制度というものを設けまして、明治十六年から順次陵墓の見込みのある箇所を宮内省の所管として管理し、保護をするということとしておりました。その後、明治十八年に御陵墓見込地の名称を御陵墓伝説地と改めるとともに、御陵墓伝説参考地なる区分を宮内省の命令で設けまして、その後大正十五年、両者を陵墓参考地に統一して今日に至っております。

法的な根拠というご質問でございますが、したがいまして、陵墓と同じく皇室の祭祀を行っており、現在は陵墓に準ずる皇室用財産、国有財産法の第三条第二項第三号の皇室用財産として宮内庁が管理していることでございます。（略）

宮内庁法に、宮内庁は陵墓に関することを管掌する、こういうことになっておりまして、この陵墓に関することの中に陵墓参考地を含めて解釈をしているというのが現状でございます。

宮内庁書陵部長によるこの二つの答弁を較べてみると、果して陵墓参考地は祭祀の対象となっているのか、それともなっていないのかよくわからない。前者は昭和五十二年のもの、後者は昭和六十三年のものであるから、その間に変更になったということなのであろうか。それとも、ある意味では祭祀の対象であり、ある意味では祭祀の対象ではないとしかいえないのが、陵墓参考地の本当の姿といえるかも知れない。

## 表　昭和24年10月『陵墓参考地一覧』にみる陵墓参考地

| 名称 | 所在地 | 該当御方 | 考証意見 | 既定／未定 | 指定年月日 |
|---|---|---|---|---|---|
| 大亀谷陵墓参考地 | 京都市伏見区深草大亀谷古御香町 | 桓武天皇 | 第二類 | 既定 | 大正14年1月29日 |
| 東山本町陵墓参考地 | 京都市東山区本町十六丁目 | 仲恭天皇 | 第二類甲 | 既定 | 大正13年12月 |
| 御室陵墓参考地 | 京都市右京区御室大内 | 光孝天皇 | 第二類 | 既定 | 明治24年11月2日 |
| 大塚陵墓参考地 | 大阪府中河内郡松原村大字西大塚南河内郡高鷲村大字東大塚 | 雄略天皇 | 第二類 | 既定 | 大正14年9月21日 |
| 藤井寺陵墓参考地 | 大阪府南河内郡藤井寺町大字津堂字本丸 | 允恭天皇 | 第二類 | 既定 | 大正5年10月14日 |
| 東百舌鳥陵墓参考地 | 大阪府堺市東百舌鳥村大字土師字陵 | 反正天皇 | 第二類 | 既定 | 明治42年10月21日 |
| 百舌鳥陵墓参考地 | 大阪府堺市百舌鳥村大字高田字御廟 | 応神天皇 | 第二類 | 既定 | 明治34年12月9日 |
| 畝傍陵墓参考地 | 奈良県高市郡畝傍町大字五条野字丸山 | 天武天皇・持統天皇 | 第二類 | 既定 | 明治30年9月15日 |
| 磐園陵墓参考地 | 奈良県北葛城郡磐園村大字築山字城山陵西村大字大谷開眼 | 顕宗天皇 | 第二類 | 既定 | 明治20年5月24日 |
| 大塚陵墓参考地 | 奈良県北葛城郡馬見村大字大塚字新（シン）山 | 武烈天皇 | 第二類 | 既定 | 明治19年12月13日 |
| 宇倍野陵墓参考地 | 鳥取県岩美郡宇倍野村大字岡益字敏谷地 | 安徳天皇 | 第三類 | 既定 | 明治28年12月4日 |
| 西市陵墓参考地 | 山口県豊浦郡西市町大字吉村字土居上 | 安徳天皇 | 第三類 | 既定 | 明治16年4月5日 |
| 越知陵墓参考地 | 高知県高岡郡越知村字金峯山 | 安徳天皇 | 第三類 | 既定 | 明治16年4月5日 |
| 佐須陵墓参考地 | 長崎県下県郡佐須村大字久根田舎字補陀落山 | 安徳天皇 | 第三類 | 既定 | 明治16年4月5日 |
| 花園陵墓参考地 | 熊本県宇土郡花園村大字立岡字晩免 | 安徳天皇 | 第三類 | 既定 | 明治21年12月26日 |

註1　表記・地名・配列は昭和24年10月『陵墓参考地一覧』（陵墓課保管本）に拠った。
2　本表には、「該当御方」を天皇とする陵墓参考地に限って収載した。
3　「考証意見」の欄の「考証意見」の欄の第一類は「陵墓ノ疑濃キモノ」、第二類は「第一類ニ次グモノ（甲）及ビ陵墓ノ疑ヲ否定シ難キモノ」、第三類は「陵墓ノ関係ヲ認ムルコトノ適当ナラザルモノ」。
4　「既定／未定」欄の既述は、当該陵墓参考地に想定された「該当御方」について、他に陵墓が決定されているかどうかについての記述である。

（外池『事典陵墓参考地―もうひとつの天皇陵―』〔吉川弘文館、二〇〇五年七月〕をもとに作成）

# 戦後ジャーナリズムと天皇陵発掘

## 終戦と天皇陵

昭和二十年（一九四五）八月十五日のわが国の終戦は、天皇陵に関する事柄にも大きな影響を与えた。戦前、天皇陵というものは、唯一の主権者であった天皇の祖先の墓であった。天皇陵が聖域として尊崇の対象であったことはむしろ当然のことであった。しかし、終戦とそれに続く占領下にあって、天皇の地位、さらにいえば天皇あるいは皇室制度そのものの存在意義が問われたのである。

終戦後に天皇陵に関して、どのような動向が存したのであろうか。以下、その主な点を具体的に取り上げることにしたい。

## 『科学朝日』『アサヒグラフ』

『科学朝日』（第八巻第七号、昭和二十三年七月）には、「世界一の大古墳・大山陵」として、仁徳天皇陵の航空写真と秦《しん》の始皇帝《しこうてい》陵・ピラミッドの大きさを比較する図を載せるとともに、戦前の天皇陵の管理について、「宮内省の厳重な管理の下に置かれたために進んで塚自体の実際を明らかにすることが許されず　ただ外部からこれをうかがうにすぎないという有様で　学問の上からは殆ど閉ざされたまま過ぎて来たのである」と述べる。

そして、『アサヒグラフ』新年特大号（昭和二十三年十二月二十九日号・昭和二十四年一月五日合併号）は、「世界一の大墳墓」との見開き二ページの特集を組み、仁徳天皇陵墳丘の写真八枚（航空写真を含む）を掲載する。当然、記者は内部へ立ち入っての取材を許され、そのことについて「本誌は、特に主墳内奥の一部を除き撮影を許され、その概貌を初めてここに紹介する」とする。

さて、肝心の内部の様子についてはどのように述べているのか。列挙してみよう。

・内堤西北角より主墳後円部を望む　最高部は三十四メートル六　この後円丘の地底に石室　石棺が埋葬されているといわれるが　戦国時代に城砦に利用された跡があるから既に地底は荒らされているとの説もある

・内濠　人影稀なため鳥禽類の天国　数千羽の鴨　五位鷺　鵁が乱れ飛び正に塵外の境

・内堤の縁に発掘された円筒形埴輪の残骸　一間につき四ヶの割合で三重　四重に主墳を囲繞し林立したろう盛観がしのばれる　この埴輪は全部を合せれば数十万に達すると学者は推定する

・上の円筒埴輪の残骸が残る内堤　幅約三十メートル　延長約三キロ半　老松と雑草の茂み合う中に巡警の順路に踏みならされたわずかな小道が通じている

・舟で濠を渡り一歩主墳に入ると　昼なお暗い密林　松　杉　ヒノキ　カヤ　が茂り　蔦カズラが巻きついている　地面は朽葉に覆われ腐臭を発し　警士の話によれば　時々は胴まわり一升ビン程の大蛇も見られ　狐狸の類も棲むという

神秘のヴェールに包まれた聖域の実際の姿をよく描写していて、まことに興味が尽きない記述である。掲載された写真とともに、当時の読者は遥かかなたの古代史を伝える巨大古墳に想いを馳せるとともに、目まぐるしく変化する世相の象徴として記事に接したことであろう。

## 『ニッポンタイムス』

終戦後の天皇陵に関する動向を語るに際して、ここに述べる『ニッポンタイムス』（英字紙）と『読売新聞』の記事は決して欠かすことはできない。

まず、『ニッポンタイムス』昭和二十四年三月二十四日付の第一面を飾った「今だからこそいえる／神武天皇は日本の最初の統治者ではなかった／最新の歴史学では十世紀の差、徹底的な研究の末に学識者は主張」（和訳、『ニッポンタイムス』からの引用は以下同じ）との見出しの記事である。

これは見出しを一見してすぐに察せられるとおり、『古事記』『日本書紀』において初代天皇とされる神武天皇の非実在を述べたものである。やはり、初代の天皇は真っ先に槍玉にあげられる。この記事にコメントを寄せたのは、人類学者の石田英一郎《いしだえいいちろう》、歴史学者の江上波夫である。

同紙の同年三月三十一日付は、第一面で「天皇陵は発掘されるであろう／ツタンカーメン墓を凌ぐ発見が期待される」との見出しでライシャワー博士と高松宮（宣仁《のぶひと》親王、大正天皇の第三皇子）が天皇陵の科学的な研究事業についての意見交換をしたとの記事を、第二面で「仁徳天皇陵」として同陵の航空写真を掲載し、さらに同紙四月二日付第三面では、「仁徳天皇の治世は素人を手こずらせる」「歴史学者の非難は天皇の治世が八十六年であるのに亡くなった時八十三歳であったことである」との見出しの記事を載せる。

さらに同月十七日付第一面に載せられた「天皇陵発掘の五か年計画」「巨大規模の計画国会に議案として提出」との見出しの記事や、同日付第二面に掲載された、仁徳天皇陵には五か年計画による発掘調査の実現に向けての具体的な動向があり、それには東京大学の原田淑人《はらだよしひと》博士、江上波夫博士、明治大学の杉原荘介《すぎはらそうすけ》教授、京都大学の水野清一《みずのせいいち》博士、さらには高松宮やハーバード大学のエドウィン＝ライシャワー博士の関与があったとする。

## 『読売新聞』

右の『ニッポンタイムス』による一連の記事は大いに刺激的な内容であったが、英字紙ということもあってであろう、その反響は大きいものではなかった。広く社会一般の動向にまでこの問題が波及するのは、次にみる『読売新聞』の記事を待たなければならなかった。

『読売新聞』昭和二十四年四月二十七日付の第三面は「仁徳陵を発掘の提案／世界最大墳墓に国際的の援助」の記事は、「昨年末来訪したアメリカ人文科学顧問団中のハーバード大学日本史担当ライシャワー教授が日本側委員会の東大教授江上波夫氏と会談したとき、もし仁徳陵を発掘する計画が日本側にあるなら、メソポタミア、エジプト、インカの遺跡発掘のさいと同様、各国で共同資金をつくり、〝国際的発掘〟を行うのが費用、技術の点で最も適当と思うから米国の援助が得られるよう努力しようと述べ、一月帰米した、最近同教授から『仁徳陵発掘の計画はすゝんでいるか』との問い合わせがあり、これに対し日本の考古学界は賛否両論にわかれるにいたつた」と述べる。

この「賛否両論」とはいったい何であるか。以下にその記事をみることにするが、ここには、終戦後における天皇陵をめぐる問題の本質が端的にあらわれている。

記事は、賛成論として江上波夫東京大学教授の、反対論として後藤守一明治大学教授のコメントを載せる。次のとおりである。

賛成論の江上教授／せめて表面調査でも

仁徳陵は地底の法隆寺〟ともいうべき貴重な資料だ、土木技術の上からいっても高さ三十四メートルの大山陵は三重のホリを掘った土を盛りあげて作ったものではないかと思われるが、従来測量も十分行われず、ホリの深さも知らなかつたが表面調査でも許されたらこの点も明かとなろう

反対論の後藤教授／大きな収穫はない

皇陵を発掘することは国民感情の上からいつても望ましくないし、掘つても大した考古学的資料は出て来ない、少なくとも私は発掘には反対だ

ここで注意しなければならないのは、賛成論にしても必ずしも天皇陵の発掘を視野にいれていないということである。『ニッポンタイムス』や『読売新聞』が報じた記事は、天皇陵の発掘を主眼に置いたものであったはずなのであるが、現実に大学教授のコメントにしても、「せめて表面調査でも」と明らかにトーンダウンしたのである。

しかも、『読売新聞』同年五月三日付は「仁徳陵発掘はしない」との見出しで、前日の同月二日に明治大学で開かれた「古墳調査に関する懇談会」での結論を載せる。つまり、「日本考古学協会としては仁徳陵発掘は計画していないが御陵以外の全国古墳発掘調査の五ヶ年計画があるから日本古代文化研究に対する協力援助を期待するむねライシヤワー博士に対し江氏《ごう》（江実氏〔言語学者〕）を通して回答すること丶なつた」というのである。

考古学者全体の考えはこのようなものであった。実に意外なことである。それに対して、ジャーナリズムあるいは一般市民には、この際是非とも天皇陵の発掘を望む、という声も存したことは確かである。

『読売新聞』同年四月二十九日付第一面の「編集手帳」は「仁徳陵は発掘すべきである。学者の良

心と、科学者の真理探究の神聖な態度をもつて発掘し、そこから古代日本の文化のほんとうの姿を掘りだすべきである」とし、同紙五月四日付の「気流」(投書欄)は、「仁徳陵の発掘に対して権威ある学者間の賛否両論あるを知つて、私は不思議にたえなかつた。千五百年も前のものはや考古学的存在である皇陵を発掘することによつて、何か神聖なものを侵すというそうした感じ方そのものが、ひどく近代的な知性と相反する」との東京都の主婦の投書を載せるのである。

**『神社新報』**

それに対して、もちろん発掘反対論もあった。その先鋒は『神社新報』である。同紙同年五月三日付第一面は「陵墓の神聖を護らむ／一部新聞の暴論／異常な憤激を呼ぶ／各方面の駁論を聞く」との見出しの記事を載せ、明大教授後藤守一氏の「誤解してゐる読売紙」、神社本庁座田教化部長の「許せぬ信仰蹂躙」、国大図書館佐野大和氏の「今更調査の必要なし」、神道文化会木下専務理事の「学べ治水の御事績」、文部省人文科学局の「誤報も甚だし」とのコメントを載せる。

**『文藝春秋』**

さらに『文藝春秋』同年七月号は後藤守一氏の「仁徳陵、発掘するべきか—ジャーナリズムへの抗議—」を載せたが、これは、『ニッポンタイムス』『読売新聞』の記事を誤報と断ずるものである。

そうしてみると当時にあっては、考古学界の考え方とはまた別に、天皇陵発掘の是非についての活発な議論があったということになる。当然この議論は単に天皇陵というのにとどまらず、天皇制あるいは皇室制度そのものにかかわることを充分に意識しての議論であったというべきであろう。

## 日本考古学協会による古墳の表面観察

さて話をこの問題についての日本考古学協会の対応に戻すと、『毎日新聞』昭和二十四年九月八日付の「秘められた御陵を探る／日本歴史の源を究明／日本考古学協会今秋から外郭調査」との見出しの記事が注目される。次のとおりである。

この調査は発掘を行わず外部の輪郭及び構造から時代史的考察をなし大陸との関連を究明し、日本国形成のカギを見出そうというもので、日本考古学協会が昨年十一月上代古墳綜合的研究特別調査委員会を設置、京大梅原教授が委員長となり小林講師（京大）末永龍大教授、文部省斎藤忠氏の各委員が実行方法を研究、本年五月の考古学総会で古墳研究に御陵を含むか否かにつき最後的検討を行い、御陵を調査範囲に含まねばならぬと意見一致、その後宮内庁、文部省と折衝の結果このほど漸く実現の運びとなつたものである

ここには、天皇陵を調査の範囲とすることはみえるけれども、その発掘については全く触れていない。それどころか、右の引用の記事に続く、梅原末治《うめはらすえじ》氏の談話には、「どこの国でも帝陵をあば

くという事は考えられず、強いてその必要もない」としており、天皇陵の発掘は明確に否定されている。また、同記事には次のとおりの「宮内庁書陵部本郷庶務課長談」が掲載されている。

考古学会《(ママ)》で御陵を外面的な構造上から調査したいという申し入れがあつたのを許可したもので御陵を発掘することではない、宮内庁で以前調査した記録もあるが、学問的なものではないので、今度の調査で立派な資料の得られることを望んでいる

これによれば、発掘を伴わない外面的な調査なら宮内庁としても協力するということである。かくてこの調査は宮内庁の協力を得つつ日本考古学協会によって実施された。そしてその結果は、梅原末治著「応神・仁徳・履中三天皇陵の規模と営造」として『書陵部紀要』第五号（宮内庁書陵部、昭和三十年三月）に掲載されている。これによれば、この調査は昭和二十四年度から二年間続けられたとする。同論文には応神天皇陵・仁徳天皇陵・履中天皇陵についての成果が記されているが、仁徳天皇陵と応神天皇陵については墳丘内部に立ち入っての観察の記録がある。その一部分を右に記す。

〔仁徳天皇陵〕

然《しか》るに此《こ》の（埴輪《はにわ》の）円筒列は、現在では囲繞《いにょう》してゐる工合を確めることが出来ず、墳丘にあつては破片の散在状態、殊に前方部のそれから単に推測を加へ得るに過ぎない。そしてほぼ動かないものとして、その下方の第一第二の両段の傾斜面に接して樹てられてゐたことが窺はれる

外、なほ墳丘の根廻りにも存しらうことを想察せしめるものがある。

〔**応神天皇陵**〕

この陵でも墳丘の表面に葺石《ふきいし》が施され、また埴輪円筒を繞《めぐ》らして、後者が外堤に及んでゐることが挙げられる。この両者のうちで、葺石の方は施されたのは段築《だんちく》の傾斜した面に限られて、各段の上の平な部分には、それが認められない。この点仁徳天皇陵の場合と違って、土砂の流失に対する実際上の設備たることを思はしめるものがある。葺石は拳大よりもやや小さな川石を密に一尺位の厚さに敷き固めてあるやうで、今も可なり原形をのこしてゐる。

いずれも、墳丘に立ち入って実際に現地の様子に直接触れてはじめて得ることができる考古学上の知見であり、古墳の表面観察の成果ということができる。

しかし、この日本考古学協会による天皇陵に立ち入っての古墳の表面観察は、それ自体には考古学の上での観察記録としての学術的な価値があるとしても、ここでみてきた終戦後における天皇陵発掘の是非をめぐる論争の文脈に乗せてみた時、その内容の余りの変貌ぶりには驚かざるを得ない。もっと直接的に言えば、発掘調査と表面観察とでは、どちらも考古学の上での古墳研究のための方法なのではあろうけれども、表面観察は発掘調査の代替になり得るものではないであろう。このことを日本考古学協会はどう考えるかという視点が全く欠けているのである。この点についての分かり易い説明がない以上、日本考古学協会の考え方は社会一般の広く共有するところとはならなかったであろうと思われる。

それにしても右にみた経過が、天皇陵の発掘調査から古墳の表面観察へとのひと言で括ることができてしまうことには、終戦後という時代背景を前提に考えてもなお、割り切れない思いを拭い去ることができない。

# 特別資料・参考文献

|  | 所在地 | 墳長 | 掲載ページ |
|---|---|---|---|
|  | 大阪府堺市堺区 | 486 | 66 |
|  | 大阪府羽曳野市 | 418 ~ 430 | 62 |
|  | 大阪府堺市西区 | 360 | 70 |
|  | 岡山県岡山市北区 | 350 |  |
|  | 大阪府羽曳野市・松原市 | 330 |  |
|  | 奈良県橿原市 | 318 |  |
|  | 奈良県天理市 | 310 | 54 |
|  | 大阪府堺市北区 | 290 |  |
|  | 大阪府藤井寺市 | 286 |  |
|  | 奈良県奈良市 | 280 |  |
|  | 奈良県桜井市 | 278 |  |
|  | 奈良県奈良市 | 278 |  |

造山古墳

## 特別資料／巨大前方後円墳と天皇陵

| | 古墳名 | 陵墓名・国史跡等 |
|---|---|---|
| 1 | 大山古墳 | 第16代仁徳天皇陵 |
| 2 | 誉田御廟山古墳 | 第15代応神天皇陵 |
| 3 | 上石津ミサンザイ古墳 | 第17代履中天皇陵 |
| 4 | 造山古墳 | 国史跡 |
| 5 | 河内大塚山古墳 | 陵墓参考地／被葬候補者＝第21代雄略天皇 |
| 6 | 見瀬丸山古墳 | 陵墓参考地／被葬候補者＝第40代天武天皇・第41代持統天皇 |
| 7 | 渋谷向山古墳 | 第12代景行天皇陵 |
| 8 | 土師ニサンザイ古墳 | 陵墓参考地／被葬候補者＝第18代反正天皇の空墓 |
| 9 | 中津山古墳 | 仲津山陵／応神天皇皇后の仲姫命の陵 |
| 10 | ウワナベ古墳 | 陵墓参考地／被葬候補者＝仁徳天皇の皇后八田皇女 |
| 11 | 箸墓古墳 | 大市墓／孝霊天皇の皇女倭迹迹日百襲姫命の墓 |
| 〃 | 五社神古墳 | 狭城楯列池上陵／仲哀天皇の皇后神功皇后の陵 |

見瀬丸山古墳

| | 所在地 | 墳長 | 掲載ページ |
|---|---|---|---|
| | 岡山県総社市 | 270 | |
| | 奈良県奈良市 | 250 | 142 |
| | 奈良県天理市 | 240 | 46 |
| | 大阪府藤井寺市 | 239 | 60 |
| | 奈良県御所市 | 238 | |
| | 奈良県桜井市 | 230 | |
| | 奈良県天理市 | 230 | |
| | 大阪府藤井寺市 | 227 | 74 |
| | 奈良県奈良市 | 227 | 50 |
| | 大阪府茨木市 | 226 | 90 |
| | 大阪府羽曳野市 | 224 | |
| | 宮崎県西都市 | 219 | |
| | 奈良県奈良市 | 219 | 58 |
| | 奈良県奈良市 | 219 | |

箸墓古墳

| | 古墳名 | 陵墓名·国史跡等 |
|---|---|---|
| 13 | 三須作山古墳 | 国史跡 |
| 14 | 市庭古墳 | 第51代平城天皇陵(前方部は消失) |
| 15 | 行燈山古墳 | 第10代崇神天皇陵 |
| 16 | 岡ミサンザイ古墳 | 第14代仲哀天皇陵 |
| 17 | 室宮山古墳 | 国史跡 |
| 18 | メスリ山古墳 | 国史跡 |
| 〃 | 西殿塚古墳 | 衾田陵/継体天皇の皇后手白香皇女の陵 |
| 20 | 市野山古墳 | 第19代允恭天皇陵 |
| 〃 | 宝来山古墳 | 第11代垂仁天皇陵 |
| 22 | 太田茶臼山古墳 | 第26代継体天皇陵 |
| 23 | 墓山古墳 | 国史跡/応神天皇の陪塚 |
| 24 | 男狭穂塚古墳 | 陵墓参考地/被葬候補者=瓊瓊杵尊 |
| 〃 | 佐紀石塚山古墳 | 第13代成務天皇陵 |
| 〃 | ヒシアゲ古墳 | 平城坂上陵/仁徳天皇の皇后磐之媛命の陵 |

室宮山古墳

| | 所在地 | 墳長 | 掲載ページ |
|---|---|---|---|
| | 群馬県太田市 | 210 | |
| | 奈良県大和高田市 | 210 | |
| | 奈良県桜井市 | 207 | |
| | 奈良県奈良市 | 207 | |
| | 奈良県奈良市 | 204 | |
| | 奈良県北葛城郡広陵町 | 204 | |
| | 大阪府藤井寺市 | 200 | |
| | 大阪府岸和田市 | 200 | |
| | 奈良県北葛城郡広陵町 | 199 | |

特別資料／『日本史総覧Ⅰ』、『古墳と古代文化９９の謎』、『文化財を守るために 19』、
堺市公式サイト「古墳大きさランキング」ほか

太田天神山古墳

| | 古墳名 | 陵墓名・国史跡等 |
|---|---|---|
| 27 | 太田天神山古墳 | 国史跡 |
| 〃 | 築山古墳 | 磐園陵墓参考地／被葬候補者＝第23代顕宗天皇 |
| 29 | 桜井茶臼山古墳 | 国史跡 |
| 〃 | 佐紀陵山古墳 | 狭木之寺間陵／垂仁天皇の皇后日葉酢媛命の陵 |
| 31 | コナベ古墳 | 小奈辺陵墓参考地／被葬候補者＝仁徳天皇の皇后磐之媛 |
| 〃 | 巣山古墳 | 国の特別史跡 |
| 33 | 津堂城山古墳 | 藤井寺陵墓参考地／被葬候補者＝第19代允恭天皇 |
| 〃 | 摩湯山古墳 | 国史跡 |
| 35 | 新木山古墳 | 三吉陵墓参考地／被葬候補者＝敏達天皇の皇子押坂彦人大兄皇子 |

津堂城山古墳

## 【参考文献】

本書の執筆にあたって直接参照した文献に限り、書籍と論文等に分けてそれぞれ年代順に収載した。

### ◆書籍

・上野竹次郎編纂『山陵』（山陵崇敬会、大正十四年七月、昭和四年五月増補四版〔平成元年（一九八九年二月）に名著出版より新訂版として覆刻〕）
・肥後和男編『歴代天皇紀』（秋田書店、昭和四十七年十一月）
・安藤英男著『蒲生君平山陵志』（りくえつ、昭和五十四年六月）
・赤松俊秀監修『泉涌寺史本文編』（法蔵館、昭和五十九年九月）
・『「天皇陵」総覧』（新人物往来社、平成六年四月）
・外池昇著『幕末・明治期の陵墓』（吉川弘文館、平成九年五月）
・外池昇著『天皇陵の近代史』（吉川弘文館歴史文化ライブラリー、平成十二年一月）
・米田雄介編『歴代天皇・年号事典』（吉川弘文館、平成十五年十二月）
・外池昇監修『文久山陵図』（新人物往来社、平成十七年二月）
・全国平家会編『平家伝承地総覧』（全国平家会、平成十七年五月）
・外池昇著『事典陵墓参考地―もうひとつの天皇陵―』（吉川弘文館、平成十七年七月）

・外池昇著『天皇陵論―聖域か文化財か―』（新人物往来社、平成十九年七月）
・上田長生著『幕末維新期の陵墓と社会』（思文閣出版、平成二十四年二月）
・外池昇著『天皇陵の誕生』（祥伝社新書、平成二十四年三月）
・尾谷雅比古著『近代古墳保存行政の研究』（思文閣出版、平成二十六年二月）
・『楫取素彦伝―耕堂楫取男爵伝記―』（山口県萩市・群馬県前橋市、平成二十六年三月）
・宮内庁書陵部陵墓課編『陵墓地形図集成〈縮小版〉』（学生社、平成二十六年九月）
・朧谷寿著『平安王朝の葬送―死・入棺・埋骨―』（思文閣出版、平成二十八年二月）
・矢澤高太郎著『天皇陵の謎を追う』（中公文庫、平成二十八年六月）

## ◆論文

・外池昇著「天武持統天皇陵の改定―見瀬丸山古墳と野口王墓古墳―」（佐伯有清編『日本古中世の政治と文化』〈吉川弘文館、平成九年十二月〉）
・山田邦和・外池昇著「『文化山陵図』の一写本―家蔵考古学史史料の紹介と検討―」（京都文化博物館『京都文化博物館研究紀要朱雀』第十集、平成十年三月）
・外池昇著「近代における陵墓の決定・祭祀・管理」（歴史科学協議会『歴史評論』第六七三号、平成十八年五月）

・外池昇著「大正十五年『皇室陵墓令』成立の経緯」
（歴史学会『史潮』新六十三号、平成二十年五月）
・外池昇著「終戦直後における陵墓をめぐる動向」
（成城大学文芸学部『成城文芸』第二〇九号、平成二十一年十二月）
・外池昇著「奥野陣七と神武天皇—神武天皇陵と橿原神宮の周辺—」
（成城大学大学院文学研究科『日本常民文化紀要』第二十七輯、平成二十一年十二月）
・外池昇著「神武天皇陵埋碑と擬刻」
（成城大学民俗学研究所『民俗学研究所紀要』第三十四集、平成二十二年三月）
・外池昇著「『神社新報』にみる陵墓をめぐる動向—仁徳天皇陵発掘計画と高松塚古墳発掘—」
（成城大学大学院文学研究科『日本常民文化紀要』第二十八輯、平成二十二年三月）
・外池昇著「応神天皇陵」（鶴岡八幡宮『季刊第二次悠久』第一二二号、平成二十二年八月）
・外池昇著「臨時陵墓調査委員会による長慶天皇陵の調査—設置から『伝説箇所』の審議まで—」
（成城大学大学院文学研究科『日本常民文化紀要』第二十九輯、平成二十四年三月）
・外池昇著「畝傍橿原教会による『会員募集』」
（成城大学大学院文学研究科『日本常民文化紀要』第三十一輯、平成二十八年三月）

# おわりに——天皇陵を総じてみるということ

このたび図らずも、歴代天皇陵を通覧する貴重な機会を得た。これまで私は、ひとりの学者として自らの判断で設定したテーマについて論文や著書を著し続け、天皇陵に関する事柄を専門分野としてきたが、あまり馴染みのない天皇陵もある。ところが、今回は本書の執筆にあたって、歴代天皇陵の総てを取り上げる必要が生じた。したがって、この企画に携わって以来、私は天皇陵についての勉強の連続であった。それに一区切りがついた今、しみじみと思うことが二点ある。

まず、明治から昭和戦前期にかけての時期における天皇陵に関する高い水準の研究の蓄積について改めて気づかされたことである。今日では、天皇陵についての関心はしばしば巨大古墳に対する関心と結びつけられるが、本来、天皇陵という概念と古墳という概念は全く異なるものである。その天皇陵の研究ということでいえば、今日なお明治から昭和戦前期にかけての時期になされた研究に学ぶところがはなはだ多い。

本書を著わすに際しても、それらの研究成果によってどれだけ助けられたことか。さらにいえば、この時期における天皇陵の研究について、これを天皇陵研究史全般のなかの重要な部分と位置づけて評価する営みはいまだなされていないのではないか。確かな研究史の整理とその評価がその分野の研究の進展には必須であることは、どの分野においても同じである。もちろん天皇陵の研究においてもである。

次には、天皇陵は永い歴史のなかで統一した基準で営まれたのではないということである。それは、規模・形状等といった外観・構造の面でもそうであるし、広く葬送儀礼や陵に対する祭祀にまで眼を拡げてもそうである。これを言い換えれば、天皇陵とはこうあらねばならないという史上一貫した規範を見出すことができないということである。はなはだしい場合には天皇陵の場所が不明ということにもなるのであるが、実はこのような例はとても多いのである。

しかし、このことは次のように考え直すこともできるのではないか。つまり、天皇陵はそれぞれの時代によって形や内容を変えつつ営まれ続けてきたという考え方である。そう考えてみれば、天皇陵についての研究は、それぞれの時代の天皇や皇室制度、また、葬制・墓制や祖先祭祀のあり方をも視野に入れてなされなければならないということになる。右にみた天皇陵の場所が不明になるということについても、このような捉え方のなかでこそ検討されるべきだということになる。

これらを顧みて思い至るのは、天皇陵の研究というものは、実はまだまだ多くの余地を残しているものであるということと、今後の天皇陵研究は極めて学問的に幅広いものでなくてはならないということである。しかしそれにしても、天皇陵の研究を幅広く展開するということは、どういうことなのであろうか。思いつくままに手を拡げればよいというものでもあるまい。学問とはそんな簡単なものではない。考えれば考えるほど途方に暮れるばかりである。

そうであれば、明日から私はまた自らのテーマによる天皇陵研究に埋没してしまうのは必然である。しかし、今回取り組んだこの歴代天皇陵のすべてにわたる検証を経て、私自身のテーマによる天皇陵研究に際しても、たとえ僅かであっても幅と奥行きを備えたものとするべく努めようとする姿勢は身につけることができたと思う。

本書に対する諸賢の厳しい批判を待ち望む。

平成二十八年六月

外池　昇

著者略歴

**外池 昇**（といけ・のぼる）

昭和32年7月東京都生れ。成城大学大学院文学研究科日本常民文化専攻博士（後期）課程単位取得修了。博士（文学、成城大学）。調布学園女子短期大学日本語日本文化学科専任講師等を経て、平成21年4月より成城大学文芸学部教授、現在に至る。著書に『幕末・明治期の陵墓』『天皇陵の近代史』『事典陵墓参考地』（吉川弘文館）、『天皇陵論』（新人物往来社）、『天皇陵の誕生』（祥伝社新書）。監修に『文久山陵図』（新人物往来社）、論文多数。

検証《けんしょう》 天皇陵《てんのうりょう》

二〇一六年七月　十五日　第一版第一刷印刷
二〇一六年七月二十五日　第一版第一刷発行

著　者　外池 昇
発行者　野澤伸平
発行所　株式会社 山川出版社
東京都千代田区内神田一―一三―一三
〒一〇一―〇〇四七
電　話　〇三（三二九三）八一三一（営業）
〇三（三二九三）一八〇二（編集）
振替　〇〇一二〇―九―四三九九三
http://www.yamakawa.co.jp/
企画・編集　山川図書出版株式会社
印刷所　半七写真印刷工業株式会社
製本所　株式会社 ブロケード


ISBN978-4-634-15102-4